湖南省社会科学院（湖南省人民政府发展研究中心）
哲学社会科学创新工程丛书（2022）

主　编：钟　君
副主编：贺培育　刘云波　汤建军
　　　　王佳林　侯喜保　蔡建河

湖南农业现代化发展报告
（2022）

王文强　主　编

中国社会科学出版社

图书在版编目（CIP）数据

湖南农业现代化发展报告.2022／王文强主编.—北京：中国社会科学出版社，2023.7

（湖南省社会科学院（湖南省人民政府发展研究中心）哲学社会科学创新工程丛书.2022）

ISBN 978－7－5227－2142－2

Ⅰ.①湖… Ⅱ.①王… Ⅲ.①农业现代化—研究—湖南—2022 Ⅳ.①F327.64

中国国家版本馆 CIP 数据核字（2023）第 123656 号

出 版 人	赵剑英
责任编辑	黄　晗
责任校对	刘　娟
责任印制	王　超

出　　版	中国社会科学出版社
社　　址	北京鼓楼西大街甲 158 号
邮　　编	100720
网　　址	http://www.csspw.cn
发 行 部	010－84083685
门 市 部	010－84029450
经　　销	新华书店及其他书店
印刷装订	三河市华骏印务包装有限公司
版　　次	2023 年 7 月第 1 版
印　　次	2023 年 7 月第 1 次印刷
开　　本	710×1000　1/16
印　　张	17
插　　页	2
字　　数	270 千字
定　　价	89.00 元

凡购买中国社会科学出版社图书，如有质量问题请与本社营销中心联系调换
电话：010－84083683
版权所有　侵权必究

目　　录

总 报 告

湖南2022年农业现代化发展报告 …………………………………（3）

分领域报告

湖南粮食产业高质量发展报告 ………………………………………（65）
湖南生猪产业高质量发展报告 ………………………………………（90）
湖南蔬菜产业高质量发展报告 ………………………………………（114）
湖南茶叶产业高质量发展报告 ………………………………………（132）
湖南油茶产业高质量发展报告 ………………………………………（160）
湖南水产养殖业高质量发展报告 ……………………………………（177）
湖南水果产业高质量发展报告 ………………………………………（196）
湖南中药材产业高质量发展报告 ……………………………………（211）
湖南竹产业高质量发展报告 …………………………………………（235）
湖南民宿产业高质量发展报告 ………………………………………（252）
后　记 …………………………………………………………………（264）

总 报 告

湖南2022年农业现代化发展报告

"三农"向好，全局主动。进入向第二个百年奋斗目标进军的新发展阶段，面对世纪疫情冲击与百年未有之大变局，稳住农业基本盘，加快农业农村现代化步伐，意义重大，任务艰巨。2021年以来，湖南贯彻习近平总书记考察湖南重要讲话精神，在落实"三高四新"战略定位和使命任务中突出抓好"三农"工作，因地制宜大力发展精细农业，推动农业现代化发展不断取得新成就。但整体来看，湖南农业发展面临的矛盾与问题依然不少，推进农业高质量发展、建设农业强省的任务还较艰巨，需要进一步强化农业大省的政治担当，在全面推进乡村振兴中抢抓机遇，应对风险挑战，确保农业稳产增产，促进农业高质高效，努力开创农业农村现代化新局面。

一 湖南农业现代化发展的新进展

面对复杂严峻的国际环境和国内疫情散发等风险挑战，湖南坚持把乡村产业振兴作为全面推进乡村振兴的重点任务来抓，瞄准精细农业方向，持续推进"六大强农"行动，坚决守牢粮食安全底线，着力培育农业优势特色农业千亿产业，推动实现农业经济持续较快增长，农业现代化迈出新的步伐。

（一）农业经济运行持续向好

1. 农业经济总量大幅增长

2021年，湖南农业经济经受住了复杂形势的严峻挑战，实现逆势较快增长，全年农林牧渔业总产值7662.4亿元，比上年增长10.4%①，增速较全国快3.7个百分点。其中，农业产值3532.9亿元，增长3.6%；林业产值455.8亿元，增长9.5%；牧业产值2542.5亿元，增长20.6%；渔业产值570.8亿元，增长4.3%。②从中可以看出，牧业发展速度最快，产值贡献最大，也表明近年来湖南农业产业结构调整逐步见效，内部结构在不断优化（见图1-1）。2021年第一产业增加值为4322.9亿元，比上年增长9.3%，第一产业增加值对经济增长的贡献率为12.4%。从近年来全省第一产业增加值及增速看（见图1-2），2020年前增加值波动不大，2018年降为最低点，2020年、2021年增加值突破4000亿元，增速大大提升。

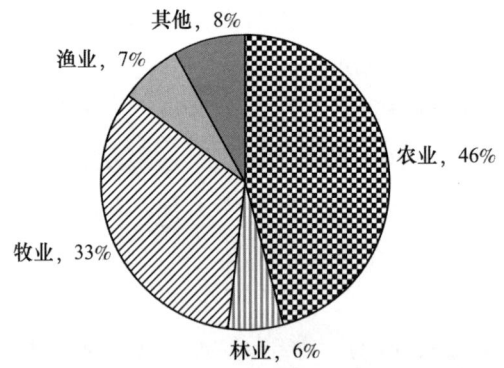

图1-1　2021年湖南农林牧渔业产值的构成

资料来源：根据《湖南省2021年国民经济和社会发展统计公报》有关数据统计分析得出。

2. 农产品进出口实现快速增长

湖南积极打造内陆地区改革开放新高地，持续推动湘品出湘出境，农产品出口保持稳定的增长态势。2021年全省农产品进出口总额达436.5亿元，其中出口额为150.9亿元，比上年增长29.1%，创了近年来新高（见图1-3）。2021年进口额为285.6亿元，比上年增长14.3%③。其中

---

① 湖南省统计局、国家统计局湖南调查总队：《湖南省2021年国民经济和社会发展统计公报》，http://tjj.hunan.gov.cn/hntj/tjfx/tjgb/jjfzgb/202204/t20220406_22730019.html。

② 湖南省统计局、国家统计局湖南调查总队：《湖南省2021年国民经济和社会发展统计公报》，http://tjj.hunan.gov.cn/hntj/tjfx/tjgb/jjfzgb/202204/t20220406_22730019.html。

③ 湖南省统计局、国家统计局湖南调查总队：《湖南省2021年国民经济和社会发展统计公报》，http://tjj.hunan.gov.cn/hntj/tjfx/tjgb/jjfzgb/202204/t20220406_22730019.html。

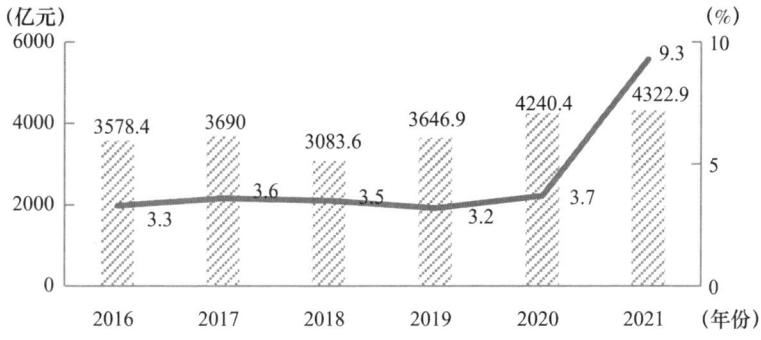

图 1-2　2016—2021 年湖南第一产业增加值及增速

资料来源：根据《湖南省统计年鉴2021》和《湖南省2021年国民经济和社会发展统计公报》有关数据统计分析得出。

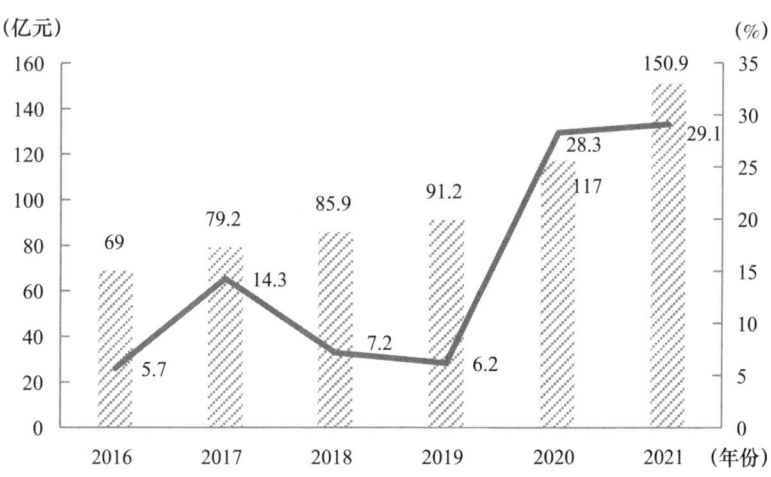

图 1-3　2016—2021 年湖南农产品出口额及增速

资料来源：根据《湖南省统计年鉴2021》和《湖南省2021年国民经济和社会发展统计公报》有关数据统计分析得出。

供港农产品出口表现亮眼，尤其是近几年湖南蔬菜在出口市场上竞争力不断增长，出口呈阶梯式增长，农产品广销全球120余个国家和地区。①在招商引资方面，2021年第一产业在实际使用外商直接投资方面取得重

---

① 《2021年上半年湖南省农产品出口增长稳定》，https：//hn.rednet.cn/content/2021/07/20/9687671.html。

大突破,总额为0.3亿美元,增长883.0%,增长率远远领先于第三产业(108.6%)、第二产业(-13.8%)。①

3. 农村居民收入持续增长

2021年农村居民人均可支配收入为18295元,增长10.3%②,过去五年年均增长8.67%,均高于GDP和城镇居民收入增幅;③农村居民人均可支配收入中位数16496元,增长11.2%;脱贫县农村居民人均可支配收入13537元,增长12.6%。城乡居民可支配收入比值由上年的2.51缩小为2.45。农村居民消费水平不断提升,2021年全年社会消费品零售总额18596.9亿元,比上年增长14.4%,其中农村消费品零售额2514.6亿元,增长13.6%。农村居民人均消费支出16951元,增长13.2%。全年居民消费价格比上年上涨0.5%。其中,城市居民消费价格上涨0.7%,农村居民消费价格与上年持平。④

(二)主要农产品供给稳中有升

1. 粮食总产量创六年新高

2021年湖南粮食总产量3074.4万吨,创近六年新高,比上年增加59.3万吨,同比增长2.0%(见图1-4)。其中,夏粮产量45.2万吨,增加2.0万吨,增产4.7%;早稻产量743.8万吨,增加25.1万吨,增产3.5%;秋粮产量2285.4万吨,增加32.1万吨,增产1.4%。⑤全年湖南以占全国2.8%的耕地,生产了占全国4.5%的粮食,为确保国家粮食安全作出了积极贡献。湖南粮食总产量创新高得益于播种面积增加、粮食单产增长、政策机制保障。2021年,全省粮食播种面积7137.6万亩,比

---

① 湖南省统计局、国家统计局湖南调查总队:《湖南省2021年国民经济和社会发展统计公报》,http://tjj.hunan.gov.cn/hntj/tjfx/tjgb/jjfzgb/202204/t20220406_22730019.html。

② 湖南省统计局、国家统计局湖南调查总队:《湖南省2021年国民经济和社会发展统计公报》,http://tjj.hunan.gov.cn/hntj/tjfx/tjgb/jjfzgb/202204/t20220406_22730019.html。

③ 湖南省农办:《做强优势特色千亿产业 打造乡村振兴"绿色银行"》,《湖南日报》2022年3月31日。

④ 湖南省统计局、国家统计局湖南调查总队:《湖南省2021年国民经济和社会发展统计公报》,http://tjj.hunan.gov.cn/hntj/tjfx/tjgb/jjfzgb/202204/t20220406_22730019.html。

⑤ 湖南省统计局、国家统计局湖南调查总队:《湖南省2021年国民经济和社会发展统计公报》,http://tjj.hunan.gov.cn/hntj/tjfx/tjgb/jjfzgb/202204/t20220406_22730019.html。

上年增加 5.4 万亩；粮食亩产 430.7 公斤，每亩比上年增加 8.0 公斤；粮食安全党政同责有效落实，农田水利设施建设、深化农业供给侧结构性改革等政策加快落地，有效促进粮食综合生产能力提升。①

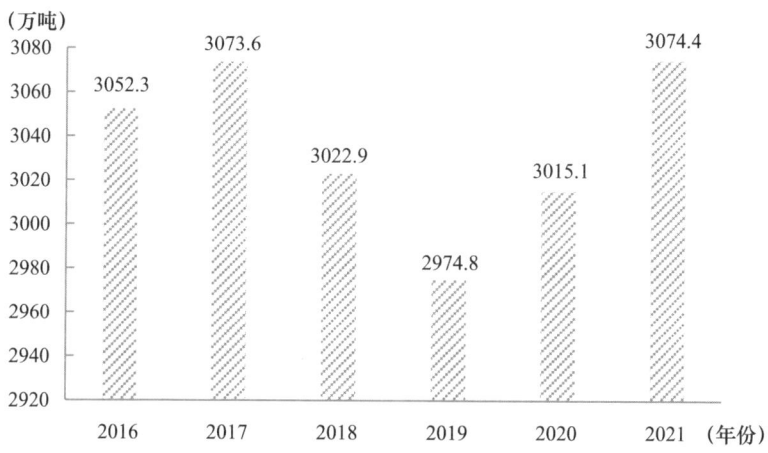

图 1-4　2016—2021 年湖南粮食总产量比较

资料来源：根据《湖南省统计年鉴 2021》和《湖南省 2021 年国民经济和社会发展统计公报》有关数据统计分析得出。

2. 蔬菜与经济作物产量以上升为主

蔬菜及食用菌生产稳中有增，整体以上升为主。2021 年，两者种植面积为 1391.5 千公顷，较上年增长 2.7%；产量为 4268.9 万吨，增产 3.9%。同期，全省棉花种植面积 60.2 千公顷，比上年增长 1.2%；产量为 8.0 万吨，增产 8.1%。油料种植面积 1479.8 千公顷，增长 1.8%；油料产量为 263.0 万吨，增产 0.9%。烤烟产量为 18.4 万吨，增产 0.4%。茶叶产量为 25.9 万吨，增产 3.4%。②

3. 肉类生产稳中有升

2021 年全省肉类生产稳中有升，猪、牛、羊、禽肉类总产量为 559.7 万吨，比上年增长 23.7%。其中，猪肉产量 443.1 万吨，增长 31.2%；牛

---

① 彭雅惠、唐文萱：《2021 年湖南产粮 614.9 亿斤》，《湖南日报》2022 年 1 月 25 日。
② 湖南省统计局、国家统计局湖南调查总队：《湖南省 2021 年国民经济和社会发展统计公报》，http://tjj.hunan.gov.cn/hntj/tjfx/tjgb/jjfzgb/202204/t20220406_22730019.html。

肉产量21.3万吨,增长3.9%;羊肉产量17.5万吨,增长8.7%;禽肉产量77.8万吨,下降0.5%。年末生猪存栏4202.0万头,比上年末增长12.5%,其中,能繁母猪存栏368.1万头,增长4.7%;牛存栏435.1万头,下降0.7%;羊存栏775.1万只,增长1.8%;家禽存笼37456.1万羽,下降0.6%。全年生猪出栏6121.8万头,比上年增长31.4%;牛出栏180.7万头,增长3.5%;羊出栏1064.1万只,增长8.2%;家禽出笼54025.2万羽,下降0.7%;禽蛋产量117.9万吨,下降0.8%;牛奶产量5.7万吨,增长1.8%;水产品产量266.1万吨,增长2.8%。① 从2021年全省猪、牛、羊、禽肉类产量比例看(见图1-5),湖南作为猪粮大省,猪肉产量占肉类产量的79%,所占比例最大;牛、羊肉各占肉类产量的4%、3%,比例比较小。

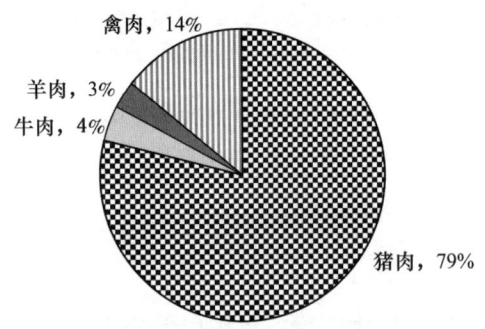

图1-5　2021年湖南猪、牛、羊、禽肉类产量比重

资料来源:根据《湖南省2021年国民经济和社会发展统计公报》有关数据统计分析得出。

(三)农业生产条件持续改善

1. 农业机械化水平不断提升

近年来,全省大力推进农业机械化,实施农机"千社工程",实行农机推广服务"331"机制,落实购机补贴政策,重点扶持3000多家现代农机合作社,每家装备逾100万元的现代农机。2021年以来,推动打造智慧智能农机产业链,全省已拥有各类农机总量达970万台(套),农机

---

① 湖南省统计局、国家统计局湖南调查总队:《湖南省2021年国民经济和社会发展统计公报》,http://tjj.hunan.gov.cn/hntj/tjfx/tjgb/jjfzgb/202204/t20220406_22730019.html。

监测系统覆盖90个县（市、区）[①]，农机合作社总数达6000多家。截至2021年年底，全省农机总动力达6676.4万千瓦，稳居全国前六位[②]，农作物耕种收综合机械化水平达54.23%、水稻耕种收综合机械化水平达80.05%，较2012年分别增长16.43%、20.45%。[③] 油菜、茶叶、柑橘等其他主要农作物机械化水平也在逐步提高，2021年湖南油菜耕种收综合机械化水平达到64.77%[④]，比五年前提升了近9个百分点。

2. 农业科技支撑不断增强

近年来，湖南围绕主要农产品，完善国家和省级科技创新平台，奖补科技攻关，构建起水稻、生猪、油菜、水果、蔬菜、茶叶、水产、草食动物、中药材和旱粮10个产业技术体系，每一个优势产业初步形成由农业院士领衔的创新团队，每个产业全产业链的关键环节有一名岗位专家，每个产业的主产区域有一个试验站的科技创新格局。[⑤] 湖南持续推进育种科技创新，建设岳麓山实验室和杂交水稻全国重点实验室，加强种业核心技术攻关，第三代杂交稻双季亩产突破1600公斤，全省主要农作物良种覆盖率保持在96%以上，2021年全省农业科技进步贡献率达到64%[⑥]。

3. 农田水利建设成效明显

湖南重视农田水利建设，实施已建灌区现代化改造，推进新建灌区工程建设，实施农村"五小"水利工程，2021年全省开工各类水利工程7.0万处，投入资金267.1亿元，完成水利工程土石方0.7亿立方米，当年新增农田有效灌溉面积21.3千公顷，新增节水灌溉面积27.8千公顷。[⑦] 高标准农田建设进一步推进，2021年实施高标准农田建设项目166

[①] 张尚武：《农业现代化加快推进——精细发展理念扎根三湘大地》，《湖南日报》2011年11月27日。

[②] 刘紫凌、袁汝婷、史卫燕：《湖南：高质量发展闯新路 展现新作为新担当》，http://news.china.com.cn/2022-07/28/content_78345311.htm。

[③] 吴砾星、梁嘉伟：《坚守使命 做香"湖南饭"》，《农民日报》2022年7月30日。

[④] 王晓宇、高林雪：《湖南：刷亮"湘味农机"金字招牌》，《农民日报》2022年6月10日。

[⑤] 张尚武：《农业现代化加快推进——精细发展理念扎根三湘大地》，《湖南日报》2011年11月27日。

[⑥] 《湖南举行乡村振兴主题新闻发布会》，2http://www.scio.gov.cn/xwfbh/gssxwfbh/xwfbh/hunan/Document/1729086/1729086.htm。

[⑦] 湖南省统计局、国家统计局湖南调查总队：《湖南省2021年国民经济和社会发展统计公报》，http://tjj.hunan.gov.cn/hntj/tjfx/tjgb/jjfzgb/202204/t20220406_22730019.html。

个，建设面积463万亩。① 截至2021年年底，湖南省高标准农田保有量为3615万亩，占耕地面积的66.56%。②

4. 农业信息化有力推进

湖南整省推进信息进村入户工程，已建设完成122个县级运营中心、1.9万个村级益农信息社，农业综合信息服务体系覆盖率达95%。③ 实施乡村数智化新基建工程，加快推动乡村5G、千兆宽带等新型信息基础设施建设，加快5G、人工智能、大数据、区块链等新一代信息技术与农业生产深度融合。当前，新一代信息技术正向农业生产、经营、管理、服务领域不断拓展，西洞庭管理区、大通湖管理区、贺家山农场、沅江市等地布局的水稻数字化生产示范基地（智慧农业示范基地），通过物联网、大数据、云平台，实现无人化作业、智能化决策、远程化评估、精准化管理，形成了良好的示范带动作用。

5. 农业领域投入持续发力

2021年湖南固定资产投资比上年增长8%，高于全国平均水平3.1个百分点，其中第一产业投资增长较快，比上年增长10.1%。④ 加大对"三农"重点领域和薄弱环节的资金投入，2021年发放耕地地力保护、稻谷价格和应对农资价格上涨等补贴77亿元，在37个产粮大县开展水稻完全成本保险试点，能繁母猪、规模养殖场育肥猪农业保险实现应保尽保⑤。2021年末，湖南农信系统涉农贷款余额5245亿元，小微企业贷款余额3530亿元，均较2021年初有大幅增长。⑥ 2021年湖南国省衔接推进乡村振兴补助资金达到115.4亿元，绩效考评排全国第2位。国省补助18.3亿元⑦，

---

① 湖南省统计局、国家统计局湖南调查总队：《湖南省2021年国民经济和社会发展统计公报》，http：//tjj. hunan. gov. cn/hntj/tjfx/tjgb/jjfzgb/202204/t20220406_22730019. html。
② 《坚守使命 做香"湖南饭"》，《农民日报》2022年7月30日第4版。
③ 湖南省农业农村厅发展规划处：《"六大强农"旺产业 现代农业谱新篇》，http：//agri. hunan. gov. cn/agri/xxgk/gzdt/snyw/dtyw/202109/t20210918_20618118. html。
④ 《2021年湖南固定资产投资增长8.0%》，https：//www. hunan. gov. cn/hnszf/zfsj/sjfb/202201/t20220127_22474934. html。
⑤ 石建辉：《关于湖南省2021年省级决算草案和2022年上半年预算执行情况的报告》，http：//czt. hunan. gov. cn。
⑥ 《湖南农信系统2021年涉农贷款余额超5200亿元》，《湖南日报》2022年2月25日。
⑦ 石建辉：《关于湖南省2021年省级决算草案和2022年上半年预算执行情况的报告》，http：//czt. hunan. gov. cn。

强力支持农业品牌、现代农业产业园建设，强力推动产业融合强农、科技强农等行动，为加快推进农业现代化提供了有力支撑。

（四）农业绿色发展成效明显

1. 化肥农药减量增效行动深入实施

践行"绿水青山就是金山银山"理念，湖南积极开展果菜茶有机肥替代化肥示范，推广化肥深施技术，运用天敌治虫、物理治虫，化肥、农药使用量连续六年保持负增长，2021年农作物病虫害统防统治和绿色防控覆盖率分别达43.3%、42.5%，比上年分别增长2.5个百分点、4.7个百分点。全省主要农产品监测总体合格率达到98.9%。[1] 截至2021年9月底，全省共创建化肥减量增效示范片450个，示范面积108万亩，推荐发布主要农作物测土配方专用肥配方213个，完成测土配方施肥推广面积8343万亩，占计划任务的85.13%。已推广水肥一体化技术应用面积78.9万亩。[2]

2. 绿色循环农业试点整县推进

控肥减药的同时，整省推进畜禽粪污治理与资源化利用，全省畜禽粪污处理设施装备配套率达96%（大型规模养殖场达100%）、粪污资源化利用率达85%；建成28个无害化处理中心、85个收集储存转运中心，基本实现养殖大县病死畜禽无害化处理全覆盖。[3] 全省秸秆综合利用率、农膜回收率分别达到88.81%、85.01%。[4] 2021年湖南入选国家绿色种养循环农业试点省，选择在浏阳、湘阴、石门、新化等畜禽粪污处理设施运行顺畅、工作基础好、积极性高的粮食大县或经济作物优势县整县推进绿色种养循环农业试点，标志着全省绿色循环农业发展迈上了一个新的台阶。

---

[1] 《湖南在中国农业品牌创新发展大会作典型发言》，http：//www.moa.gov.cn/xw/qg/202207/t20220728_6405752.htm。
[2] 《向"绿"而行 湖南化肥在"减肥"》，https：//k.sina.com.cn/article_3363163410_c875cd12020016213.html。
[3] 《精细发展理念扎根三湘大地 农业现代化加快推进》，《湖南日报》2021年11月27日。
[4] 湖南省农业农村厅发展规划处：《"六大强农"旺产业 现代农业谱新篇》，http：//agri.hunan.gov.cn/agri/xxgk/gzdt/snyw/dtyw/202109/t20210918_20618118.html。

3. 绿肥种植推进力度加大

湖南将绿肥生产作为提高耕地地力、促进化肥减量增效和实施"藏粮于地"战略重要举措来抓，持续加大奖补力度和工作推进力度，各地通过种植生态绿肥、生态绿肥替代传统底肥等措施，推行"一季晚稻+绿肥"水旱轮作技术模式、"稻—稻—肥"轮作模式、"绿肥种植+养蜂"模式等，有效提高了土壤有机质含量，节约了肥料成本，实现了土壤的"减肥增效"、绿色低碳发展。2020年益阳市赫山区入选国家绿肥产业技术体系"一县一业"重点示范县，成为当年全国绿肥产业仅有的两个重点示范县之一①。2021年底，全省秋冬作物种植实现绿肥播栽648.7万亩。②

4. 综合种养在全省各地铺开

湖南大力推广稻渔综合种养，创建示范县10个，带动发展稻渔综合种养达到497万亩。在"中国生态小龙虾之乡"南县，稻虾综合种养面积达32万亩，南县小龙虾与南洲稻虾米供不应求，每亩增收2000多元③，总产值达到22.4亿元，带动就业增收5.1万人。④ 宁乡市发展"稻虾""稻鳅""稻鱼"等多种稻渔综合种养模式，种养面积达4万亩⑤，稻渔综合种养不断走向规模化、特色化、品牌化、标准化多种形式的综合种养模式在全省铺开，稻龟（鳖）、稻鳝、稻蛙、稻烟等生态种养模式在洞庭湖区广泛推广，稻鱼综合种养在宜章、辰溪、新化等丘陵山区广泛推开。

（五）新型农业经营主体活力增强

1. 新型农业经营主体快速发展

湖南大力实施"百企千社万户"工程，重点培育扶持以农业龙头企业、农民合作社和家庭农场为核心的新型农业经营主体。2021年，全省

---

① 《全国绿肥产业"一县一业"重点示范县建设在赫山启动》，《湖南日报》2020年10月16日。
② 《全省已完成秋冬种面积3536万亩》，《湖南日报》2021年11月12日。
③ 《精细发展理念扎根三湘大地 农业现代化加快推进》，《湖南日报》2021年11月27日。
④ 湖南省农办：《做强优势特色千亿产业 打造乡村振兴"绿色银行"》，《湖南日报》2022年3月31日。
⑤ 《坚守使命 做香"湖南饭"》，《农民日报》2022年7月30日。

省级以上农业产业化龙头企业达 979 家，上市农业企业达 22 家，居中部首位[1]，涌现出一批年销售收入过百亿元的企业，以隆平高科、唐人神、道道全、湘佳股份等为代表的湘字号龙头企业发展态势良好。全省家庭农场达到 19.58 万户、农民合作社达到 11.64 万个[2]，全省入社农户超过三成，几乎村村有合作社，合作社规范化程度不断提高。新型经营主体已经成长为推动农业现代化、引领现代农业发展的主力军，农户承包耕地中超过一半的耕地流向新型经营主体。[3]

2. 农业产业联合体不断壮大

近年来，湖南实施新一轮"百企"培育工程，打造一批标杆龙头企业，重点扶持 171 家农业产业化联合体。引导农产品加工龙头企业通过领办合作社，联结种养大户，打通产业链上下游，推进一二三产业融合发展，推进传统农业转型升级。唐人神、新五丰、湘村高科等行业龙头着力打造全产业链，走上内涵式增长道路。湘潭伟鸿食品牵头组建生猪产业化联合体，按"龙头企业＋合作社＋家庭农场"模式，打造年产销 50 万头生猪的全产业链，开发出 100 多个单品。湘茶集团、长康集团、崀山果业等龙头企业，都牵头组建产业化联合体，推进产加销一体化与示范农旅融合[4]，通过统一配置要素，带动全产业链发展，拓展增收空间。

3. 农业社会化服务水平不断提升

2021 年，湖南各类农业社会化服务组织达到 7.3 万个，服务面积 7600 万亩，服务小农户近 500 万户，相比 2017 年增长 2 倍。[5]农机合作社的数量增长较快，从 2012 年的 539 家发展到 2021 年的 6103 家，农机社会化服务水平从不到 5% 提高到 50% 以上[6]，有效解决了一家一户"缺机、缺劳、缺技术"的难题。2021 年 11 月，益阳市赫山区、耒阳市、安仁县、岳

---

[1] 《湖南：上半年农产品加工业营业收入 9080 亿元 同比增长 7.8%》，https://www.mgtv.com/b/350020/13091121.html。

[2] 湖南省农办：《做强优势特色千亿产业 打造乡村振兴"绿色银行"》，《湖南日报》2022 年 3 月 31 日。

[3] 《湖南农业现代化按下"快进键"》，《湖南日报》2021 年 11 月 12 日。

[4] 《湖南农业现代化按下"快进键"》，《湖南日报》2021 年 11 月 12 日。

[5] 湖南省农办：《做强优势特色千亿产业 打造乡村振兴"绿色银行"》，《湖南日报》2022 年 3 月 31 日。

[6] 《坚守使命 做香"湖南饭"》，《农民日报》2022 年 7 月 30 日。

阳县4个县（市、区）入选全国农业社会化服务创新试点县，湖南锦绣千村农业专业合作社等4个服务组织入围全国农业社会化服务创新试点组织。① 当前，湖南正在24个县（市、区）开展农业社会化服务整县试点②，大大拓宽了农业规模经营空间，现代农业生产经营方式得到更大范围推广。

4. 农产品品牌建设成效显著

湖南大力实施品牌强农行动，以"一县一特"为抓手，打造了一大批品质优良的"湘"字号农产品，2021年全省"两品一标"农产品认证数3558个，居全国前列③，比上年增长646个。其中获得"地标"农产品认证已达到126个，包括蔬菜32个、果品26个、茶叶15个、粮油13个、畜牧17个、水产10个、中药材13个，近三年时间里总认证数量实现了翻番。④ 以"地标"为突破口，湖南农产品品牌建设成效凸显，重点打造了"两茶两油两菜"六大省级区域公用品牌，培育了"湘赣红""湘南脐橙"等5个片区公用品牌，全省21个茶叶品牌被认定为"中国驰名商标"，湖南成为中西部省份茶叶品牌认定"中国驰名商标"最多的省份。⑤ 5797家农业企业、14218个品牌农产品被纳入农产品"身份证"平台，实行"一品一码"赋码标识，实现"一县一特"品牌农产品全覆盖。"一县一特"农产品优秀品牌产值突破800亿元，每年带动从业人员增收数千元至万元不等⑥，一大批农产品的品牌溢价能力和带动效应正在不断增强，县域经济整体实力不断提升。

（六）新产业新业态发展势头良好

1. 农产品加工业持续壮大

湖南把农产品加工业作为提升农产品附加值、促进农民增收、推进

---

① 《农业农村部办公厅关于全国农业社会化服务创新试点单位的批复》，http://www.gov.cn/zhengce/zhengceku/2021－12/02/content_5655438.htm。
② 《粮食生产一线探行：湖南积极推广农业社会化服务》，《人民日报》2022年6月15日。
③ 《湖南在中国农业品牌创新发展大会作典型发言》，http://www.moa.gov.cn/xw/qg/202207/t20220728_6405752.htm。
④ 《湖南新增10个农产品地理标志 总数达到126个》，《湖南日报》2021年6月16日。
⑤ 《湖南新增10个农产品地理标志 总数达到126个》，《湖南日报》2021年6月16日。
⑥ 《湖南在中国农业品牌创新发展大会作典型发言》，http://www.moa.gov.cn/xw/qg/202207/t20220728_6405752.htm。

一二三产业融合发展的关键性产业来抓，推动农产品加工业发展不断迈上新台阶。目前全省规模以上农产品加工企业达到 5200 家，销售收入过 100 亿元的 8 家，过 50 亿元的 11 家，过 10 亿元的 81 家。"十三五"期间，湖南农产品加工业产值由 1.18 万亿元增加到 1.86 万亿元，2021 年进一步增加到 1.99 万亿元，比上年增长 7%，居全国第 7 位[①]，中部第 3 位。省粮食集团、角山米业、大三湘、顺祥食品、汇美农业等农产品加工龙头企业发展态势良好，带动力不断增强。

2. 休闲农业与乡村旅游稳定发展

近年来，湖南注重发掘农业多种功能和乡村多重价值，积极推进旅游与农业、林业、文化、体育、康养等产业深度融合，新产业新业态不断涌现，乡村产业呈现"农业+"多业态融合发展趋势。在 2020 年以前，全省乡村休闲旅游营业收入以年均近 15% 的速度快速增长，成为年营业收入即将接近 500 亿元的乡村产业。2020 年以来，在疫情影响下，乡村休闲旅游受到较大冲击，但仍展现出顽强的"生命力"。2021 年全省休闲农业营业收入达 470.4 亿元，接待游客 2.05 亿人次，从业人员 76.98 万人，带动农户 74.58 万户。[②] 2021 年暑期张家界受到国内散发疫情强烈冲击，而当年张家界永定区休闲农业经营收入为 7.3 亿元，依然增长了 3%；休闲农业和乡村旅游接待人次 563.32 万人次，增长了 1.95%。湘潭市休闲农业和乡村旅游逆势上扬，休闲农庄、农家乐等已发展到 300 余家，2021 年接待游客量逾 1400 万人次，年经营收入达 16 亿元左右；其中，农副产品销售收入 6.1 亿元，同比增长 8.69%。乡村旅游业吸纳农村劳动力 5 万余人就业，带动 2 万多户农民增收。[③] 休闲农业与乡村旅游业稳步发展，为湖南加快农业现代化步伐提供了有力支撑。

---

① 湖南省农办：《做强优势特色千亿产业 打造乡村振兴"绿色银行"》，《湖南日报》2022 年 3 月 31 日。
② 湖南省农办：《做强优势特色千亿产业 打造乡村振兴"绿色银行"》，《湖南日报》2022 年 3 月 31 日。
③ 《树品牌 强实力 聚财源：我市休闲农业年经营收入达 16 亿元》，《湘潭日报》2022 年 1 月 12 日。

3. 农村电子商务保持快速发展

随着传统大型电商平台和新型社交平台在农村的渗透率不断提升和电子商务进农村综合示范项目的深入推进，湖南农村地区优质农特产品的销售渠道得到有效拓展。2021年湖南新增11个县市获批全国电子商务进农村综合示范县市，分别为醴陵市、湘阴县、衡阳县等县市。其中，醴陵市为全国电子商务进农村激励县（市）。截至2021年年底，全省已有72个县市成功申报为全国电子商务进农村综合示范县市，实现了40个原国家级脱贫县100%全覆盖，全省县（县级市）覆盖率达到82.8%。[1]

4. 现代农业园区建设加快推进

近年来，湖南大力支持现代农业产业园建设，建成了一批产业特色鲜明、要素高度集聚、设施装备先进、生产方式绿色、经济效益显著、示范带动有力的现代农业产业园。截至2021年年底，全省共8个县（市、区）成功获批创建国家现代农业产业园，分别为靖州县（第一批）、宁乡市、安化县、永顺县、澧县、衡阳县、浏阳市、花垣县现代农业产业园。[2] 以国家现代农业产业园为龙头，示范带动省、市、县梯次建设现代农业产业园，湖南共创建省级现代农业产业园37个、现代农业特色产业园899个[3]，早中熟柑橘、优质湘猪、"五彩湘茶""湘九味"中药材4个产业集群被纳入国家农业优势特色产业集群，形成农业全产业链现代化格局。

5. 涉农特色小镇迸发活力

湖南积极推进国家农业产业强镇、农业特色小镇、乡村旅游重点镇建设，目前全省共打造了国家级产业强镇61个，累计创建省级农业产业强镇145个、农业特色小镇19个。[4] 截至2021年年底，全省共有全国乡村旅游重点村41个、重点镇（乡）3个，湖南省乡村旅游重点镇（乡）

---

[1] 《湖南11个县市获批全国电子商务进农村综合示范县市》，http：//www.hunan.gov.cn/hnyw/bmdt/202108/t20210802_20031468.html。

[2] 《关于认定第四批国家现代农业产业园的通知》（农规发〔2022〕12号），http：//nys.mof.gov.cn/czpjZhengCeFaBu_2_2/202201/t20220125_3784874.htm。

[3] 《湖南举行乡村振兴主题新闻发布会》，http：//www.scio.gov.cn/xwfbh/gssxwfbh/xwfbh/hunan/Document/1729086/1729086.htm。

[4] 《湖南举行乡村振兴主题新闻发布会》，http：//www.scio.gov.cn/xwfbh/gssxwfbh/xwfbh/hunan/Document/1729086/1729086.htm。

11 个，星级乡村旅游区（点）1227 家。① 长沙市望城区白箬铺镇光明村、长沙县开慧镇开慧村等 12 个村入选 2021 年中国美丽休闲乡村名单②，加上已经入选的 17 个中国美丽休闲乡村，总量达到 29 个。各类涉农特色小镇共同打响"乡字号""土字号"品牌，成为一二三产业融合发展的样板及农村经济新的增长点。

二 湖南农业现代化水平的测算与评价

长期以来，农业现代化被定义为由传统农业向现代农业转化的过程。舒尔茨的"改造传统农业理论"和约翰·希克斯的"诱导创新理论"分别从改造和创新的角度提出了将传统农业转化为现代农业的理论框架。随着中国乡村振兴战略的推进，中国特色农业现代化的内涵不断地更新拓展，农业现代化不再仅仅是农业生产的优化，更是融合农业生产、经营、生态等方面的综合性提升。湖南作为农业大省，推动农业现代化转型是全面实施乡村振兴战略的首要任务。进入"十四五"时期，湖南省推进农业现代化的外部环境、阶段特征正在发生深刻变化，需要综合分析和把握全省及 14 个市（州）的农业现代化水平。为此，结合湖南省农业的发展特征，并遵循指标选取的数据可获得性、科学性、全面性及可操作性等原则，研究从农业生产、农业经营、农业产出、农业生态、农业效率 5 个维度构建湖南省农业现代化水平评价指标体系，进行综合测评。

（一）模型构建与数据来源

1. 模型构建

熵值法是一种客观赋予权重的数学评价方法，用来判断某个指标的离散度，离散度越大，说明该指标对综合评价得分影响就越大，反之，则越小。根据标准化后的特征矩阵进行计算，可以确定指标权重。并据

---

① 《三湘四水如此多娇 湖南奏响奋进交响》，http：//news.sohu.com/a/576023624_99985683。
② 《2021 年中国美丽休闲乡村公示，湖南有 12 个村入围》，https：//agri.hunan.gov.cn/agri/xxgk/gzdt/snyw/dtyw/202110/t20211028_20894494.html。

此计算出指标体系得分。用熵值法确定指标权重,既可以克服主观赋权法无法避免的随机性、臆断性问题,还可以有效解决多指标变量间信息的重叠问题。所以,本报告尝试根据各样本数据的离散程度,用信息熵来确定指标权重,对湖南省农业现代化水平进行评价。

数学模型如下:

(1) 设置指标的初始数据矩阵:$X = \{x_{ij}\}mn$。其中,选取 m 个指标,共 n 个样本,x_{ij} 为第 i 个样本的第 j 项指标的初始数值,$i = 1, 2, \cdots, n$; $j = 1, 2, \cdots, m$。

(2) 初始数据的标准化:

对于正向指标来说,标准化公式为:$x'_{ij} = \dfrac{x_{ij} - \min x_{ij}}{\max x_{ij} - \min x_{ij}}$

对于负向指标来说,标准化公式为:$x'_{ij} = \dfrac{\max x_{ij} - x_{ij}}{\max x_{ij} - \min x_{ij}}$

其中,x'_{ij} 为标准化值。

(3) 指标归一化处理,计算第 i 个指标在第 j 年的比重:$X_{ij} = \dfrac{x'_{ij}}{\sum_{i=1}^{n} x'_{ij}}$

在这一过程中,如果指标值刚好等于最大值或者最小值,标准化后会出现 0 或者 1 的情况。为了数据运算处理有意义,需要消除运算中的零和负值,因此,运算中对无量纲化后的数据进行整体平移,即 $P_{ij} = X_{ij} + \alpha$,α 为平移幅度。为了不破坏原始数据的内在规律,最大限度地保留原始数据,保证数据的真实性,α 的取值必须要尽可能的小,α 取值为 0.001。

(4) 计算指标的信息熵 e_j:$e_j = -\dfrac{1}{\ln(n)} \sum_{i=1}^{n} P_{ij} \ln P_{ij}$

对于一个信息完全无序的评价系统,有序度为 0,$e_j = 1$;当 n 个样本处于完全无序分布状态时候,$y_{ij} = 1/n$,$0 \leq e_j \leq 1$。

(5) 计算指标的信息效用价值:$d_j = 1 - e_j$

(6) 计算评价指标权重 w_j:$w_j = d_j / \sum_{j=1}^{m} d_j$

权重值越大,该指标对于评价结果的影响越大[①]。

---

① 王霞、王岩红、苏林等:《国家高新区产城融合度指标体系的构建及评价——基于因子分析及熵值法》,《科学学与科学技术管理》2014 年第 7 期。

（7）加权算术平均合成综合评价指数：$G_j = \sum_{j=1}^{m} w_j x'_{ij}$

其中，G_j表示第 j 项指标的农业现代化综合水平评价指数。

2. 指标选取

农业现代化综合发展水平评价指标体系中，结合对已有研究的分析和湖南农业发展实践情况，遵循指标选取的数据可获得性、科学性、全面性及可操作性等原则，选取 5 个一级指标、15 个二级指标、18 个三级指标构建湖南省农业现代化综合水平评价的指标体系。

（1）农业生产水平，即在进行农业生产时所具备的农业生产条件，反映湖南农业在农业生产条件优化方面的能力。自 2012 年以来，历年中央一号文件均提到要依靠农业技术创新促进农业发展，发展设施农业、智慧农业，强调了农业科技在实现增产增收、促进农业现代化发展过程中的作用。因此，设定单位耕地农业机械总动力、农业水利条件和农业科技进步率共 3 个二级指标，分别代表农机化、水利和科技进步水平。农业生产能力越强，农业现代化水平越高。

（2）农业经营水平，即农业产业在支持与保护、发展与提升方面的情况，反映湖南农业产业的横向和纵向发展的能力。从农业自身发展来看，现代农业不再局限于传统的农业发展模式，不断延伸农业产业链，进行产业间的融合，以进一步拓展农业发展空间。从农业内部结构来看，各地区的比较优势直接影响农业产业结构，也关系到农业现代化的未来发展，需要考虑农林牧渔专业及辅助性活动产值的占比情况。农业具有弱质性和风险不确定性，尤其农业基础设施的完善、农业技术研发与推广等都需要政府资金的引导和涉入，农业补贴也需要政府财政的支持，来保障粮食等重要农作物的生产，这表明政府对农业的支持力度可以反映地区对农业现代化的重视程度，可以将农林水事务支出纳入指标体系进行衡量。因此，在农业经营现代化水平一级指标下，设定农业产业化水平、社会化服务水平、农业支持水平、规模化经营水平，分别从集约化、组织化、规模化经营水平和农业财政支持的角度衡量湖南省农业经营水平。

（3）农业产出水平，即农作物产出数量和产值情况，反映湖南省农业在农业产出效益方面的能力。由于湖南省 14 个市（州）在地形地势、水土条件等各方面存在较大差异,因此,根据湖南省农业生产的特点和优势,选定粮食、畜产品作为代表性农产品,通过核定其劳均生产水平,得到农产品生产水平。故在农业产出现代化水平一级指标下,选取农产品生产水平和劳均农业增加值衡量湖南省农业产出水平。

(4)农业生态水平,即农业绿色发展的进展情况。2021年中央一号文件明确提出要坚持"推进农业绿色发展"的理念,改变传统粗放型高产量、高污染的农业发展模式,重点突出"质量第一,效益优先"的现代化农业发展模式。因此在农业生态现代化水平一级指标下,设定农林牧渔业增加值耗能、农药减量化、化肥减量化、农用塑料薄膜减量化水平和水土流失综合治理面积增长率共5个三级指标,分别从农业资源利用水平、化肥农药农膜使用绿色化和土地可持续性发展等视角衡量农业生态发展水平,反映湖南农业在资源要素利用及环境保护的可持续发展能力。其中,农药、化肥和塑料薄膜的减量化水平通过当年使用量减去上一年的使用量,再除以上一年使用量来表示。

(5)农业效率水平,即农业生产反映湖南省农业现代化过程中资源利用效率及效益水平。结合诱致性技术变迁理论的指导和农业发展的现实启示,提高农业生产效率是提升农业现代化水平的重要途径。基于资源和发展条件的差异性禀赋,湖南省14个市(州)通过不同的发力点提高土地生产率和劳动生产率,有助于突破生产要素的供给约束。除此之外,农民是农业生产经营活动的直接参与者和受益者,其收入水平可以反映出农业的增收能力。因此,在农业质量效率水平一级指标下,设定农业土地产出率、农业劳动生产率和农村居民人均可支配收入3个二级指标,分别从产出数量、质量和综合效益视角衡量农业现代化的质量和效率。

由此,构建成湖南省农业现代化综合水平评价指标体系(见表1-1)。

表1-1　　　　湖南省农业现代化综合水平评价指标体系

一级指标	二级指标	三级指标	指标属性
农业生产水平(Y_1)	物质装备(X_1)	单位耕地农用机械总动力(x_1)	+
	农业水利条件(X_2)	农田有效灌溉率(x_2)	+
	科技创新(X_3)	农业科技进步贡献率(x_3)	+

续表

一级指标	二级指标	三级指标	指标属性
农业经营水平（Y_2）	农业产业化水平（X_4）	农产品加工值占农业总产值的比重（x_4）	+
	社会化服务水平（X_5）	农林牧渔专业及辅助性活动产值占农林牧渔业总产值比重（x_5）	+
	农业支持水平（X_6）	农林水事务支出占农林牧渔业增加值的比重（x_6）	+
	规模化经营水平（X_7）	劳均农业耕地面积（x_7）	+
农业产出水平（Y_3）	农产品产出水平（X_8）	劳均粮食生产水平（x_8）	+
		劳均畜产品生产水平（x_9）	+
	农业产值水平（X_9）	劳均农业增加值（x_{10}）	+
农业生态水平（Y_4）	水土保持水平（X_{10}）	水土流失综合治理面积增长率（x_{11}）	+
	面源污染防控水平（X_{11}）	化肥减量化水平（x_{12}）	−
		农药减量化水平（x_{13}）	−
		农用塑料薄膜减量化水平（x_{14}）	−
	能耗水平（X_{12}）	农林牧渔业增加值耗能（x_{15}）	−
农业效率水平（Y_5）	农业比较劳动生产率（X_{13}）	农业比较劳动生产率（x_{16}）	+
	农业土地产出率（X_{14}）	农业土地产出率（x_{17}）	+
	农村收入水平（X_{15}）	农村居民人均可支配收入（x_{18}）	+

3. 农业现代化发展阶段划分

李刚、李双元（2020）将农业农村现代化发展阶段分为准备阶段、起步阶段、初步实现阶段、基本实现阶段和完全实现阶段[①]。覃诚、汪宝、陈典等将农业农村现代化发展阶段分为起步阶段、发展阶段、提升阶段、转型阶段、冲刺阶段和基本实现阶段[②]。参考现有文献，本报告将农业现代化发展阶段分为起步阶段、发展阶段、提升阶段和基本实现阶段，

---

① 李刚、李双元：《青海省农业农村现代化发展水平研究》，《农业现代化研究》2020年第41卷第1期，第24—33页。

② 覃诚、汪宝、陈典等：《中国分地区农业农村现代化发展水平评价》，《中国农业资源与区划》2022年第43卷第4期，第173—182页。

具体划分标准见表1-2。

表1-2　　　　　　　农业现代化发展阶段划分标准

发展水平	阶段划分（G值）
起步阶段	0.00—0.25
发展阶段	0.26—0.50
提升阶段	0.51—0.75
基本实现阶段	0.76—1.00

4. 数据来源

基于数据的可得性和地区的可比性，研究选取2016—2020年湖南省及14个市（州）作为评价对象，指标体系数据均来自各地统计年鉴（2016—2021年），或通过其基础数据计算得出。其中，乡村从业人员数和农业从业人口数来源于历年《湖南统计年鉴》和《湖南农村统计年鉴》；农产品加工产值占农业产值的比重、农林水事务支出来源于湖南统计信息网发布的决策咨询报告和各市（州）统计年鉴；农业科技进步贡献率、农业增加值指标基础数据来源于省直职能部门①；农业机械总动力、耕地面积、化肥折纯施用量、农药使用量、农用塑料薄膜使用量、农用柴油用量、农村居民人均可支配收入等指标基础数据来源于历年《湖南统计年鉴》；农田总灌溉面积、有效灌溉面积、农林牧渔业总产值、农林牧渔专业及辅助性活动产值、农林牧渔业增加值、粮食产量、肉类总产量、水土流失综合治理面积等指标基础数据来源于历年《湖南农村统计年鉴》。

（二）湖南省农业现代化综合水平评价结果分析

基于熵值法的原理，运用Stata16.0可以计算得出湖南省农业现代化综合水平评价指标的权重（见表1-3）。

在湖南省农业现代化指标体系各项指标中，从一级指标来看，农业生产水平、农业经营水平和农业生态水平权重相差较小，三者在整体中占比较大，反映出农业的生产、经营活动在农业现代化发展进程中起到

---

① 由于缺乏部分市（州）的农业科技进步贡献率的数据，故采用全省的农业科技进步贡献率替代，进行各市（州）农业现代化水平的测算，可能会对结果产生影响，特此说明。

关键作用，绿色发展也成为当下农业发展的主要趋势。从二级指标来看，所占权重前三类指标分别为是面源污染防控水平、农作物生产水平、技术应用水平。在"大国小农"的大背景下，湖南省的土地细碎化依然是一种常态，通过增加农药化肥投入、科技创新等多种方式可以提高农业土地效率，实现有效管理，实现更高的土地产出率和农作物增产。这些指标的权重也反映出农业现代化进程中需要注重协调投入与产出的关系，促进高质量农业现代化发展。从三级指标来看，权重较大的主要集中在农业科技进步贡献率、劳均农业增加值等指标上，反映出农业现代化强调技术进步为农业带来的增产增收效应。在未来湖南省农业现代化发展中，技术创新与应用将发挥越来越重要的作用。

表1－3　　湖南省农业现代化综合水平评价指标的权重

一级指标	权重（%）	权重排名	二级指标	权重（%）	权重排名	三级指标	权重（%）	权重排名
Y_1	20.28	3	X_1	6.99	6	x_1	6.99	5
			X_2	2.92	14	x_2	2.92	15
			X_3	10.37	3	x_3	10.37	1
Y_2	20.60	2	X_4	5.40	9	x_4	5.40	10
			X_5	5.62	8	x_5	5.62	9
			X_6	4.90	10	x_6	4.90	11
			X_7	4.68	11	x_7	4.68	12
Y_3	21.81	1	X_8	12.37	2	X_8	6.19	7
						X_9	6.17	8
			X_9	9.44	4	X_{10}	9.44	2
Y_4	18.99	4	X_{10}	4.44	12	x_{11}	4.44	6
			X_{11}	12.95	1	x_{12}	1.20	13
						x_{13}	9.36	3
						x_{14}	2.39	16
			X_{12}	1.59	15	X_{15}	1.59	17
Y_5	18.32	5	X_{13}	4.42	13	X_{16}	4.42	14
			X_{14}	6.46	7	X_{17}	6.46	6
			X_{15}	7.44	5	X_{18}	7.44	4

经过对农业现代化生产系统、经营系统、产出系统、生态系统和效率系统的得分进行测度，再进一步对农业现代化综合水平得分进行测算，可以得出2016—2020年湖南省农业现代化综合水平得分结果（见表1-4）。

表1-4　　　　　　　　湖南省农业现代化综合水平得分结果

湖南	2016年	2017年	2018年	2019年	2020年
综合水平得分	0.3015	0.3380	0.3540	0.4452	0.4483
农业生产水平	0.0493	0.0815	0.1056	0.1398	0.1589
农业经营水平	0.0611	0.0923	0.0864	0.0956	0.0862
农业产出水平	0.0789	0.0673	0.0674	0.0708	0.0821
农业生态水平	0.0575	0.0526	0.0486	0.0743	0.0558
农业效率水平	0.0547	0.0443	0.0459	0.0646	0.0653

注：得分为指数，下同。

根据表1-4可以看出，2016—2020年湖南省农业现代化综合水平得分呈现逐年上升的趋势，反映出农业现代化水平得到了显著提高，五年间增长了48.49%，但距离完全实现农业现代化仍有不小的差距，其中2020年的得分仅比2019年提高了0.6%，这可能与疫情的影响有关。

从农业生产来看，2016—2020年湖南农业生产水平稳步上升，在2020年达到最大值为0.1589，比2016年增长了222.31%，反映出湖南省农业基础设施建设力度加大，农业科技驱动和现代化农业技术得到一定程度的普及，但仍存在进步空间。近些年来，湖南不断推动现代技术进入农业发展产业链，但由于湖南省地貌类型以山地、丘陵为主，适合于大型农业机械作业的耕地面积较少，单位耕地面积农用机械总动力增长缓慢，年均增长1.62%，在一定程度上限制了农业现代化生产。

从农业经营来看，2016—2020年湖南省农业经营水平呈现"M"形波动上升的趋势，得分从2016年的0.0611增长到2020年的0.0862，增长了41.08%。结合具体数据分析，湖南农业产业化水平、社会化服务水平、农业支持保护水平、规模化经营水平都有一定程度的提升。但相比农业生产水平的得分，湖南农业经营体系仍有较大的进步空间。农林牧渔业产值占农业总产值的比重时有下降的趋势，农林牧渔业总产值的增长速度放缓，表明湖南省农业经营水平较低，农业结构化问题仍然突出。劳均耕地面积增长缓慢，甚至一度回落，结合地形地势的禀赋情况，导致湖南土地适度规模经营进展缓慢，仍需继续发展土地的集中经营。由此也发现，湖南在农产品加工技术、农产品精深加工转化、规模化经营等方面还有待提升。

从农业产出来看，2016—2020年湖南省农业产出水平呈现"V"形曲折性上升趋势，得分从0.0789增长到0.0821，五年间增长了4.06%，反映出湖南省农作物产出数量和产值都得到一定程度的提高。究其原因，发现湖南农作物受到农业种植结构调整优化以及自然灾害等因素的影响，产出有所下降，例如2017年持续多日的强降水导致农林牧渔业都受到了极大的冲击。

从农业生态来看，2016—2020年湖南省农业生态水平始终处于不稳定的波动状态。2016年以来，湖南各级农业部门加快集成推广化肥农药减量增效绿色高效技术模式，探索工作机制与服务方式，采取全面推广高效低毒农药新产品，重新修订湖南省农作物重大病虫防控用药推荐名录等各项措施，切实抓好农药使用减量工作，反映出湖南省农业在发展过程中对于农业生态保护给予了较高程度的关注。经科学测算，2020年水稻、小麦、玉米三大粮食作物化肥利用率为40.2%，农药利用率为40.6%[1]。但据湖南省农产品质量安全例行监测结果来看，在实际使用中，湖南仍有限用农药残留超标占比高、部分常规农药超标较多、稻米中常规农药超标问题有所凸显等诸多问题[2]。这也使得湖南农业生态现代化水平受到一定程度的约束，需要进一步推进绿色农业发展。

在农业效率方面，2016—2020年湖南省得分从0.0547增长到0.0653，增长了19.38%，其间稍有下降，反映出湖南农业效率水平整体正朝着较好的方向发展，但仍不稳定。究其原因，在推进湖南农业现代

---

[1] 湖南省供销合作总社：《化肥农药使用量零增长行动实现目标》，https：//gxhzs.hunan.gov.cn/gxhzs/tslm/snxx/202101/t20210121_14144247.html。

[2] 湖南省农业农村厅：《关于全省农产品质量安全第三次例行监测结果的通报》，http：//agri.hunan.gov.cn/agri/xxgk/tzgg/202209/t20220928_29019947.html。

化进程中，人多地少、人均农业资源占有量低、农户家庭土地经营规模小，农田结构零散等原因制约了农业发展，农村人口的就业结构与生产经营收入也受到不同程度的影响。

（三）湖南各市（州）农业现代化综合水平评价结果分析

根据测算可知，2016—2020年湖南省农业现代化水平取得了不错的进展，但依然任重而道远。因此，基于对湖南省农业现代化综合水平的分析，进而分析14个市（州）的综合水平得分和子系统得分情况，以了解各市（州）农业现代化发展差异，这对把握未来湖南农业调整方向具有重要的意义。

1. 2016—2020年各市（州）农业现代化综合水平得分结果分析

根据测算所得权重，进一步对农业现代化水平进行测算，可以得出2016—2020年湖南省14个市（州）的农业现代化综合水平得分情况（见表1-5）。

表1-5　湖南省14个市（州）农业现代化综合水平得分

	2016年	2017年	2018年	2019年	2020年
长沙市	0.5099	0.5388	0.5736	0.6302	0.6391
株洲市	0.3214	0.3551	0.4085	0.4654	0.4642
湘潭市	0.3815	0.3893	0.4587	0.5238	0.5009
衡阳市	0.2878	0.3003	0.3481	0.4059	0.4194
邵阳市	0.2358	0.2788	0.3110	0.3779	0.3836
岳阳市	0.3866	0.4153	0.4488	0.5545	0.5695
常德市	0.3002	0.3881	0.4007	0.4803	0.5229
张家界市	0.1435	0.1999	0.2231	0.2778	0.2925
益阳市	0.3681	0.3979	0.4268	0.5931	0.5502
郴州市	0.2986	0.3295	0.3792	0.4310	0.4661
永州市	0.3435	0.3923	0.4093	0.4818	0.4935
怀化市	0.1942	0.2380	0.2743	0.3213	0.3683
娄底市	0.2214	0.2284	0.2628	0.3823	0.3747
湘西自治州	0.1554	0.1940	0.2083	0.2817	0.3051

从14个市（州）的综合水平得分来看，各市（州）的农业现代化水

平都得到了不同程度的提升。2016年，仅有长沙市处于提升阶段，张家界市、怀化市和湘西自治州处于起步阶段，其他市（州）处于发展阶段。到2020年，长沙市依然保持提升的趋势，湘潭市、岳阳市、常德市、益阳市也进入提升阶段，其他市（州）都处于发展阶段，且农业现代化成熟度不断提高。

根据测算可以发现，从区域差异来看，湖南省14个市（州）农业现代化综合得分差异明显，但呈现逐渐缩小的趋势，具体表现在2016年市（州）极差为0.3664，到2020年市（州）极差降低到0.3466。其中，长沙市、岳阳市、益阳市等地农业现代化水平较高，其原因在于这些市（州）的基础设施较为完善，技术创新水平更高。例如，长沙市自2016年得分0.5099增长到2020年得分0.6391，始终引领全省农业现代化发展，可能的原因在于其作为湖南省会城市，经济实力与科技创新能力强，其他产业对农业的贡献大以及地方政策的加持等。

从增长率来看，张家界市、湘西自治州、怀化市、常德市、娄底市等地综合水平得分增长率较高，究其原因，发现这些市（州）近年来在稳定粮食生产的基础上，围绕市场需求，深入推进农业供给侧结构性改革，大力调整优化农业产业结构，不断增强优质农产品有效供给，着力提升农业发展质量效益，从而实现了农业现代化综合发展水平的不断突破。

从地理位置来看，湖南农业现代化的发展水平变化整体基本呈现"东高西低""北高南低"的特点。主要原因是湖南各区域板块在资源禀赋、区位优势、技术水平等方面有较大的差距，农业现代化发展存在着不同的阻力。

2. 2016—2020年14个市（州）农业现代化水平子系统得分结果分析

根据指标体系熵值法的特性，将湖南省14个市（州）农业现代化水平分解为农业生产、经营、产出、生态和效率五个子系统指标的发展水平，分项对其实现程度进行分析和判断，进一步挖掘各地区的农业现代化发展特点，明确不同地区在农业现代化发展进程中的优势和不足。

（1）农业生产水平得分结果分析

根据测算结果（表1-6）显示，2016—2020年长沙、湘潭、益阳、岳阳等地的农业生产体系发展较好，可能的原因在于这些地区自然条件禀赋较好、产学研一体化程度更高、科研创新能力强、地方政策较完善等。从2016—2020年的得分增长率来看,张家界市、邵阳市、湘西自治州均实现了100%以上的突破,其原因在于,自2015年以来,这些市(州)持续加大强农惠农富农力度,大力兴建各类农田水利基础设施,有效开展基层农技推广体系改革与建设,实现了生产体系的优化。

从区域差异来看,14个市(州)的农业生产水平差距明显,发展趋势与综合水平得分趋势保持一致,呈现差距逐渐缩小的状态,2016年市(州)得分极差为0.0811,相差12.92倍,到2020年市(州)得分极差①降低到0.0747,相差1.66倍。这可能得益于科技的广泛应用缩小了各市(州)之间农业生产条件的差距。

表1-6 湖南省14个市(州)农业生产水平得分情况

	2016年	2017年	2018年	2019年	2020年
长沙市	0.0802	0.1116	0.1367	0.1575	0.1884
株洲市	0.0535	0.0876	0.1164	0.1430	0.1750
湘潭市	0.0779	0.1080	0.1308	0.1528	0.1847
衡阳市	0.0456	0.0768	0.1019	0.1235	0.1540
邵阳市	0.0152	0.0464	0.0719	0.0941	0.1250
岳阳市	0.0626	0.1005	0.1254	0.1474	0.1789
常德市	0.0364	0.0717	0.0960	0.1179	0.1488
张家界市	0.0068	0.0377	0.0621	0.0834	0.1137
益阳市	0.0879	0.1003	0.1220	0.1457	0.1785
郴州市	0.0510	0.0811	0.1062	0.1288	0.1543
永州市	0.0636	0.0950	0.1209	0.1433	0.1747
怀化市	0.0306	0.0672	0.0942	0.1176	0.1485
娄底市	0.0748	0.0821	0.0985	0.1514	0.1838
湘西自治州	0.0163	0.0479	0.0621	0.0901	0.1211

(2)农业经营水平得分结果分析

根据测算结果(表1-7)显示,2016—2020年岳阳市、常德市、湘

---

① 极差又称范围误差或全距,是用来表示统计资料中的变异量数,其最大值与最小值之间的差距,即最大值减最小值后所得之数据。

潭市等地农业经营体系发展较好，可能的原因在于这些市（州）土地规模化程度相对较高，并拥有国家级或省级的农业示范片区等。其中，值得注意的是，2016—2020年张家界市农业经营水平得分出现断崖式下降，从0.0736下降到0.0637。对比5年的数据发现，可能的原因在于农业支持水平逐年下降，从2016年的68.88%下降到2020年的34.61%，这可能因为张家界市以旅游经济为主导，在经济下行趋势中对农业的投入乏力所致。

从农业经营发展水平得分增长率来看，2016—2020年娄底市、衡阳市、邵阳市、湘潭市等地区增长迅速，尤其是娄底市的增长率达159.57%，究其原因发现，娄底市大力发展农业适度规模经营，加强农业社会化服务体系建设，推进一二三产业融合，使得农业经营体系得到了完善。

从区域差异来看，14个市（州）的农业经营水平差距较为明显，发展趋势与综合得分趋势保持一致，呈现差距逐渐缩小的状态。2016年市（州）得分极差为0.0928，相差7.58倍，到2020年市（州）得分极差降低到0.0817，相差3.23倍。这可能与近几年来国家和各级政府对农业社会化服务、农业规模化经营等重视程度不断提升有关。

表1-7　湖南省14个市（州）农业经营水平得分情况

	2016年	2017年	2018年	2019年	2020年
长沙市	0.0717	0.0962	0.1019	0.1209	0.1024
株洲市	0.0612	0.0671	0.0715	0.0836	0.0741
湘潭市	0.0677	0.0823	0.0961	0.1195	0.1054
衡阳市	0.0519	0.0828	0.0918	0.1072	0.0969
邵阳市	0.0561	0.0844	0.0939	0.1062	0.0919
岳阳市	0.0882	0.1069	0.1178	0.1318	0.1183
常德市	0.0744	0.0958	0.1023	0.1302	0.1156
张家界市	0.0736	0.0796	0.0795	0.0823	0.0637
益阳市	0.0633	0.0866	0.0949	0.1181	0.0953
郴州市	0.0652	0.0790	0.0879	0.1033	0.0897
永州市	0.0624	0.0775	0.0837	0.1031	0.0809

续表

	2016 年	2017 年	2018 年	2019 年	2020 年
怀化市	0.0456	0.0583	0.0652	0.0707	0.0614
娄底市	0.0141	0.0342	0.0405	0.0492	0.0366
湘西自治州	0.0487	0.0732	0.0812	0.0860	0.0717

（3）农业产出水平得分结果分析

根据测算结果（表1-8）显示，2016—2020年长沙市、岳阳市农业产出水平提升较快，但株洲市、湘潭市、常德市等市（州）得分出现不同程度的下降，这可能与农业结构调整、自然灾害等因素相关。根据投入产出理论，产出取决于生产投入，受经营、市场等因素的影响，这也符合14个市（州）农业生产、农业经营所对应的农业产出。

从农业产出水平得分增长率来看，湘西自治州、张家界市、常德市、怀化市等地区增加较快。其中，湘西自治州的增长率达443.59%，通过分析可以发现，湘西州近年来以农业园区和基地为平台，完善"园、企、社、水、路"综合配套，推动资金、项目、人才等向园区集中集聚，初步形成"县有万亩精品园、乡有千亩标准园"的农业产业园区格局，使得农业综合效益不断突出。

从区域差异来看，14个市（州）的农业产出水平差距非常明显，发展趋势与综合得分趋势保持一致，表现出差距逐年快速缩小的特征。具体表现在，2016年14个市（州）农业产出水平得分极差为0.183，相差47.92倍，到2020年各市（州）得分极差降低到0.1477，相差7.97倍。形成这一明显特征的原因可能在于农业集聚区的发展以及农作物优良品种、农业技术的推广等。

表1-8　湖南省14个市（州）农业产出水平得分情况

	2016 年	2017 年	2018 年	2019 年	2020 年
长沙市	0.1869	0.1576	0.1533	0.1671	0.1689
株洲市	0.1065	0.0982	0.0989	0.0987	0.0896
湘潭市	0.1166	0.0976	0.0872	0.0878	0.0832

续表

	2016 年	2017 年	2018 年	2019 年	2020 年
衡阳市	0.0722	0.0457	0.0458	0.0452	0.0422
邵阳市	0.0441	0.0361	0.0378	0.0407	0.0435
岳阳市	0.1137	0.1071	0.1097	0.1148	0.1233
常德市	0.0916	0.1017	0.1033	0.1115	0.1360
张家界市	0.0116	0.0154	0.0186	0.0219	0.0257
益阳市	0.0764	0.0785	0.0827	0.0930	0.0969
郴州市	0.0670	0.0729	0.0747	0.0762	0.0813
永州市	0.0855	0.0928	0.0908	0.0943	0.0965
怀化市	0.0329	0.0394	0.0431	0.0409	0.0467
娄底市	0.0254	0.0226	0.0259	0.0314	0.0322
湘西自治州	0.0039	0.0028	0.0067	0.0137	0.0212

（4）农业生态水平得分结果分析

根据测算结果（表1-9）显示，2016—2020年14个市（州）的农业生态水平得分呈现上下波动的特征，其中农业生态发展较好的是益阳市。这种变化特征可能是由于农药、化肥和塑料薄膜等生产资料的使用受自然环境、农户行为等多方面因素的干扰。例如，长沙市的农业生态水平得分发展趋势呈现缓慢提升后持续下降的趋势，可能的原因在于农林牧渔业增加值耗能增加，2020年的能耗水平是2016年的13.18倍；岳阳市的农业生态水平得分出现跳跃式下降后回升，综合数据发现，岳阳市的农用塑料薄膜在2017年和2018年减量化情况较差，影响了整个农业生态水平，其他市（州）也是如此。

从农业生态水平得分增长率来看，怀化市、张家界市、衡阳市、益阳市和常德市等地区增长较快，其原因在于这些市（州）深入推进化肥、农药使用"零增长"行动，以统防统治、绿色防控推进农药减量增产，促进农业绿色发展。

相对综合水平得分和其他子系统得分来看，14个市（州）的农业生态水平差距较小，并呈现差距逐渐缩小的趋势。具体表现上看，2016年各市（州）农业生态水平得分极差为0.0368，相差2.11倍，到2020年各市（州）得分极差降低到 0.0348，仅相差 1.87 倍。究其原因，发现近几年来，绿色农业的理念逐渐深入人心，各地政府充分发挥财政的作用，积极引导绿色农业的发展。这也说明了湖南省 14 个市（州）的农业生态环境正在不断地改善，致力于共建"绿色湘农"。

表 1-9 湖南省 14 个市（州）农业生态水平得分情况

	2016 年	2017 年	2018 年	2019 年	2020 年
长沙市	0.0639	0.0599	0.0674	0.0538	0.0405
株洲市	0.0422	0.0401	0.0538	0.0642	0.0400
湘潭市	0.0597	0.0411	0.0892	0.0973	0.0533
衡阳市	0.0473	0.0438	0.0528	0.0668	0.0533
邵阳市	0.0626	0.0580	0.0516	0.0721	0.0481
岳阳市	0.0700	0.0504	0.0399	0.0923	0.0663
常德市	0.0459	0.0693	0.0462	0.0580	0.0502
张家界市	0.0332	0.0455	0.0389	0.0527	0.0407
益阳市	0.0677	0.0641	0.0544	0.1461	0.0748
郴州市	0.0666	0.0471	0.0589	0.0590	0.0664
永州市	0.0544	0.0559	0.0458	0.0595	0.0480
怀化市	0.0462	0.0382	0.0354	0.0483	0.0569
娄底市	0.0625	0.0556	0.0613	0.1000	0.0627
湘西自治州	0.0626	0.0496	0.0338	0.0599	0.0489

（5）农业效率水平得分结果分析

根据测算结果（表 1-10）显示，2016—2020 年长沙市、益阳市、永州市等市（州）农业效率水平提升较快，可能得益于其良好的经济条件，现代化的农业技术推广以及集约化、规模化经营模式等。在增长率方面，张家界市、湘西自治州、岳阳市、郴州市等地区增长较快，通过分析发现，这些地区近年来一直大力推进农村改革，通过探索建立村集体经济股份合作模式，推进"资源变资产、资金变股金、村民变股民"改革，动员村民以土地入股村集体合作社等方式不断提高农村居民收入，激活土地要素，使得农业效率水平相比 2016 年有了较大幅度的提升。

从区域差异来看，14 个市（州）的农业效率水平呈现与其他子系统得分情况不同的特点。尽管2016—2020年市（州）间的极差有逐渐扩大的趋势，但地区间的相对差距在缩小，主要表现在：2016年市（州）农业效率水平得分极差为0.0889，相差5.86倍，到2020年市（州）得分极差增加到0.0968，相差3.29倍。这说明14个市（州）的农业效率水平都得到了提高，使得得分持续提高，但怀化市、湘西自治州等效率相对落后的市（州）通过技术引进推广、土地管理改革等方式缩小了与长沙市、益阳市等市（州）的差距。

表1－10　　　　湖南省14个市（州）农业效率水平得分

	2016年	2017年	2018年	2019年	2020年
长沙市	0.1072	0.1135	0.1141	0.1309	0.1390
株洲市	0.0580	0.0622	0.0679	0.0760	0.0855
湘潭市	0.0596	0.0602	0.0554	0.0664	0.0743
衡阳市	0.0708	0.0512	0.0557	0.0633	0.0730
邵阳市	0.0577	0.0538	0.0558	0.0648	0.0751
岳阳市	0.0521	0.0504	0.0560	0.0682	0.0826
常德市	0.0520	0.0495	0.0530	0.0628	0.0724
张家界市	0.0183	0.0217	0.0240	0.0375	0.0487
益阳市	0.0729	0.0684	0.0727	0.0902	0.1047
郴州市	0.0488	0.0495	0.0515	0.0637	0.0744
永州市	0.0776	0.0712	0.0680	0.0817	0.0934
怀化市	0.0389	0.0349	0.0364	0.0438	0.0548
娄底市	0.0445	0.0339	0.0365	0.0503	0.0595
湘西自治州	0.0239	0.0205	0.0245	0.0321	0.0422

（四）小结

以熵值法为基础，对湖南省及14个市（州）2016—2020年农业现代化的综合水平得分和5个子系统得分进行测度的结果显示，经过近些年来的努力，全省和14个市（州）现代农业现代化综合水平显著提高，增长率达48.70%，农业生产、经营、产出、生态和效率五个方面也得到了不同程度的提升。在增长率上，张家界市、湘西自治州、怀化市、常德市等地区增长加快。在区域差异上，各市（州）间综合得分和子系统得分都存在明显的区域差距,但呈现逐渐缩小的趋势。长沙市、岳阳市、益阳市等市(州)得分较高,到2020年都已经进入农业现代化提升阶段,应进一步立足区位、资金、技术和资源的优势,提高农业资源利用率,走高效化、集约化和专业化的现代农业发展道路。其他市(州)也都处在发展阶段的不同时期,应充分挖掘农业资源特色,积极引入新要素,开辟新模式,打造新业态,避免发展模式的同质化,全面激发农业现代化发展的活力。整体来看,湖南省农业现代化水平虽然不断提高,但离完全实现农业现代化仍有一段距离,各市(州)的农业现代化发展呈现不均衡态势,农业现代化发展依然任重而道远。值得一提的是,根据2021年的相关数据预测,湖南农业现代化水平应该可以进入到提升阶段,且从近几年的趋势来看,湖南农业现代化水平有望处于快速增长阶段。

三 湖南农业现代化发展的主要问题

站在全面推进乡村振兴的新起点上,必须深刻认识到湖南推进农业现代化虽然已经具有良好的基础,但也面临不少困难和挑战,区域发展不平衡、产业结构调整不到位、农业社会化服务滞后等诸多问题亟待解决。

(一)农业机械化发展不平衡,山区特色产业设施是突出短板

现代农业装备是农业现代化的重要物质基础和科技保障。近年来湖南在加快推进农业机械化和农机装备转型升级上取得了重要成效,但由于地理环境、发展基础、耕作水平以及劳动力素质等差异大,导致农机设施装备推广和应用不平衡,丘陵山区特色产业设施装备是突出短板。

1. 农业机械装备结构不均衡

从动力与配套上看,动力机械多,农机作业配套农具少。从2020年来看,湖南大中型拖拉机和配套农具分别为10.77万台、4.28万台,配套比率为1:0.4,低于全国平均水平,排在中部六省最后一名(见表1-11)。小型及手扶拖拉机和配套农具分别为21.92万台、16.35万台,配套比率也仅为1:0.74。动力机械与农机作业配套农具发展不协调、技术集成配套应用不足,极大地阻碍了湖南农机装备效率的充分发挥。

表1-11 2020年全国及中部六省大中型拖拉机和配套农具数量及比率

	大中型拖拉机（万台）	配套农具（万台）	大中型拖拉机与配套农具比率
全国	477.27	459.44	1：0.96
湖南	10.77	4.28	1：0.4
山西	11.32	10.03	1：0.88
安徽	26.25	44.05	1：1.68
江西	5.13	3.71	1：0.72
河南	39.72	66.33	1：1.67
湖北	18.17	19.35	1：1.07

资料来源：根据全国和中部六省各省2021年统计年鉴整理。

从性能和智能化程度看，传统常规、低端低效农业机械多，现代复式、高端高效机械少。湖南中小型耕作机械和收获机械、小型农产品加工机械、农用运输机械等，80%为中低端农机产品。[①] 自主创新能力不足，产品技术含量、工艺水平不高，部分地区的产品作业适用性和效率不高。适应农业结构调整的新型复式机具不足，高性能高效机具和智能化农机装备少，病虫防治、病虫数据采集分析等农田管理的智能化无人驾驶拖拉机、自走式打药机、自动播种机等新型智慧农机的应用滞后。农机农艺融合不够，在全省各地区不同程度存在"无机可用""无好机可用"的难题。

2. 农机品种在不同产业和产业链不同环节应用不平衡

农业内部不同产业机械化建设差距明显。种植业机械化水平远远高于养殖业和加工业，而粮油种植机械水平远远高于茶业、蔬菜、水果等产业。目前机械化建设覆盖了粮食全产业链，而现代蔬菜生产中需要的播种机、移栽机、采收机、除草机等农机可选择性很小。2021年湖南农作物耕种收综合机械化率为54%，比全国低18个百分点，但水稻和油菜耕种收综合机械化率则分别达到了80.05%、64.77%，水稻耕种收综合机械化率仅比全国低5个百分点，油菜比全国高4个百分点。[②] 水果、茶叶和蔬菜种植、

[①] 邬亭玉等：《湖南省智能农机产业创新发展对策建议》，《科技中国》2022年第5期。
[②] 根据王晓宇、高林雪：《湖南：刷亮"湘味农机"金字招牌》（《农民日报》2022年6月13日）和马爱平：《这十年，我国农业现代化建设迈上新台阶》（《科技日报》2022年6月27日）整理。

畜牧养殖、水产养殖、设施农业等产业机械化水平则很低。

农作物间的不同环节机械化应用差距明显。以水稻产业链为例，水稻产业链上机耕、机收、运转等环节机械化水平较高，水稻机械化收获、转运、烘干已形成一个"谷不落地，直接进仓"的链条，但是机插、机抛率较低，是制约湖南农业生产全程机械化的短板。以水稻产业水平较高的益阳市为例，2021年水稻耕种收综合机械化水平达5.16%，位列湖南省第一，其中机耕率99.6%、机收率99.22%，居全国前列，但是水稻机插机抛率仅为51.85%，不到水稻耕种收综合机械化水平的61%，尽管超过湖南省平均水平7个百分点①，但仍然远远不及江西、湖北等省的水平。

3. 农机装备建设区域发展不平衡

市（州）间机械化水平差异大。整体来看，长株潭、湘北环洞庭湖平原地区农机化发展较快，其次是湘南地区，发展最慢的是湘西地区。湘北环洞庭地区依托平坦的地势和良好的发展基础率先在湖南省实施了农业机械化提升工程。从2020年来看，常德市、岳阳市、益阳市等地区的主要农作物耕种收综合机械化率分别为69.5%、76%、78.48%，岳阳市、益阳市超过了全国平均水平，三个市的水稻耕种收综合机械化率分别为81.5%、82%、83.44%，接近全国平均水平，2021年益阳市已经超过全国水平。长株潭地区经济条件较好，距离省会城市较近，农业机械化程度也相对较高。长沙市、株洲市、湘潭市的主要农作物耕种收综合机械化率接近或超过全国水平，水稻耕种收综合机械化率分别为85%、82%、84%，与全国平均水平相当。湘南丘陵地区发展较慢，大湘西武陵山片区主要农作物耕种收综合机械化率大部分都在60%以下，水稻耕种收综合机械化率大部分在75%以下。②

丘陵山区农业机械化装备滞后的原因包括：一是宜机化基础设施建设滞后。山区地形崎岖，农田及果园、菜园以及茶园不规则，自然

---

① 根据徐亚平等：《千红万紫准备著，只等春雷第一声》（《湖南日报》2022年2月28日）和文寿平：《2021年益阳市农业经济保持较快发展》（http://yiyang.gov.cn/yytjxxw/4915/4916/content_1523248.html）整理。

② 根据全省十四个市（州）的"十四五"农业农村现代化规划和王娜：《益阳市全力推进智慧智能农机产业链发展高地建设》（《益阳日报》2021年12月12日）整理。

分布落差大,"有机无路走,有路走不顺"现象普遍存在,农业机械在田间和果、菜、茶园运转不方便,影响了农机装备的使用。二是适宜山区地形的设施设备缺乏。适宜山区小田块、坡地和山地等作业场景的农机装备研发与推广应用滞后,即使是普通的小型耕种机在人均耕地不到1亩,且田块窄小又分散的山区几乎难以进田,机械化生产的效益得不到发挥。三是适宜特色产业的机具不足。湖南山区柑橘、猕猴桃、黄桃、杨梅、金秋梨、葡萄等水果产业以及百合、金银花等中药材产业发展较快,特色产业丰富多样,但与之匹配的专业化农机装备远远不够,例如柑橘产业所需洗果机、百合产业的色选机、油茶抚育采收剥壳烘干、楠竹山地运输等方面的机械装备不足,农机对特色产业的支撑力不足。

同时,山区特色产业冷链物流供需矛盾突出。现有的冷藏保鲜设施主要分布在城市地区和地势平坦、产业基础较好的农村,山区特色产业仓储保鲜冷链设施容积缺口大;农产品冷链"最先一公里"还没有完全打通,田头预冷、移动冷库等生产前端冷链物流设施滞后;冷链物流"最后一公里"问题突出,冷链城配车辆严重不足,运输货车中冷藏保温车的占比极小。信息化、标准化水平较低,冷链物流的公共信息平台、交易平台和监管平台建设滞后,改装车、面包车代替冷藏车运输现象普遍,甚至"冰块+棉被"冷链运输方式依然存在,大部分生鲜农产品仍在常温下流通,每年大量水果、中药材采摘后因冷库、冷藏车不足导致腐烂、损耗的现象较为严重,给山区特色农产品的商品化和产品安全带来诸多隐患。

(二)适销对路农产品产能不足,产业与品种结构是主要问题

湖南是农产品生产大省,粮油、肉类、果蔬等主要农产品产量均居全国前列,虽然产量大但是结构性矛盾突出,产品品种、品质结构与消费结构升级越来越快的市场需求有效对接不足,供需不平衡导致农产品面临卖难买贵矛盾突出,一方面老化退化品种、低端品质、弱小品牌的农产品供大于求,滞销问题较为严重,另一方面适销对路农产品产能不足,消费者难以购买到廉价优质的农产品,制约着湖南现代农业转型升级。

1. 农业产业与品种结构调整仍需持续推进

"一粮独大"的粮饲结构有待优化。在粮食种植结构中，作为口粮的水稻等粮食作物比重持续增加，而特色水稻、特色杂粮、优质旱粮以及加工专用玉米、青饲玉米等专用粮食不足，难以满足多样化、多层次市场的需求，粮饲结构需进一步调整。"一猪独大"的畜牧业结构有待调整。在畜牧业结构中生猪养殖占绝对优势、牛羊等草食畜牧业发展相对较慢，2021年湖南猪肉产量占肉类总产量的比重高达79.17%，比2020年提高了近5个百分点，比全国高出将近20个百分点，在全国肉类产量十大省份中排在第1位，比同为养猪大省的四川省、河南分别高出7.27%、12.61%（见表1-12）。牛、羊肉的占比分别为3.81%、3.12%，比2020年分别降低了0.69%、0.42%。①

表1-12　　2021年全国和肉类产量大省猪肉产量及占比

	肉类产量（万吨）	猪肉产量（万吨）	占比（%）
全国	8887	5296	59.59
湖南	559.7	443.1	79.17
山东	815.1	355.9	43.66
四川	640.4	460.5	71.9
河南	641.2	426.8	66.56
云南	486.7	360.4	74.05
河北	461.0	265.7	57.64
安徽	455.2	238.7	52.44
广东	451.8	263.2	58.26
广西	432.4	245.2	56.71
辽宁	433.3	238.8	55.11

资料来源：根据全国和各省份《2021年国民经济与社会发展统计公报》整理。

农产品结构不协调。产品品种与市场需求的多样化不相适应。湖南

---

① 根据湖南省统计局、国家统计局湖南调查总队：《湖南省2020年国民经济与社会发展统计公报》（http://www.hunan.gov.cn/hnszf/zfsj/tjgb/202104/t20210412_16465886.html）和湖南省统计局、国家统计局湖南调查总队：《湖南省2021年国民经济与社会发展统计公报》（http://www.hunan.gov.cn/hnszf/zfsj/tjgb/202203/t20220329_22724930.html）整理。

本土高端优质绿色农产品在市场上的占比较低。以柑橘为例，目前主产区泸溪椪柑、石门蜜橘、麻阳冰糖橙等柑橘品种普遍面临品种老化、退化、品种不佳等问题，在农产品市场上往往"卖不起价"，滞销现象经常发生，进一步获取产业红利困难。红美人脐橙、爱媛椪柑等优质创新品种价格虽高，但是种植规模不大，竞争优势还没有凸显出来。产品品质与市场需求的多层次不相适应。部分农产品生产缺乏统一的标准，产品品质相差较大，且农产品分级体系不发达，农产品混种、混收、混储问题突出，导致优质优价难以实现。部分农产品质量安全隐患仍然存在。有的农户在种植养殖过程中不规范使用农药、化肥，2021 年湖南省例行监测的蔬菜、水果、茶叶、稻谷、水产品分别还有 1.4%、0.8%、0.6%、0.7%、0.8% 的不合格率①，影响了农产品品质。

2. 农产品精深加工不足

加工转化率仍然偏低。长期以来，湖南的农产品以鲜销为主，加工转化率较低，产、加、销过程中的科技含量不高，产品的特质和特色未能充分体现，价格与附加值均处于较低水平。2020 年湖南农产品加工转化率为 53%，比全国水平低 14.5%②。2021 年湖南农产品加工业产值达 1.99 万亿元，居全国第 7 位，但农产品加工产值与农业产值比为 2.60：1，远低于河南省、山东省等地的水平，与发达国家 3.5：1 的水平相比有较大的差距。③

精深加工不足。湖南大多数农产品加工企业规模不大、技术水平不高、资源综合利用率低，只能从事低端的初加工业务，特色农产品精深加工能力不强，系列产品开发不足。以红薯产业为例，湖南是全国红薯生产大省，但红薯加工业并不发达，以初级红薯干等初加工为主，再深一点的淀粉、粉条粉丝等初级加工极度分散，加工企业也以小作坊为主。红薯酿酒、红薯饮料、生产味精和柠檬酸等深度加工鲜有涉及。

---

① 根据湖南省农业农村厅：《关于2021全省第四次农产品质量安全例行检测结果及全年情况的通报》（http：//agri.hunan.gov.cn/agri/xxgk/tzgg，2021 年 12 月 2 日）整理。
② 湖南省农业农村厅：《辉煌"十三五"，三农谱新篇：龙头引领加工兴》，http：//agri.hunan.gov.cn/agri/ztzl/hhssw/index.html。
③ 湖南省农业农村厅：《湖南在中国农业品牌创新发展大会作典型发言》，http：//hn.people.com.cn/n2/2022/0727/c356883－40056796.html。

3. 品牌农产品竞争力不强

品牌农产品供给不足。2021年湖南"两品一标"农产品认证数3558个，居全国前列，其中有机农产品数量近年来稳居全国第二位、中部第一位，但获得农业农村部农产品地理标志登记的农产品仅有126个，与山东（351个）、四川（199个）、湖北（195个）等省的差距较大。[①] 地理标志、专用标志使用企业依然较少，农业产品多、品牌少的局面还没有根本改变。尤其是后疫情时代，消费者对健康重视的程度进一步提高，对好品种、高品质、优品牌的农产品需求日益增加，湖南本土优质农产品供给难以满足差异化的市场需求。

品牌农产品整体效应没有充分发挥。湖南目前还存在农产品普通品牌多、知名品牌少的现象，存在品牌叫好不叫座的问题。一是品牌农产品质量良莠不齐。随着部分地理标志农产品生产范围、生产规模的不断扩大，有的农户不按标准生产，品牌农产品质量参差不齐，导致部分地理标志产品出现了品质下降和品质分化加剧问题。例如近年来炎陵黄桃、永兴冰糖橙、石门柑橘、樟树港辣椒、宁乡花猪肉等诸多优质农产品遭遇假冒、劣质产品的拖累，整体质量下降，削弱了品牌产品竞争力。二是部分品牌产品形象塑造与宣传力度不够。目前湖南真正具有省外、国外竞争力的品牌较少，大多数品牌影响力还仅局限在省内，有的只停留在市（州）或者县域，品牌的效应没有发挥出来。

（三）农业集约化经营水平偏低，社会化服务滞后是主要障碍

湖南人均耕地面积小，且丘陵山区面积占比大，小农户众多，农业规模化、集约化经营受到自然条件的制约，只有通过发展农业社会化服务来弥补这一先天不足。而当前湖南农业社会化服务体系尚有较大的提升空间，服务供给难以满足现代农业发展的需求，成为影响农业高质量发展的一个重要问题。

---

① 根据湖南省农业农村厅：《湖南省农产品地理标志信息公告》（http://agri.hunan.gov.cn/agri/xxgk/tzgg/202203/t20220307_22496403.html）、农参号：《领跑全国！山东地理标志农产品精析》（http://news.sohu.com/a/575993132_100124068）和袁帅、沈熙：《稳居全国第三！2021年湖北地理标志农产品增至195个》（http://news.hbtv.com.cn/p/2080372.html）整理。

1. 农业社会化服务供给体系不完善

政府主导的公益性、准公益性服务体系亟待强化。据调查，部分县、乡（镇）两级农业公共服务体系并不完善，例如种养良繁、动物防疫与卫生监督、农业气象、农产品质量检疫和质量安全、农机作业体系、农业科技创新与应用推广、农村产权流转与交易等现代农业发展亟须的公共服务体系与网络建设滞后，尤其是普遍面临人才不足的困境，公益性服务职能发挥有限。

新型经营主体主导的商业性服务体系亟须完善。一是经营性社会化服务组织数量少。目前湖南省有24个县（市、区）开展了农业社会化服务整县试点，已参加或计划参加服务的组织为4.3万个[1]，但与山东省、安徽省相比差距大，2020年安徽省达5.3万个[2]，2021年山东省超过12万个。[3] 二是经营性社会化服务组织协调发展不足。湖南各种农业服务组织较多，但大多数各自为政，缺少联合会或者联盟对各服务组织进行协调和配合，服务效率较低。跨区域的社会组织缺乏。现有的社会服务主要是以"村"为单位开展，缺乏能突破村域、乡域、县域、市域，连接政府、企业与农户，融合农业一二三产业的跨区域性农业社会化服务组织。三是服务主体力量不足。据调查，湖南农业社会化服务主体70%以上都是农业专业合作社，其规模、组织化程度和服务人员素质普遍不高，资金、技术实力不足，仅能为农户提供一般性、传统型、粗放的生产服务，全产业服务、精准化服务和个性化服务能力明显不足，难以满足现代农业发展的多元化需求。

2. 农业社会化服务供给不均衡不充分

产业间的供给不均衡。从作物品种来看，现阶段湖南省粮油等大宗农作物的社会化服务相对完备，尤其是水稻的社会化服务水平较高，一些大的合作社及龙头企业为农户提供了从产前的流转、整地、育秧、机插到产中的植保、施肥、灌溉、病害虫防治等，到产后的收获、烘干、加工、销售等粮油"全产业链"服务。但经济作物、特色作物、养殖业

---

[1] 何勇、申智林：《湖南积极推广农业社会化服务：土地增效 粮食增产 农民增收》，《人民日报》2022年6月15日。
[2] 安徽省农业农村厅：《社会化服务求解"谁种地"》，《安徽日报》2022年3月14日。
[3] 蒋莹：《坚定扛牢农业"大省责任"全力打造齐鲁"大国粮仓"》，《中国发展观察》2022年第4期。

等社会化服务较为欠缺，部分小、特产业社会化服务还存在盲区。

产业链条上各环节供给有弱项。尽管新型经营主体和小农户对产业链条上的各环节需求有一定的侧重性，但是整体来说产中服务较为充分，产前、产后相对薄弱，产前的市场信息，产后的储藏、加工以及销售等服务都不足。

生产性配套服务供给有短板。湖南省农业社会化服务主要集中在粮食等大宗农作物的耕种收等生产性服务，仓储和物流管理、加工服务、销售服务、农机维修服务、冷链、科技、金融、保险、信息、风险管理等配套服务不足，尤其是与农业机械化相适应的综合配套技术服务供缺乏，农机服务在推动小农户与现代农业有机衔接上应有的作用得不到发挥，影响到农业质量效益的提升。

（四）农业效益有较大提升空间，产业链联结不紧密是关键因素

目前湖南农业全产业链发展不足，产业链各环节之间、各主体之间联结不紧密，从而影响到农业效益的提升和农民收入的增加。

1. 农产品产业链各个环节之间连接不紧密

湖南农业发展正处于传统农业向现代农业转型的阶段，大部分县（市、区）农业仍以种植业和养殖业为主，农产品加工业发展水平较低。生产环节长期被孤立地留在农村，利润十分有限，农民只能单一获取这个环节的利益，而农产品的存储、加工、运输和销售等环节集中在城镇，利润空间较大，农民难以获取这些环节的利益。产业链上各类主体集聚不紧密，主体之间的关系松散，各自为政，导致生产环节与存储、加工、运输和销售环节处于分离的状态，产销脱节的问题依然存在，农产品"好产不好卖"现象经常发生，极不利于新品种和新技术的推广、农产品附加值和农业效益的提升。

2. 产业化利益联结不紧密

在农业产业化利益联结方面，采取"公司（龙头企业）＋农户"模式在湖南较为普遍，"订单"是最普遍的合作纽带，龙头企业与合作社、农户之间的合作关系普遍比较松散。即使是农业产业化联合体，也有部分采取的是松散型或半松散型利益联结机制，龙头企业带动合作社、农户增收能力不足，农户以资金和土地入股企业的做法很少，企业与合作社、农户之间往往"一租了之",合作社、农户难以分享产业链的加工、运输、销售等环节的收益,农户与企业不能形成利益共同体,一旦受外部环境重大变化的不利影响,往往容易发生农户和企业为各自利益而违约行为,各方利益难以保障。同时,在现代农业园区建设运行中,也有部分特色农业产业园区独立运作,不能与周边各类经营主体进行有效衔接,联农带农作用未得到充分发挥。

(五)农业投入"不足"与"过度"并存,供给针对性不强是最大难题

湖南农业基础相对薄弱,对资金投入的需求大。但当前存在投入"不足"与"过度"并存的问题,一方面是增量供给不足,另一方面是在某些领域存在过度投入现象,供给效益无法达到最大化。

1. 农业资金投入不足

与现代农业发展的资金规模需求相比,当前湖南农业资金投入仍然不足。一是财政支农能力仍然相对偏弱。从支出总量上看,2020 年湖南财政农林水事务支出在全国排第 10 位(见表 1 - 13),低于中部的河南,与同为农业大省的四川差距达 351.65 亿元,也低于相邻的贵州。2018—2021 年湖南农林水事务支出占全省一般公共预算支出的比例在逐渐下降,由 2018 年的 11.99% 下降到 2021 年的 11.4%[1],与 2017 年的水平相当。

表 1 - 13   2017 - 2020 年湖南财政农林水事务支出情况

年份(年)	财政农林水事务支出		乡村人均财政农林水事务支出	
	总量(亿元)	全国排名	总量(元)	全国排名
2017	782.42	8	2513	25
2018	925.57	5	3051	24
2019	978.68	7	3307	24
2020	987.71	10	3604	26

资料来源:根据 2018—2021 年《中国统计年鉴》有关数据整理。

---

[1] 根据《中国统计年鉴 2021》和《湖南省 2021 年预算执行情况与 2022 年预算草案的报告》(https://czt.hunan.gov.cn/czt/xxgk/zdly/sjczyjs/czyjs/202201/t20220126_22471506.html)有关数据整理。

在人均支出上，2020年湖南乡村人均农林水事务支出为3604元，排在全国第26位、中部第5位，与全国平均水平相差994元；在支出效益上，2020年湖南农林水事务支出效益排在全国第7位，但低于湖北、河南，排在中部第3位。从全社会固定资产投资来看农业投资偏少。2020年湖南固定资产投资比2019年增加了7.6%，而农林牧渔业却比2019年减少了8.1%，2020年工业投资占固定投资的42.9%，而农林牧渔业仅占固定资产投资的4.8%。①

从金融支农来看，湖南的金融支农水平与发达地区还有较大的差距，如浙江省近两年新增涉农贷款超过1万亿元，2021年年初时，浙江省涉农贷款余额便达到4.2万亿元②，是湖南的近3倍。调查发现，农村融资难的问题仍然在一定程度上存在。

2. 农业投资的有效性待增强

湖南农业方面的投资存在盲目投资的情况。一些地方政府不顾本地区经济发展基础、市场需求和承载能力，盲目上大项目、新项目，超前发展、过度投资，部分资本在政府的支持和引导下集中涌入农业相关热门行业，比如发展休闲农业，大规模流转土地用于种植某类当前热销农产品，导致乡村特色产业同质竞争更加激烈。

四 湖南农业现代化发展面临的新形势

当前，全球经济复苏之路缓慢、艰难且复杂多变，新冠疫情、气候变化、能源危机、地区冲突等冲击及由此衍生的问题都对全球农业和粮食安全构成重大威胁。面对百年未有之大变局加速演进的态势，需要积极研判，及早发现并把握国际国内的发展机遇，及早预警并解决来自自然环境和市场经济中此起彼伏的种种危机，从而牢牢掌握农业发展的主动权，加速湖南农业现代化发展进程。

---

① 湖南省统计局、国家统计局湖南调查总队：《2021湖南统计年鉴》，中国统计出版社2021年版。

② 李伟民、谢伟：《浙江涉农及制造业贷款余额双双居全国第一》，《科技金融时报》2021年4月9日。

（一）经济环境复杂严峻凸显农业"压舱石"作用

当前中国经济发展环境的复杂性、严峻性、不确定性上升。从外部看，一是国际地缘政治局势紧张，不仅扰动全球粮食、能源供给，造成大宗商品价格大幅波动，而且导致供应链和国际贸易受阻，全球化进程面临挫折。二是主要发达经济体通胀创数十年新高，正在加快收紧货币政策，可能带来新的扰动和溢出效应。三是全球疫情还在蔓延，给世界经济复苏带来波折和挑战。

受此影响，全球粮食危机有加剧之势。联合国粮农组织于2022年5月发布的《2022全球粮食危机报告》显示，2021年有53个国家或地区约1.93亿人经历了粮食危机或粮食不安全程度进一步恶化，比2020年增加近4000万人，创历史新高。2022年受乌克兰危机的影响，一些粮食出口国为求自保，纷纷出台限制甚至禁止粮食出口政策。世界粮食危机更加不容乐观。

从国内来看，国内经济发展面临的需求收缩、供给冲击、预期转弱三重压力依然存在。且疫情点多、面广、频发，对经济运行的冲击影响较大。经济下行中农业发展也遭受系列挑战，比如，餐饮、零售、旅游等接触型消费转弱，对农业投资和农产品消费需求造成负面影响；部分涉农市场主体资金周转难度增加，一些农业企业出现减产甚至停产；农业面临货运物流和产业链供应链不畅问题，城乡经济循环受到一定的制约。

农业农村农民问题是关系国计民生的根本性问题。习近平总书记指出，越是面对风险挑战，越要稳住农业，越要确保粮食和重要副食品安全。当前经济环境复杂多变，风险挑战增多，必须牢牢守住保障国家粮食安全和不发生规模性返贫两条底线，确保农业稳产增产、农民稳步增收、农村稳定安宁，为开新局、应变局、稳大局提供坚实支撑。

湖南是农业大省，稳住农业"基本盘"，不仅能为全省经济社会健康发展提供有力支撑，也是为国家应对风险挑战，构建新发展格局作贡献的必然要求。这要求全省上下坚持把"三农"工作摆在突出位置来抓，坚持农业农村优先发展的总方针不动摇，压实各方责任，加强对农业风险挑战的预判，继续创新实施强农举措，深化农业供给侧结构性改革，立足当地特色资源,一以贯之发展精细农业,拓展农业多种功能,健全现代农业生产体系、经营体系、产业体系,在推进农业高质量发展中更好地凸显农业"压舱石"作用。

(二) 国际市场不确定性影响农产品供需稳定性

近年来,中国高度重视统筹用好国际国内两个农产品市场,不断完善农业对外开放战略布局,统筹农产品进出口,促进形成国内农业发展与农业对外贸易互促互利的发展格局,实现补充国内市场需求、促进结构调整、保护国内产业和农民利益的有机统一。在这样的发展战略和政策指导下,中国重要农产品进口无论从总量还是贸易总额上均保持增长态势。但同时,全球农业食品贸易被数家跨国公司把持,"ABCD"四大粮商(ADM、邦吉、嘉吉、路易达孚)控制垄断了全球80%以上的粮食贸易,其中3家为美国企业[1]。这些跨国垄断企业在农业科研、生产、加工、运销等价值链环节的垄断都达到了前所未有的程度。四大粮商凭借全球垄断地位掌握着粮食期货市场和粮食定价权,并通过低买高卖大肆收割各国高额利润。反观国内,由于农业组织化程度偏低,缺乏拥有国际影响力的大型农产品贸易企业,在国际大宗农产品定价中缺乏话语权,国内农产品价格的波动受国际市场影响较深。

2021年,中国主要农产品进口总额增幅均显著高于进口产品总量增幅,表明相关农产品价格有显著上涨,关键的农产品粮食尤其显著,中国全年粮食进口总量同比增长18.1%,但进口贸易总额增长高达39.1%,粮食中豆类进口总量同比减少4.2%,而进口总额却增长25.5%;食用油进口总量同比增长1.0%,而进口总额同比增长29.7%[2],增幅上的显著差异表明了国际粮食价格的持续显著增长,造成了中国粮食进口成本的大幅提升,而进口成本的增加又反过来影响粮食进口量和国内持续增长的农产品多元需求的满足。2022年,受乌克兰危机、新冠疫情、极端天

---

[1] 国合平:《中国为保障世界粮食安全做出积极贡献》,《人民日报》2022年6月3日第3版。
[2] 海关总署:《2021年12月进口主要商品量值表》,http://www.customs.gov.cn/customs/302249/zfxxgk/2799825/302274/302277/302276/4127968/index.html。

气影响,全球多类大宗农产品价格出现历史性新高。从中国进口实际情况来看,据海关统计,2022年中国1—5月粮食进口量为6652万吨,基本与上年同期持平,但1—5月中国粮食进口总额大幅增长,达到34676.5亿元,增幅25%。从食用油来看,今年4月份,中国进口食用植物油26.1万吨,较上年同期减少73.4%;总额为28.4亿元,下降56.2%;但进口均价每吨1.09万元,上涨64.7%,创历史新高。[①]

中国部分农产品具有一定的外部依赖性,需要格外警惕局势演变。特别是当前,新冠疫情叠加地缘争端,全球粮食贸易保护主义抬头,全球粮食供需失衡。受粮食价格上涨行情影响,中国自乌克兰进口依赖程度较高的大麦、玉米、葵花籽粕、葵花籽油供给安全保障面临一定挑战。此外中国粮食、肉类等农产品也有一定的进口依赖性,而国际市场价格的不稳定加大了农产品供应的成本和不确定性,从而影响粮食安全及其他农产品的供需稳定性。

湖南正着力打造国内地区改革开放高地,国际农产品市场波动对湖南的影响不容忽视。既要坚持底线思维,扛牢粮食安全的政治责任,努力提高粮食综合生产能力,调动农民种粮积极性,畅通农产品流通渠道,做好粮食等重要初级农产品的保供稳价工作。也要抓住机遇进一步扩大农业对外开放,推动更多的优质农产品走出去,提高湖南农产品的国际竞争力,为实现农业高质高效提供有力支撑。

(三) 生产资料价格不断上涨推高农业增效难度

能源价格居高不下。据国家发展改革委监测,2022年以来,全球石油市场供给偏紧,地缘政治事件频发,国际油价持续上涨。特别是自2月乌克兰危机爆发后,国际油价创13年来新高,根据国内燃油价格形成机制,国际油价持续上涨带动国内油价持续飙升。尽管后续油价有所回落,但目前仍处高位。油价大幅上涨直接推高了农机作业成本与农产品物流运输成本。

农业投入品价格大幅上涨。以化肥为例,受疫情以及美国威胁制裁

---

① 海关总署:《4月份我国食用植物油进口量减少超7成进口均价创新高》,http://www.customs.gov.cn//customs/resource/cms。

俄罗斯化肥等因素影响，国际市场化肥价格上涨，并带动国内化肥价格上涨。自乌克兰危机以来，化肥原材料价格上涨、农作物价格上涨、国外市场好转等因素叠加，全球氮肥价格上涨40%—50%，磷肥和钾肥价格上涨了30%。以主要品种氯化钾价格为例，2022年3月该产品涨至每吨562美元，是上年同期的2.8倍[1]，创主要化肥品种最高涨幅。从国内来看，根据海关总署的统计数据，从2022年1—6月的进口情况来看，上半年肥料进口总量同比减少13.5%，但进口金额增加60.9%，其中矿物肥料及化肥进口总量同比减少13.6%，但进口金额增加60.8%，氯化钾进口总量同比减少10.3%，但进口金额增加80.5%[2]。除化肥外，农药、饲料等重要生产资料也均在上涨行列，2022年1月全国农药价格指数（CAPI）一度达174.07，同比大涨89.90%。受国际玉米、大豆等原料价格上涨影响，饲料价格也不断上涨。据统计监测，从2022年8月来看，猪、蛋鸡、肉鸡的饲料价格同比增长在7%—10%。

能源与农业投入品价格上涨导致农业生产成本明显上升，但主要农产品的价格并未同步上涨，从而导致农业增效难度加大。据湖南部分乡村反映，2022年农业生产成本明显增加，一般农户种一季水稻，较上年每亩增加120元以上的成本，但普通稻谷的收购价格基本保持稳定，种粮收益可能会有所"缩水"；而在养殖方面，饲料价格上涨的同时，猪肉价格不断波动，缺乏饲料储备的中小散养猪户难以应对，部分已经出现亏损。

从国内外形势来看，短期内农业生产资料价格大幅下降的可能性不大，作为农业大省，湖南如何应对这一形势，保障农业既增产又增收，成为当务之急。这需要建立促进农业降本提效的多元化机制，一方面，通过大力发展农业社会化服务、加强绿色农业技术推广等举措来降低农业生产成本，另一方面，积极引导农民发展精细农业和高效农业，针对市场需要提高农产品的质量，积极拓展农业功能，通过促进一二三产业融合发展来提升农业价值链，促进农业提质增效。

---

[1] 中研网：《2022全球化肥产业供应问题与进出口调查分析》，https://www.chinairn.com/news/20220610/104047641.shtml。

[2] 海关总署：《2022年6月进口主要商品量值表》，http://www.customs.gov.cn/customs/302249/zfxxgk/2799825/302274/302277/302276/4471567/index.html。

（四）新冠疫情反复冲击农业产业链增加农业发展风险

2021年以来，新冠疫情在国内呈现多点散发、多地频发态势。从出现过疫情的地方来看，疫情对农业产业链各环节都有不同程度的影响。从生产来看，主要影响生产资料的购买与农业用工，从而导致农业生产活动正常开展受阻。从流通来看，主要因为农产品上市流通和跨区域销售受阻，影响了农产品的市场供给，造成部分农产品的滞销，并因此影响农民收入和生产积极性。

从行业来看，疫情影响表现出一定的差异性。首先受影响最大的是休闲农业与乡村旅游。这种影响不仅针对疫情地区，而是影响到整个行业。从湖南来看，疫情对湖南休闲农业与乡村旅游产生较大冲击，导致乡村旅游投资缩减和旅游市场主体的增长减缓，乡村旅游的开发、营销等商业活动大幅萎缩，与之相关联的民宿、小餐饮、特色农副产品销售等都受到不同程度的影响。其次是特色种植业，调查表明，反复的疫情给果蔬行业造成一定的影响，每逢疫情，交通不畅和物流受限造成果蔬销售受阻，由于果蔬保质期十分有限，疫情防控期间采收上市的果蔬因过期腐烂变质等问题造成损耗增加，果蔬销售终端客流不同幅度减少又造成滞销问题。

随着农业产业体系建设深入推进，当前农业产业链之间的关联日益增强，无论是农业哪个环节、哪个行业出现问题，往往会波动整个农产品供应链的稳定。未来一段时期，疫情仍将动态发展，作为农业大省，湖南如何统筹好疫情防控和"三农"工作，确保农业现代化稳步推进，成为全面推进乡村振兴的重要任务。这需要及时追踪疫情防控形势，不断完善应对方案，严格防止地方政府在常态化疫情防控中把防控措施简单化、"一刀切"、过度化，给农业发展、农民就业增收带来隐患，督促引导各级各部门稳住主体和市场，在农资供给、农产品运输销售、休闲旅游等产业复工复产方面创新举措，加强支持引导，破解难题，把疫情对农业发展和农民增收的影响降到最低。

（五）地方政府财政减收挑战支农投入增长持续性

当前国民经济下行压力较大，地方财政收入出现萎缩。从湖南来看，近年来湖南财政收入增速明显放缓。2022年1—5月，湖南全省一般公共预算收入1227.87亿元，扣除留抵退税因素后增长4.34%；按自然口径计算下降10.77%。其中，地方税收745.1亿元，扣除留抵退税因素后增长4.69%，按自然口径计算下降18.16%。而同期全省一般公共预算支出3586.96亿元，同比增长13.52%。① 面对不容乐观的宏观经济环境，在地方财政减收背后，保运转、保民生的刚性支出又不能减少，因此要确保财政支农惠农力度不断加大的压力大增。

县级财政支农困难更大。湖南脱贫县较多，县域财政并不宽裕，经济下行趋势下，当前部分县级财政保持基本运转都面临困难，面对财政减收和不断增加的民生刚性支出，诸多县级政府不得不压缩地方性支农惠农资金。调研了解到，部分地方一些原本受地方政府支持的涉农项目因缺乏资金被迫暂停，一些政府承诺的奖补资金难以到位，甚至一些中央、省级惠农政策要求的配套资金也难以到位。地方财政支农力度的减弱，导致社会投入农业农村的预期降低，农民的政策性补贴难以增加，对农民本地就业、农业效益均可能产生不利影响。

湖南农业生产的基础条件仍较薄弱，人多地少、以丘陵地形为主的资源禀赋，决定了短时间内难以实现规模化经营和集中连片生产，在当前和今后较长一个时期，小农户家庭经营将是湖南农业的主要经营方式，面对经济下行、疫情冲击、旱涝灾害等诸多挑战，对财政支农的需求也更为强烈。因此，面对当前财政减收的压力，应充分发挥财政精准调控优势，灵活运用财政政策工具，削减零散低效支出，把有限的财力更多地用于撬动社会资本投入和激发农民积极性上，构建起多元化的投入机制，引导更多的资源要素向农业投入，促进产业提质增效。

五　加快湖南农业现代化发展的对策建议

应对新的形势，加快破解农业现代化发展中的矛盾与问题，需要坚持新发展理念，以推动高质量发展为主题，以深化农业供给侧结构性改

---

① 湖南省财政厅：《2022年5月底全省一般公共预算收支情况》，http：//czt.hunan.gov.cn/czt/ztzl/hnczysgk/yszxqk_79131/202207/t20220706_27357499.html。

革为主线，以着力补上生产条件上的短板为基础，一以贯之发展精细农业，持续推进"六大强农"行动，向农业科技创新、农业产业链建设要质量要效益，加快推动形成农业高质量发展的新局面，为建设现代化新湖南提供重要支撑。

（一）以优化生产条件为基础，增强农业稳产保供能力

1. 深入推进耕地保护

切实提升土地产出能力，落实"藏粮于地"战略。统筹推进高标准农田建设和土地整治工作，严格落实国家确定的高标准农田建设布局、标准和管护措施，遵循新增建设和改造提升并重、建设数量和建成质量并重、产能提升和绿色发展并重原则，建立土壤质量评价标准和土壤质量维护奖励制度，进一步提高湖南耕地质量和高标准农田占比。针对土地细碎化的问题，统筹推进农用地整理、建设用地整理和乡村生态保护修复，开展全域土地综合整治。全面推行"一网两长"制，将"田长制"与"河长制""林长制"有机结合起来，充分发挥市县乡村四级网格、田长和网格员作用，实现以"田"为主题、以"长"为关键、以"制"为保障，确保地有人种、田有人管、责有人担，牢牢守住耕地保护红线。

2. 夯实农田水利设施基础

有序推进农田水利设施建设，精准识别不同类型水利设施的适用条件，依据湖南各地区农业发展实际需求，明确各市（州）不同类型农田水利设施的配置和优先供给顺序，有侧重地建设一批农业生产最急需的设施项目。在农田水利设施建设过程中，真正从发展农村经济、改善农民生活出发，对农田水利设施进行规划与建设，为当地的农业发展提供更好的保障。抓紧突破防汛抗旱水利系统内部瓶颈，重点推进区域间农田水利设施建设的相互联通与协同配套，根据各地区水资源丰欠度、农产品种植情况和生长条件对水利灌溉设施的投资结构和强度进行适度调整，加快灌区续建配套、灌排泵站改造和现代化灌区建设，解决农田灌溉"最后一公里"问题。加快病险水库除险加固，加强中小河流和山洪灾害治理，强化应对特大干旱灾害的水资源战略储备，大力开展小型农田水利工程建设，进一步提高防汛抗旱和水资源配置能力。

3. 优化农业区域布局和产业结构

立足地域资源优势，结合湖南省农业发展区域差异性与发展路径多样性的双重特征，在"环洞庭湖""大湘西""长株潭""大湘南"四大农业区域板块基础上，按照全省优势特色千亿产业重点布局和"一县一特""一特一片"区域布局，统筹调整粮食生产、经济作物和饲料作物结构，推进畜禽养殖和水产养殖协调发展，进一步细化湖南省农业生产区域分工以及各区域产业重点，不断丰富和拓展涵盖山水林田湖的粮、油、茶、烟叶、菜、菌、果、药、畜禽、水产等特色化、优质化、多元化的"立体式"农产品结构。大力发展精细农业，优化资源配置，支持各地坚持差异化分工布局，集中力量打造"一县一特"，实现在产业链、品牌建设、市场拓展等方面的全面突破，打造真正带动区域农业发展的特色优势产业，推动农业供给结构转型升级，使得农产品供给结构能适应消费结构变迁，形成地域特色鲜明、区域分工合理、高质高效发展的精细农业生产布局。

（二）以农业产业链建设为抓手，促进农业转型升级

1. 推进农业园区高质量发展

支持各地充分发挥当地资源优势，选择优势比较明显的地方产业作为主导产业，通过引进培育新品种，开发新技术、新模式，不断提升主导产业的发展潜力，大力建设水稻、"水稻+蔬菜"、蔬菜、渔业、果品等专业型和综合型现代农业园区。合理拓宽园区建设的范围，积极推行"园长制"，打破形式上单一的工厂化、大棚栽培模式，形成部门主管、上下对口、协调联动的工作格局。完善园区发展预警机制，对园区发展中存在的规模经营不适度、带动力不足、农产品销售渠道单一且层次低等问题，做到"早预警，早解决"。盘活低产低效园区，对业主发展规模较大且经营不好的园区，以及村集体经营的低产园区，通过招引新业主、反租倒包、返田于民等方式予以盘活，提升农业园区可持续发展能力。鼓励企业等新型农业经营主体参与现代农业产业园的建设，引导资金、人才、科技等现代要素向产业园汇集，促进农业园区的规模化、集约化发展。

2. 推进多元主体联合发展

大力培育主业突出、市场竞争力强、行业影响力大的农业龙头企业，支持农业龙头企业开展科技创新、加工技改、优良品种繁育、新产品开发，打造知名品牌。突出龙头企业的带动作用，着力于农业优势特色产业的全产业链开发，继续大力培育发展带农富农作用突出、综合竞争力强的农业产业化联合体，推动农业产业化联合体内各经营主体之间以土地、资本、技术、设施、品牌为纽带，通过股份合作、订单合同、互助合作等方式，实现合作共赢。引导激励联合体内的新型农业经营主体与小农户形成稳定的购销关系、股份合作关系，并安排富余劳动力就地就近就业，从而激发小农户从事现代农业的积极性，让更多农户分享现代农业发展成果。引导行业协会之间加强合作交流，支持行业协会发挥专业优势，在促进生产端与消费端对接、规范行业发展、制定行业标准、打造公共品牌、提供信息咨询和教育培训服务等方面充分发挥作用。

3. 推进多类型业态融合发展

以融合发展为重点，在全省各地农业产业发展规划的基础上优化农产品加工业的合理布局，积极推进重点产业链横向链接成群，培育形成具有优势竞争力的"湘字号"精细特色农业产业集群。围绕农业多种功能延伸拓展产业链条，推动农业与旅游、教育、康养等产业融合发展，依托田园风光、村落建筑、民俗风情等乡村独特资源优势，推动科技、人文等元素融入农业。支持发展农田艺术景观、阳台农艺等创意农业，着力发展农耕体验、研学科普、休闲、康养等农业新业态，实现农业多元价值转化，催生乡村产业新动能。鼓励发展农业生产租赁业务，积极探索农产品个性化定制服务、会展农业、农业众筹等新型业态。鼓励发展工厂化、立体化等高科技农业，提高本地鲜活农产品供应保障能力。大力发展农村电子商务，完善配送及综合服务网络，推进直播带货等新零售健康发展，积极发展智慧农业、定制农业等"互联网+农业"新业态，释放农业生产、消费价值。

（三）以增强农业科技适用性为支撑，推动农业降本提质

1. 提升地方优质品种选育与供给能力

紧扣湖南县域农业发展类型，着力培育特色优势种业和多元富民种

业。充分发挥自身优势，搞好科研攻关，灵活应用现代生物育种技术，加大分子生物育种应用研究，利用分子标记辅助育种技术、全基因组选择技术、基因编辑技术开展育种研究，加快抗倒、抗病、耐旱、耐瘠等抗逆育种品种培育，进一步通过优化和推广耐迟收水稻等优良品种，解决水稻的重金属污染问题。聚焦保、育、引、繁等关键环节，加大对育种主体的扶持，注重新优品种的引进示范，提升优良品种选育能力，持续巩固好良种繁育推广，建立以企业为主体、基地为依托、产学研相结合、育繁推一体化的现代种业体系。加大湖南各县市地方特色种质资源的培育和保护力度，加强种质资源收集、保护和利用。加快建成一批品类齐全、储备丰富的种质资源库，提升大规模资源鉴定和基因挖掘能力，收集、保护和利用湖南现有种质资源，掌握优质种子的属性特点、适用范围，推进种质资源信息公开和共享交流，更好地服务于湖南特色农业产业化，提升湖南优质品种培育能力。

2. 大力发展智慧农业

一是加强智慧农业相关核心关键技术的攻关和重大基础设施、重要平台建设，依托现有的隆平高科技园、望城国家农业科技园、宁乡农业科技园等，研发具有自主知识产权的农业传感器和能承担高劳动强度且适应湖区、山区、丘陵及恶劣作业环境的农业机器设施设备。二是积极应用和推广农业人工智能等现代技术，重点开展农业大数据智能研究，建立重要农产品数据中心，开发各种类别的信息服务系统和平台，构建"天、地、空、人、农机"五位一体的数据采集体系。三是加大智慧农业技术及智能装备的集成应用示范，通过重点推动智慧农业示范工程实施、强化智慧农业示范基地建设，推进互联网、物联网、大数据、云计算、人工智能、区块链等智慧农业技术在不同场景的集成与应用示范，推动科技成果尽快转化为现实生产力，运用智慧农业平台，对项目区的物联网、无人农机、智能灌溉系统等田间智能设施的运行进行控制和实时监控，进一步增强农业生产能力和抵御风险能力。

3. 推动发展设施农业

加大精准农业、高效栽培、健康种养技术的研究创新和推广，为设施农业的发展提供科技支撑。以政府为主导，支持湖南省农科院、湖南农业大学等高校科研单位和龙头企业协作，根据各地区不同的地形、环境、气候等条件，制订设施农业建设标准、品种方案和技术指南，组建技术服务团队，为投资主体提供技术支撑和服务，实现设施农业投资效益最大化。有重点地支持推进设备设施广泛应用。在湖南省有比较优势的县域或乡镇，推广制种育苗工厂化设施、控温控湿智能化设施、钢架大棚、阳光温室、薄膜网线和环境监控等智能设备设施。集中安置一批制种工厂、种子包衣工厂、育苗工厂、孵化工厂、催芽密室，应用分析检测等设备，实现育苗集约化生产、高质量培育、季节性均衡供应。探索在其他农作物适宜地区开展高梯台陡坡地轻轨拖机上山作业模式、低梯台山地螺旋式改造模式、缓坡地联通化改造模式和细碎条田去坎破界联平改造模式。着力推进生猪、肉牛、蛋鸡、肉鸡等畜禽养殖机械化，加快疫病防控、智能饲喂、精准环控、畜产品采集加工、粪污收集处理与利用等薄弱环节和绿色高效设备设施应用。

4. 全面推广绿色生态技术

主动对接湖南不同区域生态环境领域科技创新需求，落实国家和省级绿色技术创新政策，严格执行国家绿色技术标准，对省内企业现有绿色技术及创新水平进行全面了解，找准发力点，以绿色优质安全为导向，建立健全适应湖南地域需求和农业绿色发展要求、涵盖农业全产业链的农业技术标准体系、绿色农产品市场准入标准。持续推进化肥农药减量增效，推广生态化、清洁化、集约化、节约化技术，包括集成推广农作物秸秆综合利用、"粮改饲"、畜禽粪污循环利用、农作物病虫害绿色防控、化肥农药减量增效、农产品加工业下脚料利用、农业废弃物循环利用、农业水资源高效节约利用、耕地质量保护与提升等技术与模式。坚持种养结合、农牧循环的发展路径，加大农业科技投入，围绕生态循环农业的技术创新，着力打通循环链条各要素、各环节的通道，按照"减量化、再利用、资源化"的循环经济理念，开展农业资源节约型、农业废弃物利用型、农业产业链条延伸型、生物能源型、绿色种植与健康养殖型等技术研发。推进"互联网＋"在现代绿色农业发展中的运用，建设绿色循环农业智能化信息服务系统，开展可视化远程咨询、远程诊断、灾病预警等智能化远程服务。

（四）以提升品牌竞争力为核心，推进农业高效益发展

1. 健全农产品质量安全体系

一是建立健全与农业高质量发展相适应的农业标准及技术规范。制定修订粮食安全、种业发展、耕地保护、产地环境、农业投入品等标准，建立健全农产品等级规格、品质评价、产地初加工、农产品包装标识、冷链物流与农产品储藏标准体系，实现"有标贯标、无标制标、对标达标"，加快构建农业高质量发展标准体系。二是建立农业标准化示范带动机制。持续开展农业标准化示范创建，发挥新型经营主体带动作用，发展"公司+基地+农户+标准""合作社+农户+标准"等模式，支持各地和各类行业组织围绕主导品种和特色产业制定生产技术规程，把标准化嵌入投入品管控和作业流程，通过社会化服务、托管农业、订单农业等，促进小农户和现代农业有机衔接，引导一家一户小规模生产步入标准化轨道。三是建立农业投入品质量常态化监测制度。运用大数据、物联网等技术，加快农产品质量安全追溯平台升级，精准追溯信息采集，降低追溯成本。建立健全农产品质量安全重点监管对象电子信用档案，加快湖南省农产品质量安全重点监管对象信用系统的应用，做到应录入尽录入。以食用农产品合格证为主要手段，对接各平台大数据，推动实现产地准出与市场准入的有效衔接，强化食用农产品"从农田到餐桌"全程可追溯体系建设。

2. 创新农业品牌运营模式

一是继续打造"一县一特、一县一品"，培育一批地理标志品牌和区域公用品牌。立足各县市资源禀赋，完善"湘"字号农业区域公用品牌建设架构，以农产品地理标志产品为重点，引导培育各县（市、区）最具优势的主导产业。总结南县稻虾米、炎陵黄桃、保靖黄金茶等特色优质农产品的品牌建设和推广经验，建设其他优质农产品品牌。深化"两品一标"认证，进一步推进"中国好粮油""湖南好粮油"产品遴选，推动媒体宣传"湘品"，以营销推介为抓手，以创建区域公用集群品牌为着力点，推进以绿色产品为重点的农业品牌建设。二是培育壮大品牌经营主体。注重发挥龙头企业品牌建设的带动作用。鼓励龙头企业利用品牌资源进行扩张和延伸，建立农业产业园区和原料基地，提高产业集中

度，持续扩大品牌影响力，通过促进要素集聚、扩大规模经营，实现专业化、标准化生产，保障农产品质量安全，打造农产品品牌。三是搭建线上线下销售平台。依托"湘农荟"、"芒果扶贫云超市"、湖湘农事等线上平台，举办农产品品牌推介活动。进一步建设省优质农产品产销对接综合服务中心，在全国各主要城市建设湖南优质农产品展馆，举办产销对接活动，提升湖南农产品品牌的知名度和竞争力。

3. 健全农业社会化服务体系

加大农业社会化服务主体培育力度，壮大各类农业社会化服务主体，重点培育和强化以农机、植保、劳务等类型的生产服务型合作社、合作社联合社、"全程机械化＋综合农事"服务联合体和村集体领办的土地股份、生产服务型合作社。发挥供销社、农技站、邮储银行、科研院所以及村级集体经济组织发挥特有的系统优势、规模优势和人才优势，引导有实力的服务组织向全链条服务集成商转型，引导社会化服务协办体系承接主体想平台服务商转型。整合各类农业社会服务服务组织力量，支持建立区域性、覆盖农业技术与推广、生产全过程、农村商品流通、农村金融、"三农"信息、农机装备、质量安全监督等综合性旗舰性服务组织。按照"一个智慧平台、一个物联网络、一批品类品牌、一套优质服务、一个农产品交易所、一批村级服务站点"模式，引入社会资本，加快建立农业农村供应链智慧生态系统，为农业社会化服务提供信息支撑。

（五）以"一带一路"区位优势为依托，加快推进开放强农

1. 着力优化农产品贸易合作，拓展多元化新兴市场

发挥湖南作为东部沿海和中西部地区过渡带、长江开放经济带和沿海开放经济带结合部的区位优势，积极对接融入"一带一路"倡议，发展湖南与"一带一路"地区的商贸合作关系，扩大贸易范围，加快农业"走出去"步伐。鼓励农业企业建立海外生产基地和营销服务网络，发挥湖南自由贸易试验区等平台作用，扩大优势农产品出口，完善湖南杂交水稻等优势种业企业在全国乃至全球产业链供应链布局。搭建多边和双边技术合作平台，探索市场化商业化可持续运营模式，探索线上线下多种产品推介模式，建设中非贸易、投资、金融等综合性服务平台，营造良好的农业对外营商环境，探索开展农产品跨境电商营销，提升"湘"

字号农产品出口品牌的影响力。

2. 着力深化农业技术交流，提高农业难题联合攻关能力

充分发挥相关管理部门、高校及科研院所、农业技术推广机构、科技型农业企业的力量，形成农业科技大联合机制、大协作机制、大推广机制，构建农技推广机构与经营主体紧密结合的农业科技信息共享平台。建立农业科技创新跨区域合作机制，在农业技术、信息服务、人才培训和环境保护等方面加大交流。以"一带一路"沿线国家和地区为重点，支持打造一批以种业、农产品加工业为重点的境外农业产业园区。积极引进国外先进农业技术。积极承担国家农业对外援助和合作项目，实施一批省级农业对外援助项目，支持建设境外农业技术示范中心。加快推进农业科技创新资源的开放协同和融合，统筹国内外创新资源，吸引和集聚优秀团队和高端人才，促进生物、信息、材料等领域新技术新产品与农业融合发展，实现跨界融合、开放协同，助推湖南农业高质量发展。

（六）以改革创新为动力，激发农业发展新活力

1. 深化农村土地改革

巩固和完善农村基本经营制度，落实第二轮土地承包到期后再延长三十年政策，坚持农民集体土地所有权的根本地位不动摇。结合湖南实际，探索"放活"土地经营权、经营性建设用地使用权、宅基地使用权、居住权等用益物权及担保物权的有效实现形式。允许尊重农民意愿，通过互换、"小并大、零拼整"或"确权确股不确地"等方式实现承包地集中成片。推广实践中发展较好的土地托管、"土地流转优先返聘"等模式经验，立足当地实际情况，鼓励探索合适的土地流转形式。加快建立健全农村产权流转交易市场体系和以监控规模经营为重点的风险防范机制。加强土地经营权流转合同管理明确退地农户前置条件，严格执行退地程序，探索农户自愿有偿退出承包地多样化制度安排，建立土地退出驱动性长效机制和合格合规的补偿标准。强化退出土地管理利用，允许村集体整理整治、统一经营推出土地，或以发包、出租、入股经济实体的形式安排用地。

2. 推进新型农村集体经济发展机制创新

健全农村要素市场定价体系和产权市场交易体系，鼓励以农村集体

经济组织、新型农业经营主体等主体作为股东，采取存量折股、增量配股等形式，构建"财政补贴资金股权化＋分红"的模式，探索实施"相互持股"的合作开发模式，发展壮大新型农村集体经济。深入推进农村集体产权制度改革，明确农村集体经济组织成员资格认定与退出条件，规范成员资格认定和取消、登记、变更等程序，探索探讨集体经济组织成员进入条件与资格取得办法，通过产权界定厘清利益分配主体关系，实现集体资产合法收益的有效分配。明晰村集体和村民的各项权能，厘清一户多宅和一宅多户现象中存在的产权纠纷问题。加强对新型农村集体经济与互联网融合发展的服务引导，设立市场主体门槛，审查各类主体资质和资格，总结推广服务型、党建型等多种类型集体经济的主要经验和发展路径。

3. 深化供销合作社综合改革

建立健全供销合作社市场化运行机制，明确联合社、社资委、资产运营平台之间的关系，优化资本布局和资本结构，建立完善社有资产运营管理体系。不断完善供销合作社基层组织体系，结合基层社建设与乡村产业，根据各地区的资源禀赋发展地方特色优势产业，有针对性地提供农资供给、农技指导、农产品流通、金融等农业社会化服务，吸收锦绣千村、丰瑞农机等合作社经验，依靠供销社平台，吸收、引领大户入股，推广"大田托管"服务，打通为农服务"最后一公里"。推动供销合作社跨区域的横向联合和跨层级的纵向整合，依托基层社建设农资经营网点、庄稼医院等，不断拓展经营服务内容，突出联合合作、跨级合作，密切与上级社、专业合作社的联系，将基层社打造成为整合各类社会资源的综合服务平台，做大做强基层服务组织，实现供销合作社服务体系覆盖省市县乡村的五级贯通，全面提升供销合作社经营服务能力。

4. 强化农业投入机制创新

建立和完善政府主导、农民参与、金融支持、民间补充的农业投入机制。建立和完善农业财政资金支农体系，借鉴山东、浙江等地做法，由省政府或国企牵头，与市县政府及各类市场主体合作，设立乡村振兴投资基金，支持重大农业农村项目。抓紧谋划一批土地整治、环境治理、冷链物流、农业园区等方面的专项债储备项目，推动更多乡村振兴专项债券发行。进一步完善涉农资金的统筹整合机制，建立财政涉农资金支出管控清单，保障农业资金使用效果。加大金融支农力度。引导政策性银行加大支农的资金力度，优化其金融支农措施。引导各类商业银行加大支农力度，通过适当的财政引导政策和激励政策吸引各类商业银行投资农业。加强县域金融网点设施建设，合理规划金融网点设施和助农服务点的布局，不断延伸网点、增加网点数量，积极拓展农业生产方面的业务范围。探索金融服务农业的新模式、新业态，结合大数据、云计算等现代化技术创新金融支农的产品和服务，强化金融对农业开发、农业基础设施建设扶持力度。

（七）以人才培育为支撑，持续加强农业"智动力"

1. 加强"三农"工作队伍建设

充分发挥涉农高等院校、职业院校专业优势，突出抓好农业经营管理人才、农业科技人才、农村实用人才、乡村公共服务人才等人才培训，创新"院校+合作社+基地"、院县委培、院企合作、境外培训等方式，培养更多实用型、技能型人才。继续实施基层农村人才特岗定向生培养计划，深入实施农村义务教育阶段学校教师特设岗位计划、高校毕业生"三支一扶"计划，全面实施农技推广服务特聘计划，探索公益性和经营性农技农机推广融合发展机制，打造一支懂农业、爱农村、爱农民的"三农"工作队伍。加强服务乡村基层各类人才的待遇保障，落实专业人才下乡服务激励、成果转化收益、兼职取酬等政策，通过提高津补贴等形式加大对服务边远山区优秀人才的激励力度，减少农业科技人才承担的行政事务和不必要的评审评价活动，主动为农业农村人才减负松绑。利用主流媒体和各类宣传平台，大力宣传农业农村人才政策和人才成长经历、典型事迹，营造全社会关注、关心、关爱人才的良好氛围，增强乡村干事创业人才的获得感、成就感、荣誉感。

2. 推进农民发展能力提升工程

加强农村科普服务平台和资源建设，引导更多科普资源向偏远山区、脱贫地区等地区倾斜，加强针对农村地区的科普资源创作、发行及传播，通过动漫、音乐、电视剧等多种媒体方式提升科普服务的影响力，提升农民科技文化素质。同时加大线下培训工作力度，重点加强现场培训，利用农业企业、专业合作社的力量，帮助农民提高适应生产发展和市场竞争的能力，在更广领域、更深层次参与农业农村现代化建设。完善新型职业农民教育培训制度，建立培训对象数据库，围绕提升新型职业农民综合素质、生产技能和经营管理能力，分类型、分产业、分等级设置培训模块和培训课程。统筹用好中央和省级各类培训补助资金，鼓励各地结合实际重点面向高素质农民、家庭农场经营者、农民合作社带头人、农村创业创新带头人、农村电商人才、乡村工匠、农村社工人才、农村法律人才等乡村人才开展培训工作。加大优秀农民宣传力度，结合开展优秀农民评选活动树立典型标杆，引领"新农人"发展。

分领域报告

湖南粮食产业高质量发展报告

粮食产业是稳民心、安天下的基础性战略产业。作为全国粮生产大省，湖南肩负着扛稳国家粮食安全的政治责任，不仅要实现粮食的稳产保供，更要顺应城乡居民消费升级的趋势，按照"实现粮食安全和现代高效农业相统一"的要求，加快推进粮食产业转型升级，着力提升"湘粮"产业质量效益和竞争力，积极融入以国内大循环为主体、国内国际双循环相互促进的新发展格局，加快推动湖南由粮食生产大省向粮食经济强省迈进。

一 湖南粮食产业发展的新成就

近年来，湖南深入贯彻落实习近平总书记关于粮食安全的重要论述，着力推进"藏粮于地、藏粮于技"战略，粮食综合生产能力不断增强，供给结构持续优化，流通现代化水平明显提升，全产业链逐步健全，粮食供给保障更加有力，为湖南经济健康运行、安全发展奠定了坚实的基础，为国家粮食安全贡献了"湖南力量"。

（一）粮食综合生产能力不断增强

1. 播种面积逐步回升

在各级政府千方百计稳面积、提产量的综合施策下，湖南耕地抛荒、"非农化"和"非粮化"得到有效遏制，粮食播种面积在2014—2019年连续下降之后，2020年、2021年连续两年实现恢复性增长。2021年湖南粮食播种面积为4758.4千公顷，比2020年增加3.6千公顷，创近4年来新高,已超过 2018 年的水平,排在全国第 10 位,其中稻谷播种面积 3971.1 千公顷,排在全国第 1 位。

2. 粮食产量稳中有升

随着播种面积的恢复性增长,粮食产量也稳定增加,2021 年湖南粮食产量达 3074.4 万吨,比 2020 年增加 59.2 万吨,增产 2.0%,超过了 2016 年的产量,创 6 年来新高,排在全国第 10 位。其中稻谷产量 2683.1 万吨,排在全国第 2 位,仅次于黑龙江省。

3. 粮食单产显著提升

随着科技水平的提升,湖南单位面积产量不断提高,2021 粮食单位面积产量为 6461.0 公斤/公顷,创历史新高,排在全国第 8 位,比 2020 年上升 1 位,比 2014 年单位面积产量提高了 382.9 公斤/公顷,比全国平均水平 5805.0 公斤/公顷多出 656 公斤/公顷,见表 2-1。

表 2-1　　　　　　　　2014—2021 年湖南粮食生产情况

年份	播种面积（千公顷）	全国排名	粮食产量（万吨）	全国排名	单产（公斤/公顷）	全国排名
2014	5065.6	9	3078.94	9	6078.1	6
2015	5053.7	9	3094.21	9	6122.7	6
2016	5010.7	8	3052.3	8	6091.6	8
2017	4978.9	9	3073.6	9	6173.2	8
2018	4747.9	10	3022.9	10	6366.8	5
2019	4616.4	8	2974.8	10	6444.4	7
2020	4754.8	10	3015.1	9	6341.3	9
2021	4758.4	10	3074.4	10	6461.0	8

资料来源:根据《湖南调查年鉴 2021》(中国统计出版社 2021 年版)和《湖南去年粮食总产量 3074.4 万吨,创 6 年来新高》(https://hn.rednet.cn/content/2022/01/24/10802602.html)有关数据整理。

(二) 粮食质量效益显著提升

1. 粮食品类结构逐步调优

从种植面积来看,水稻种植面积占粮食种植面积的比例由 2016 年的 85.36% 下降到 2021 年的 83.46%,下降了 1.90 个百分点,玉米种植面积占比由 2016 年的 7.39% 上升到 2021 年的 8.36%,上升了 0.97 个百分点,豆类种植面积占比由 2016 年的 2.75% 上升到 2021 年的 3.28%,上升了 0.53 个百分点,薯类种植面积占比由 2016 年的 3.62% 上升到 2021 年的 4.02%,上升了 0.4 个百分点,见表 2-2。

表 2-2　　　2016 年—2021 年湖南主要粮食作物种植面积占比　　（单位:%）

品类	2016 年	2017 年	2018 年	2019 年	2020 年	2021 年
水稻	85.36	85.13	84.4	83.5	83.98	83.46
玉米	7.39	7.35	7.57	8.38	8.09	8.36
豆类	2.75	2.83	3.12	3.23	3.17	3.28
薯类	3.62	3.76	3.9	3.94	3.86	4.02

资料来源:根据《湖南调查年鉴 2022》和《湖南统计年鉴 2022》整理。

从产量来看,水稻产量占粮食产量的比重由 2016 年的 89.3% 下降到 2021 年的 87.27%,下降了 2.03 个百分点,玉米产量占比由 2016 年的 6.55% 上升到 2021 年的 7.62%,上升了 1.07 个百分点,豆类产量占比由 2016 年的 0.1% 上升到 2021 年的 1.34%,上升了 1.24 个百分点,薯类产量占比由 2016 年的 2.75% 上升到 2021 年的 3.29%,上升了 0.54 个百分点,见表 2-3。总体来说"一稻独大"的单一粮食结构有所改变,旱杂粮产业发展较快,2020 年旱杂粮产业产值近 150 亿元。①

表 2-3　　　2016 年—2021 年湖南主要粮食作物产量占比　　（单位:%）

品类	2016 年	2017 年	2018 年	2019 年	2020 年	2021 年
水稻	89.3	89.16	88.46	87.77	87.52	87.27
玉米	6.55	6.48	6.71	7.41	7.4	7.62
豆类	0.1	1.04	1.2	1.26	1.33	1.34
薯类	2.75	2.81	3.14	3.05	3.26	3.29

资料来源:根据《湖南调查年鉴 2022》和《湖南农村统计年鉴 2022》整理。

---

① 许望桥、欧阳进:《发挥龙头企业作用,促进旱杂粮产业健康发展》,《湘声报》2021 年 8 月 27 日。

2. 粮食品种结构不断调好

积极引导农民根据市场需求调整粮食品种结构，不断推广以良种为核心的稳产高产技术。大力推广专用型早稻品种和米质国标二级以上的高档优质中晚稻品种，2021年由湖南粮食行业协会、环洞庭湖地区稻米产业联盟发布了当年度水稻订单种植和收购推荐品种，包括湘早籼45号、圆粒型早稻等5个早稻品种，野香优莉丝、兆优5431等10个中稻品种，泰优553、湘晚籼17号等10个晚稻品种，引导农户优选种植。专用型早稻、高档优质中晚稻面积分别达550万亩、1408万亩，分别占水稻总面积的30.07%、34%。①

3. 粮食品质结构不断调高

近年来湖南大力实施"优质粮油工程"，积极探索"品牌引领、订单引导"的粮食产业发展新模式，有效推动了粮食产业从生产到餐桌的全程优质发展，绿色生态优质稻米供给持续扩大。2021年湖南优质粮油工程示范县、省级示范企业粮油优质品率达到66%，优质粮油产品市场占有率超过50%，②"湘粮"产品逐步获得市场的认可。

4. 种植模式和耕作制度逐步调顺

各县（市、区）因地制宜积极推进"早专晚优"、稻油水旱轮作、间作套种、"稻+"综合种养等种植模式。在耒阳市、衡阳市、华容市、汨罗市、鼎城市、赫山市、双峰市等水稻主产区推广"早专晚优"模式，大力推广加工专用型早稻和米质达到国标二级以上的高档优质晚稻。在非双季稻区推广"稻油（菜、烟、瓜）水旱轮作"模式，大力推广"一季优质稻+一季优质油菜"，增加了一季经济作物收入，实现了养地与用地有机结合。在冷浸田、低洼田因地制宜推广"稻田综合种养"模式，推广高档优质稻+虾、鱼等稻田综合种养，2021年推广面积达500万亩③，居全国前三位，实现了"一水两用、一田双收"。在温光资源两季不足、一季有余区域推广"中稻+

---

① 吴砾星、梁嘉伟：《坚守使命 做香"湖南饭"》，《农民日报》2022年7月31日。
② 李偲：《品牌引领，订单引导，湖南全力推动粮油产业高质量发展》，https://ls.rednet.cn/content/2022/06/18/11402875.html。
③ 张尚武、丁浩：《湖南稻渔综合种养"双丰收"》，《湖南日报》2021年9月14日。

再生稻"，2021年再生稻达231万亩①，实现了"一种两收"，增加了粮食产量。在湘西、湘南、湘中山区、丘陵山区推广"特色旱杂粮"模式，充分挖掘马铃薯、大豆、花生等旱粮生产潜力。

5. 粮食深加工水平不断提高

加工业总产值稳步增长。2021年全省纳入统计的粮油加工企业超过1600家，粮油加工业总产值达1663亿元，比2020年增加72亿元，居全国第9位，粮油加工能力超过6000万吨。其中岳阳市和衡阳市加工业总产值分别为328.3亿元、150.13亿元，占湖南粮油加工业总产值的28.7%。②粮食精细加工加快发展。一是主食产业化快速发展。依托早籼稻资源优势，湖南积极发展以米粉为主的主食加工产业，对稳定发展早籼稻生产、提升粮油产业价值链以及带动相关产业发展起到了积极作用。二是营养性、功能性粮油产品逐步开发。为满足市场"吃得好""吃得营养健康"的消费升级要求，粮油加工企业积极开发功能稻米、杂粮含量高的杂粮挂面、方便米饭以及发芽糙米系列产品，推动豆制品、薯类制品与湘菜、休闲食品协同发展。三是粮食副产物循环综合加快利用。依托新技术、新工艺，积极开发新产品，利用米糠资源生产精炼一级稻米油，副产品提炼卵磷脂、肌醇、甾醇、谷维素等高附加值产品，发展饲料产业，粮油副产品综合利用率和产品附加值逐步提高。

（三）粮食保供应急能力不断增强

1. 粮食储备体系进一步完善

为理顺地方储备粮管理体制机制，湖南深入推进粮食收储制度改革，新修订出台了《湖南地方储备粮管理办法》，完善地方临储收购，积极探索建立企业社会责任储备机制，逐步建立了政府储备为主、企业储备为补充的粮食储备制度。2021年湖南强化政策性收购和市场化收购的统筹，全年收购粮食达620万吨，省市县三级如期完成储备粮收储任务，粮食收

---

① 湖南省农业农村厅：袁延文：《推广发展再生稻 提高粮食产量》，http://agri.hunan.gov.cn/agri/tslm/mtjj/202203/t20220310_22500051.html。
② 数据根据叶芬：《后劲十足！岳阳粮油加工业总产值居全省第一》（https://yy.rednet.cn/content/2022/06/17/）和叶芬：《守住粮食安全、当好粮食管家，看衡阳的这些硬核举措》（http://www.hengyang.gov.cn/xxgk/dtxx/hydt/）整理。

购市场化率进一步提高，占比达93%。①

2. 粮食应急预警监测体系全省覆盖

为全面提升粮食和物资储备安全保障能力，湖南加强在粮食收储管供等环节的应急预警监测。截至2020年年底，湖南有504家省粮油应急加工企业，占纳入统计的粮油加工企业的31.9%；1381家应急供应网点、276家应急配送中心、278家应急储运企业、40家主食加工企业，306家国家级及省市县粮食价格监测点②，基本建成了覆盖全省的粮食价格监测、安全预警和应急保障体系。

3. 镉超标粮食专收专储机制有力推进

针对镉超标粮食问题，湖南实行超标粮食与合格粮食同步收购政策，不符合国家食品安全标准的粮食由地方政府临储按最低收购价托底收购，超过国际标准的粮食作为饲料原料或工业用粮处置，确保农民种植的粮食应收尽收、优粮优价，保护了种粮农户利益。

4. 粮食质量检验监测体系不断健全

为确保粮食全程质量安全，湖南从耕地安全管理、投入品管控、饲料企业监管等方面加强粮食质量安全全程闭合式监管，构建了"1＋14＋60＋N"框架的省、市、县、企业四级粮食质检体系。严格执行"先检后收"粮食质量检验制度，强化粮食生产和库存环节质量安全监测预警，从源头堵住不合格粮食流入市场。加大稻谷风险监测力度，对湖南62个产粮大县稻米质量安全风险开展全面监测，2021年完成稻谷专项风险监测2.18万批次，比2020年增加1.61万批次③，总合格率大幅提升。

（四）"湘米"品牌建设取得重要进展

1. 品牌体系不断完善

从2017年开始，湖南深入实施优质粮油工程，目前基本构建了省级

---

① 根据张尚武：《稳字当头 稳中求进 湖南守住管好"天下粮仓"》（《湖南日报》2022年1月21日）和《湖南粮食和物资储备工作会议召开，进一步提升粮食和战略应急物资保供能力》（https://hn.rednet.cn/content/2022/01/21/10798600.html）整理。

② 李偲：《收好粮 储好粮 管好粮 供好粮 湖南扛稳粮食安全重任》，https://hn.rednet.cn/content/2021/03/05/9067474.html。

③ 农业农村部农产品质量安全监管司：《湖南：履行闭环管理职责 确保粮食质量安全》，http://www.jgs.moa.gov.cn/jyjc/202112/t20211227_6385610.htm。

公用品牌+区域公用品牌+知名龙头企业产品品牌三级"湘粮"品牌体系，即以"洞庭香米""湖湘杂粮""湖南米粉"省级优质粮食公用品牌为龙头，以乌山贡米、常德香米、兰溪大米、大通湖大米、沅江大米、紫鹊界贡米、江永香米、松柏大米、白云贡米、华容稻、南县稻虾米11个区域性公用品牌为骨干，以金健星2号米、"瑶珍"香禾米、"钱缘"常德香米等85个企业产品品牌为支撑的"湘米"品牌体系基本建立。

2. 标准体系逐步建立

为打造品牌，全面推进粮油产业标准统一和质量提升，湖南相继制订了"湖南好粮油"中的米、面以及旱杂粮团体标准，湖南米粉的标准也在制订中，通过制订标准全面提升了湖南粮食产品质量、产品竞争力和市场影响力。

3. "湘粮"品牌影响力和美誉度明显提升

经过近年来的持续打造，湖南粮食品牌竞争力不断增强。2020—2021年湖南连续两年开展了省级"好粮油"产品遴选，共有60家企业的84款产品获评"湖南好粮油"称号，其中2020年共有36家企业的39款产品入选，2021年有39家企业的46个产品上榜，其中大米类产品22个、挂面类产品3个、旱杂粮类产品1个。2020—2021年，全省有28款产品获得"中国好粮油"称号，获评总数位居全国第6位。其中有14家企业的16款产品被评为2020年度"中国好粮油"产品；有9家企业的12个产品被评为2021年度"中国好粮油"产品[①]，其中金健米业所产的星2号米、原味低钠挂面分别入选了米面两大榜单。随着品牌影响力和美誉度的提升，湖南大米省外市场销售范围不断拓展，由过去主销广东、广西和福建省逐步向上海、贵州、云南等省拓展，"瑶珍"香禾米等逐步进入上海、广东大米的高端市场，"湘米"对外形象逐步得以重塑。

---

① 根据湖南省粮食和物资储备局：李偲：《湖南12个产品喜获"中国好粮油"产品称》（http://lshwzcbj.hunan.gov.cn/lshwzcbj/xxgk/gzdt/zwdt/202201/t20220120_22466910.html）、《湖南粮油产业高质量发展推进会在岳阳召开》（http://xczx.voc.com.cn/article/202206/202206201016254733.html）和《2021年度"湖南好粮油"名单出炉 46个产品登榜》（https://moment.rednet.cn/pc/content/2021/10/18/10303995.html）整理。

（五）高质量发展基石持续强化

1. 耕地保护力度不断加大

为落实最严格的耕地保护制度，2022年8月湖南省委省政府出台了《关于全面推行田长制的意见》，在全省推行"田长制"，全面建立耕地保护的"5+1"组织体系和责任体系。利用卫星遥感影像对违法用地、农民建房和其他应补未补耕地情况开展动态监测，这将对遏制耕地"非农化""非粮化"起到重要作用。2022年7月湖南自然资源督察办公室出台了《湖南耕地保护责任追究移送办法》，这是全国首创，提出对未依法落实"田长制"、落实耕地占补平衡和进出平衡不力等耕保履职不力的10种情况将移送司法纪检监察机关追究责任，以"长牙齿"的硬措施保护耕地。

2. 高标准农田建设持续推进

为进一步提升耕地质量，湖南各地大力建设高标准农田，创新建设模式，重点在省级示范区分区域、分类型推进田块整治。2019年、2020年、2021年新建高标准农田分别达364万亩、391万亩、463万亩。截至2021年年底，全省高标准农田保有量达到3615万亩，占湖南农田总面积的61.01%，比2020年高出7.81个百分点①，农业综合生产整体能力显著提升。

3. 粮食仓储设施建设大力推进

为加快收储提质升级，湖南加大对粮食仓储设施、应急及物流等软硬件设施的升级改造和粮食绿色仓储提升行动。截至2020年年底，建有2343.8万吨完好仓容，其中1472万吨地方国有粮库完好仓容、230.2万吨低温准低温仓容，标准完好仓容占比超过90%。储备粮库智慧化建设

---

① 根据湖南省统计局、国家统计局湖南调查总队：《湖南2021年国民经济和社会发展统计公报》（http://hunan.gov.cn/hnszf/zfsj/tjgb/202203/t20220329_22724930.html）、徐瑞青、赵家淞：《中外媒体赴湖南采访推进乡村振兴情况》（http://www.news.cn/2022-08/06/c_1128893850.htm）；湖南省农业农村厅：袁延文：《湖南：建好高标准农田 筑牢粮食安全根基》（http://www.crnews.net/zt/zync/dfls/440553_20210111093246.html）和石建辉：《关于湖南2021年预算执行情况与2022年预算草案的报告》（http://czt.hunan.gov.cn/czt/ztzl/hnczysgk/ysjsbg/202201/t20220126_22471506.html）整理。

扎实推进。2019年湖南建立了智能粮食管理系统,目前该系统有效运行,涵盖了湖南、市、县三级129个粮食行政管理部门和309个粮库,总仓容达745.67万吨。[①] 2020年对309个国有或国有控股粮食存储进行了智能化升级改造,粮库日常管理的智能化程度不断提升,极大地推进了粮食储存高质量发展。

(六) 高质量发展支撑力不断巩固

1. 水稻种业创新发展不断突破

为推动种业创新发展,湖南出台了《种业振兴行动实施方案》,积极布局种业创新平台建设,集中省内外优势科研单位和龙头企业力量建立了岳麓山实验室、杂交水稻国家重点实验室、国家杂交水稻工程技术研究中心、国家耐盐碱水稻技术创新中心,在超级稻分子育种技术上实现重大突破,掌握了杂交水稻育种领先国际的关键技术。2021年国审水稻品种677个,湖南有161个,占比为24.14%,在全国处于领先地位。[②] 涌现了隆平高科、华智生物等一批领跑全国的种业龙头企业,打造了绥宁、溆浦、靖州、零陵、武冈、攸县6个国家级杂交水稻制种大县,湖南每年为全国提供超过8000万公斤的杂交水稻种子,占全国杂交水稻种子市场份额的30%以上。[③] 玉米等商业化育种排在国内第1位。

2. 农机装备研究、推广和应用卓有成效

湖南将发展农机产业链列为制造强省和实施"六大强农"行动内容,明确提出打造智慧智能农机产业链发展高地,加快绿色发展和适应湖南丘陵山区特色农业生产机械研究和制造。2021年湖南有152家农机规模企业,产值约占全国的10%,居于全国第一方阵。湖南主要农作物机械化水平、水稻耕种收综合机械化水平分别由2020年的52%、78.36%提高到2021年的54%、80.05%,分别提高了2%、1.69%。水稻机械化栽

---

① 湖南粮食和物资储备局:《湖南"十四五"粮食和物资储备及应急体系建设规划》,http://lshwzcbj.hunan.gov.cn/lshwzcbj/xxgk/gzdt/hyxxx/202109/t20210927_20664307.html。
② 根据中华人民共和国农业农村部公告第500号,《2021年国审水稻品种目录及简介》(http://www.zzj.moa.gov.cn/gsgg/202112/t20211231_6386173.htm) 整理。
③ 隋忠诚:《湖南每年提供杂交水稻种子8000多万公斤》,http://www.hunan.gov.cn/hnszf/hnyw/sy/hnyw1/202111/t20211108_21005396.html。

植率由 2016 年的 25% 提高到 2020 年的 39%。① 数字农业初见成效。积极探索数字农业示范区建设，推动了中联沅江智慧农业示范基地和西洞庭及大通湖 3000 亩智慧农业（数字大米）项目实施，大力推进数字大米示范品种、面积和智能育秧工作，常德市鼎城区贺家山原种场数字大米示范片建设效果良好。

3. 病虫监测预警与防控能力不断增强

湖南逐步建立了农作物重大病虫害监测预警、重大病虫应急防治和病虫专业化统防统治服务三大体系。截至 2020 年年底，湖南创建了 63 个部省级农作物重大病虫监测网点（站）和 180 个植物疫情国家级监测点，农作物病虫害监测预警准确率保持在 95% 以上。拥有植保无人机 4948 台，比 2019 年增加了 1862 台，实施农作物病虫害统防统治面积达 2395 万亩，主要农作物覆盖率达 38.4%。②

4. 粮食产业社会化服务进一步发展

针对粮食生产小农户多的实际情况，湖南大力推进粮食产业社会化服务，引导种粮合作社、种粮家庭农场、粮食企业等市场主体，积极为农户提供代耕、代插、代收、代防、代烘、代收、代储、代销等社会化服务。开展粮食生产社会化服务整县试点。望城区、衡东县、新邵县、新宁县等 10 个县被列入湖南粮食生产社会化服务整县试点县，从集中育秧、机插（抛）秧、病虫害统防统治以及稻谷收储烘干等关键环节开展社会化服务，水稻服务面积达 2962.3 万亩。③ 加大对粮食产后服务的力度，截至 2020 年年底，全省建有 430 家粮食产后服务中心，实现产粮大县全覆盖。

（七）粮食产业集群不断壮大

1. 企业集团和产业联盟不断壮大

为改变产业竞争散、乱、弱的局面，湖南对粮食产业链全资源进行

---

① 王晓宇、高雪林：《湖南：刷亮"湘味农机"金字招牌》，《农民日报》2022 年 6 月 10 日。
② 根据《湖南统计年鉴 2021》等整理。
③ 何勇、申智林：《湖南积极推广农业社会化服务（粮食生产一线探行）》，《人民日报》2022 年 6 月 15 日。

深度整合，从育种、仓储、研发、营销等多个环节发力，促进了粮食资本集聚和企业抱团发展。一是龙头企业实力不断增强。湖南粮食集团、湖南角山米业、湖南天下洞庭粮油实业、湖南浩天米业等一批粮油企业不断发展壮大。截至2021年年底，湖南拥有19家粮食行业国家级龙头企业，146家省级龙头企业，10家粮油类上市企业，其中有15家企业分别跻身全国米、面、油、食品加工50强。[①] 在全国第十一届中国粮油榜单上，湖南粮食集团入榜中国最具影响力粮油集团，湖南天下洞庭粮油入榜中国高质量发展粮油（集团）企业，湖南裕湘食品入榜中国粮油"五优"示范企业，金健米业和湖南湘粮机械制造有限公司入榜中国粮油科技创新标杆企业，金健入榜中国粮油领军品牌。[②] 二是粮食产业联盟逐步发展壮大。2019—2021年，湖南相继成立了"环洞庭湖地区稻米产业联盟""湖南旱杂粮产业联盟""湖南米粉产业联盟"等三大联盟，益阳市、岳阳市、衡阳市等市（州）组建了"岳阳大米产业联盟""益阳市稻米产业联盟""衡阳市优质稻米产业协会"，岳阳市、常德市、益阳市、长沙市望城区与湖北荆州市组建了跨区域的"洞庭湖生态经济区粮食产业协作联盟"。并计划在未来倾力打造中南地区最大的旱杂粮大健康产业联盟总部和旱杂粮大健康产业园。通过产业联盟和协会的组建，整合了政府、行业、企业、科研院所、银行、媒体等各方力量和资源，推进了集团化竞争，集聚效应逐步释放，湘米"品牌"的省外影响力、市场竞争力和行业带动力不断提升。

2. 示范县与综合园区建设有力推进

湖南积极开展"中国好粮油"示范县（市）建设，确定了祁阳县、桃源县、湘阴县等22个县（市、区）为"好粮油"行动计划国家级示范县，以各示范县与企业为主体，建设了"一企一片一种"优质口粮供应基地，推广"三链同构"的全产业链优质粮食经营模式，取得了良好成效。围绕打造粮油千亿优势产业，深入推进粮食现代产业园建设，并以园区建设带动基地建设，逐步建立了以常德市鼎城区国家现代农业产

---

① 李偲:《品牌引领，订单引导，湖南全力推动粮油产业高质量发展》，https://ls.rednet.cn/content/2022/06/18/11402875.html。

② 《第十一届中国粮油榜详细名单》，《粮油市场报》2021年11月24日。

园为龙头，以澧县大堰垱特色粮食产业园、张家界湘润特色粮食产业园、安仁县生平米业特色水稻产业园等省级示范园区为主体，以望城区隆平乌山贡米现代农业特色产业园、湖南新晃洞藏红米特色产业园、湖南溢香园粮油有限公司稻虾产业园、益阳市大通湖区许铁牛稻蟹产业园等为骨干的"国家级现代粮食产业园+省级现代粮食产业园+粮食特色产业园+优质粮食示范基地"的体系，梯次推进、分级负责、各有侧重，带动农户粮食生产。

二 湖南粮食产业发展面临的主要问题

在湖南粮食产业稳定发展、由大到强转型升级同时，也要看到制约湖南粮食产业发展的短板弱项仍有不少，产业发展面临的困难与挑战不容忽视，尤其是在国际形势复杂多变、天气恶劣多变、病虫灾害常发的背景下，湖南推进粮食产业高质量的任务较艰巨。

（一）耕地"数""质"呈下降趋势

1. 耕地面积数量逐渐减少

耕地面积大幅度减少。据湖南第三次土地调查结果与湖南第二次土地调查结果对比分析显示，耕地面积"三调"比"二调"减少751.9万亩（50.61万公顷），下降12.24%；园地面积增加298.34万亩（19.9万公顷）；林地面积减少630.38万亩（42.02万公顷）。在过去10年的地类转换中，城市建设用地和工业建设用地不断挤压着耕地面积，同时部分耕地转换为林地、园地，尤其是湘西、湘中、湘南广大丘陵山区，在过去经济结构调整和扶贫的作用下，部分粮田用于种植经济作物，给粮食的扩面增产带来较大的压力。据课题组对全省70多个行政村的调查，均存在不同程度的耕地"非粮化""非农化"现象，部分村粮食种植面积占到耕地面积的比重不到50%。农民乱占耕地建房现象普遍存在，这两年虽然监管加严，但是以前占用的耕地并没有恢复；有的地方发展乡村旅游等其他高附加值产业，部分产业发展项目未批先建，违法违规占用耕地和永久基本农田等都导致实际上的耕地减少。耕地的减少直接导致粮食播种面积减少，进而影响粮食产量。从2017—2021年湖南农作物与粮食作物播种面积统计可以看出,农作物种植面积由 8270 千公顷提高到 8504.3 千公顷,增加了 234.3 千公顷;但粮食播种面积却由 2017 的 4978.9 千公顷下降到 2021 年 4758.4 千公顷,减少了 220.5 千公顷,"粮作比例"由 60.2% 下降到 55.95%,① 下降幅度居全国十大粮食大省的前三位,黑龙江、山东、安徽、吉林、内蒙古等粮食大省的"粮作比"基本保持稳定且略有上升,四川和河南省略有下降,这在一定程度上反映出湖南耕地"非粮化"的上升趋势较为明显。

2. 耕地质量逐步下降

土地透支过多。目前湖南大量耕地没有进行轮耕、休耕,土地使用强度高,土地负荷重,造成土地地力的严重透支,部分地区耕地出现退化现象。农业面源污染较为突出。湖南水稻产量大,居全国第 2 位,同时农药、化肥施用量也大,农业面源污染管控不到位。例如洞庭湖区岳阳、常德、益阳三市种植业总氮、总磷排放量分别占湖区排放总量的 19.5%、25.8%②,在一定程度上造成了洞庭湖水质总磷浓度超过规划水质目标。工业废弃物造成的耕地污染对土地的损害不容忽视。部分地区村级小工厂产生的废固废渣长期填埋,耕地农田彻底被破坏。耕地重金属污染严重。湖南是"有色金属之乡",几十年来在开发矿产、发展金属冶炼业的同时带来了严重的镉、砷、铬等重金属污染耕地问题,土壤超标率达 40% 以上、土壤污染深度在 2 米以上的区域分布广,衡阳市、郴州市、湘潭市和株洲市是重灾区,其镉、铅排放量占全省排放总量的 76.0%③,而这几个地区的粮食大县有 17 个,占全省粮食大县的比例为 26.15%④,这些地区的粮食质量安全存在隐患。

(二)农民种粮积极性难以调动

调查发现,近年来,湖南农民种粮尤其是种植双季稻的积极性不高,

---

① 根据《中国统计年鉴 2022》和《湖南统计年鉴 2022》整理。
② 常德市农业农村局:《常德市关于"农业面源污染管控不力"问题(省编号 28)整改情况公示》,https://www.changde.gov.cn/cdzx/gsgg/content_906957。
③ 唐旖旎:《湖南地区土壤重金属污染的现状及其治理》,《中国应急管理科学》2021 年第 6 期。
④ 根据湖南统计局、国家统计局湖南调查总队:《湖南调查年鉴 2021》(中国统计出版社,2021 年)整理。

早稻种植面积连续六年下降，由2015年的1505.9千公顷下降到2021年1219.6千公顷，减少286.3千公顷，年均下降3.45%，晚稻种植面积也同步持续下降。中稻及一季晚稻面积显著增加，由2015年的1228.3千公顷上升到2021年的1479.2千公顷，增加了250.9千公顷，年均增加3.4%。这种"双改单"的现象，给湖南粮食稳产带来压力。近两年湖南采取措施鼓励农民种植双季稻，提高双季稻的比例，"双改单"情况有所好转，但是持续性还有待观察。

农民种粮积极性不高，究其原因：一是粮食种植比较效益低。湖南水稻生产成本一直居高不下，种植收益持续下滑。2017—2020年，湖南中晚稻平均售价分别为135元/50公斤、134元/50公斤、142元/50公斤、128元/50公斤，粮食售价涨幅较小，但是每亩的总成本却逐年攀升，分别为1039.32元、1043.52元、1080.00元、1084.40元，农资和劳动力成本上涨幅度较大，化肥、农药等农资成本年均增幅超过了15%，其中尿素在2021年由年初的出厂价1800元/吨涨至年内最高价3180元/吨，上涨幅度将近80%。① 粮食种植的利润空间不断被压缩，即使是大户种植，每年的纯利润也不一定比得上农民工的务工收入。若是双季稻生产，投入的成本更高，不仅要抢收早稻还要抢种晚稻，比较效益更低。

二是农田基础建设滞后。整体上湖南农田道路质量不高，尤其是在湘西、湘南等丘陵山区，农田基础设施建设滞后、高标准农田比例低，不能适应大中型农机作业，阻碍了农业机械装备的推广和应用。加之旱涝保收的排灌设施缺乏，增加了种粮成本，降低了种粮效益，影响了农民种粮的积极性。

三是粮食产业风险大。湖南粮食生产面临诸多风险，最大的是自然风险。近年来极端灾害天气频发，对粮食生产带来较大影响。例如2022年4—6月湖南遭遇持续时间长的强降雨，湖南农作物受灾面积达144.24万亩，其中，成灾50.59万亩，绝收12.46万亩。② 同年7—8月，湖南遭

---

① 刘新光、谢群良：《湖南调查显示：六方面因素 制约农民种粮收益》，《金融时报》2022年4月7日。

② 刘志雄、何青：《受灾144.24万亩正补种改种 湖南本轮强降雨农业灾害损失可控》，https://hn.rednet.cn/content/2022/06/08/11367080.html。

遇连续高温,全省有 119 个县(市、区)出现气象干旱,其中 28 个县(市、区)达到重旱及以上等级①,在一定程度上影响了粮食增产和经营者效益。其次是病虫害风险。湖南的水稻生产中经常遭遇二化螟、稻飞虱、稻纵卷叶螟病,"虫口夺粮"保丰收成为一项艰巨的任务。

(三)粮食现代化生产能力待提升

1. 良种推广体系不健全

湖南种业资源丰富,粮食种业发展水平较高,在杂交水稻方面居世界领先地位。但是湖南粮食种子推广应用滞后于种业的研发。湖南水稻种子市场上水稻品种多而杂,超过 1300 个,据课题组调查,部分粮食大县的水稻品种超过 120 个,有的 300 多个,由于良种推广体系不完善,农户基本是出于"自由"选择状态,往往一个村的品种就有几十个。品种质量参差不齐,优质粮源不稳,质量监管困难,导致水稻混收较多,既影响了农民的种粮收入也不利于湘米品质的提升和品牌的打造。

2. 农业机械化结构性矛盾突出、地区发展不平衡

一是结构性矛盾突出。从动力与配套上看,拖拉机数量与配套农具数量极不协调,技术集成配套应用严重不足。2020 年湖南大中型拖拉机与配套农具的比例为 1∶0.4,远远低于安徽 1∶1.68、河南的 1∶1.67、湖北的 1∶1.07,排在中部地区的最后一名②,极大地阻碍了农机装备效率的充分发挥。二是水稻产业链各环节之间差距大。湖南在水稻产业链上的机耕、机收、运转等环节机械化水平较高,但是机插率、机抛率较低,影响到湖南水稻全程机械化发展。三是区域间发展不均衡。受地形条件、劳动力素质、基础设施制约以及丘陵山区农机化方面的政策机遇偏少,补贴目录内适用山区的机具不多,农机装备有效供给不足,机械化程度较低。2020 年湖南水稻耕种收综合机械化率超过 80% 的市(州)有 6 个,分别是长沙市 85%、株洲市 82%、湘潭市 84%、常德市 81.5%、岳阳市 82%、益阳市 83.44%,在 70%—80% 的市(州)有 8

---

① 李成辉、谭萍:《湖南气温创历史同期新高,省内 119 个县(市、区)出现气象干旱》,《三湘都市报》2022 年 8 月 19 日。

② 根据 2021 年国家和中部六省各省统计年鉴数据整理。

个，分别是娄底市75.10%、邵阳市75.32%、郴州市73.5%、永州市71.72%、衡阳市79.1%、湘西自治州70%、怀化市69.9%，最低的是张家界市60.03%[①]，农机装备应用推广不足严重影响到这些地区的种植效益的提升。

（四）产后薄弱环节突出

1. 粮食储备基础设施薄弱

截至2020年年底，湖南有2343.8万吨完好粮食仓容，其中在1999年之前建成752.6万吨，占总仓容的32.12%；2000—2013年建成769.6万吨，占总仓容的32.84%；2014年以后建成821.2万吨，占总仓容的35.4%。从数量上来说，仓容总量不足，与同为产粮大省的河南、安徽、湖北相比差距较大，河南为9510万吨，是湖南的4倍，安徽为5585.3万吨，是湖南的2.38倍，湖北为3200万吨，是湖南的1.37倍[②]，湖南在中部六省中仅仅高于江西和山西，与湖南粮食的全国地位不匹配，难以满足全省粮食安全储备的需求。从质量来看，较早建成的仓容设施标准较低，存储技术落后、储仓分类分级信息化管理滞后。截至2020年年底，湖南低温准低温仓容仅230.2万吨，占总仓容的9.82%，难以满足优粮优储的需求。

2. 粮食加工、收储环节损失浪费较大

粮食加工过程浪费较大。一是低端加工设备导致浪费。湖南粮食小型加工企业较多，工艺设备落后，加工环节的高耗粮、高耗能、高污染的落后产能和工艺设备较多，加工粮食损耗较大。二是粮食精深加工业不足导致浪费。目前湖南粮食加工仍以初加工为主，副产物综合开发利用程度不高，加工后剩下的稻壳、米糠、麸皮进一步加以利用的数量较少，加工环节粮食资源浪费较为严重。粮食收储环节浪费严重。湖南种

---

① 根据各市（州）《十四五农业农村现代化发展规划（2021—2025年）》数据整理。
② 根据方佳伟：《河南省粮食仓储全国第一 2021中国粮食仓储设施发展前景》（https://it.chinairn.com/news/20211123/174353851.html）；《安徽将打造合肥、安庆、蚌埠等三个粮食物流枢纽》（《新安晚报》2021年12月2日）和湖北省发改委、湖北省粮食局：《湖北省粮食流通发展"十四五"规划（2021—2025年）》（https://lsj.hubei.gov.cn/fbjd/tzgg/202109/t20210929_3788057.shtml）整理。

粮农户分布散、数量多、规模小的特征明显，部分农户没有卖出的粮食自己进行储存。由于农户缺乏专业的储存仓库、科学的储存方法和科技的储存手段，储存条件简陋、水平低，鼠害、虫害、霉变难以避免，每年农户粮食储存存在一定的损失。

（五）政策引导作用发挥不充分

1. 粮食支持政策不完善

粮食支持政策在实际实施过程中难以达到预期效果。以粮食补贴政策为例，一是补贴力度难抵效益下滑的幅度。据课题组调查，2016年到2020年，水稻种植户每亩净利润由128.6元到亏损32.03元，但是2020年的补贴较2016年增长不到30%，补贴增量难以抵补种粮收益下降量，现有粮食补贴的激励作用趋于弱化，政策补贴效果有较大的提升空间。二是补贴政策落实有难度。例如耕地地力保护补贴政策，在政策制定之初依据承包耕地面积发放，但是随着土地流转和部分耕地的撂荒、"非农化"、"非粮化"问题出现，这一发放方式并没有进行调整，在较长一段时间普遍存在"荒着耕地拿补贴""种着经济作物拿补贴"，真正从事粮食生产经营者难以得到这一补贴资金，政策执行过程中往往补贴与耕地保护、粮食生产完全脱钩，导致耕地地力保护补贴政策在实际中对耕地保护和提高农民种粮积极性效果不大。

2. 粮食保险政策不健全

目前湖南粮食保险主要是针对产业链上的"种植"环节，全省62个产粮大县水稻完全成本保险已全部覆盖，但是这项政策针对的是种田100亩以上的适度规模经营农户，小农户粮食种植的风险保障仍未能提高。100亩以上粮食种植户的农业生产总成本基本得到保障，但是种植收入保障还是没有得到解决。山区丘陵地区旱杂粮种植比例较高，但是目前对旱杂粮的保险还没有纳入到成本保险。现有的粮食保险产品对粮食大灾风险的抵御能力还有待提高。

3. 占补平衡政策执行中有偏差

过去部分地区在耕地占补平衡中出现了"耕地上山"的情况，有的山地变成了农田，而这些农田坡度大、地形崎岖、水源不足，并不适合种植粮食，但是，相关部门在执行省里细化粮食生产任务指标的时候并未考虑这一因素，给这些地区的乡村带来沉重压力。

三 推进湖南粮食产业高质量发展的对策建议

推进湖南粮食产业高质量发展，必须立足破除粮食产业发展存在的问题，加快补短板、强弱项，找准高质量发展方向，培育高质量发展新动能，努力为保障国家粮食安全与实现全国粮食产业高质量发展贡献"湖南力量"。

（一）深入推进"藏粮于地"战略

1. 建立防止耕地"非粮化""非农化"长效机制

一是坚决遏制增量。落实党政同责要求，健全责任目标考核机制。将防止和治理耕地"非粮化""非农化"列入粮食安全责任制考核和粮食生产先进县考核重要内容；将遏制增量作为考核的重要标准，并将降低存量纳入考核指标，提高粮食种植面积和产量、高标准农田建设、耕地质量保护与提升等考核指标权重。落实"田长制"管理，推进地网布控全覆盖，督促各市县政府加快出台具体实施方案和配套政策，确保"田长制"的落地。二是逐步化解存量。对于已形成的耕地"非粮化""非农化"存量，分类精准施策，针对不同成因，采取不同的治理政策，采取分时段、分区域、分类别、分期限逐步解决成因复杂的耕地"非粮化"历史问题，谨防治理中的"一刀切"。三是确保后备耕地质量。科学合理调整划补永久基本农田，严格占补平衡的"数""质"并重。

2. 加大高标准农田建设和管理力度

一是加快推进高标准农田建设。加快编制新一轮湖南高标准农田建设规划，打造一批高标准农田建设示范区。推进农田的归并、平整、集中，遵循农民意愿，因地制宜采取"认数量不认区域"的方式，推动转换方便、土地流转率高的地方"小田变大田"，增加田块的相对集中度。打破地域界线，把具备条件的抛荒地尽可能纳入高标准农田建设范围。二是提升高标准农田建设质量。提高对丘陵山区高标准农田建设标准，将灌排渠道、机耕道、山塘、河坝等基础设施全部建设到位，真正使田、土、水、路等完全达到真正高标准农田建设要求。加快改造陈旧高标准农田，推进高标准农田智能化技术新装备应用和信息化管理，确保农田基础设施正常运行，持续发挥项目效益。三是建立高标准农田长效管护机制。出台《湖南农田基础设施建后管护办法》，明晰项目主权、明确管护主体、职责和稳定的管护资金，建立"谁使用，谁受益，谁管护"的管护制度，全力保护好高标准农田建设成果。探索"精细化网格化"管护模式。结合"田长制"的推行，将高标准农田管护列入"田长制"管理，实现所有高标准农田上图入库，精确地块到人，推进网格化管理。

（二）着力推进"藏粮于技"战略

1. 推进粮食种业创新发展

依托岳麓山实验室和杂交水稻全国重点实验室，推进"核心+基地+网络"的布局，充分整合粮食种业资源，加强粮食产业协同创新合作。充分利用国内第三次农作物种质资源全面普查机遇，加快湖南各地资源普查，广泛收集粮食种子，加快建成一批品类齐全、储备丰富的种质资源库，保护多重种质资源。推进种质资源信息公开和共享交流，着力将湖南的资源优势转化为种业优势。探索建立以政府为主导、企业为主体、以高校与科研院所为支撑，多元资本参与，政产学研用结合、育繁推一体化，风险共担、收益共享、各司其职的育种新体制。支持现有的种业企业进行兼并重组，推进企业集团化发展，引导技术、人才、资本等要素向企集团集聚，打造2—3艘"种业航母"，持续保持杂交水稻研究的国际领先地位。推进良繁基地提质升级，打通良种进村入户的"最后一公里"，带动农业增效、农民增收。加大种业市场环境整治力度，严打严惩品种权侵权、制售假劣种子等各类违法行为，加大水稻品种创新保护力度，维护粮农合法权益。

2. 提升粮食产业机械化水平

提升农机装备研发水平，瞄准关键和共性技术问题，加大特色旱杂粮、再生稻以及其他粮食新品种发展中的技术难题攻关和机械装备研发力度。因地制宜遴选推广应用特色机具和粮食全程机械化解决方案。加强农机农艺融合技术集成创新，推进农机与农艺、粮食产业全链各环节之间、农机装备之间的集成配套。加快粮食生产全程机械化技术推广应用，加强水稻集中育秧集约化、专业化生产，扩大集中育秧面积，提高秧苗质量。大力推广水稻机插（抛）秧技术，补齐水稻机械化生产短板环节。加快旱杂粮机械装备的运用，提高玉米、大豆等机播、机收水平。进一步加快大数据、互联网、物联网、云计算、人工智能等新一代信息技术与传统的粮食全产业链深度融合，提升粮食精细化管理水平、生产效率和粮食质量。

3. 推动粮食绿色科学生产

大力推广应用绿色防控技术。进一步加强水稻病虫害系统监测，推进水稻病虫害监测基点建设，因地制宜分类开展水稻重大病虫害防治工作。集成配套以农业防治、生物防治、物理防治以及科学用药等技术为主的绿色防控技术体系，推进病虫害全程绿色防控。大力推广应用绿色高效生产技术。集成推广先进耕作、播种、灌溉绿色标准化生产技术模式，推广节种、节水、节肥、节药等新机具、新装备的示范。推广应用科学施肥技术。优化施肥品种，增施有机肥、种植绿肥和秸秆还田，提高土壤肥力；深入推进测土配方施肥，推广精确定量、测深施肥和施用缓释肥等技术，减少不合理施肥造成的危害和损失；大力推广水肥一体化示范，以点带面推动全省推广滴灌施肥、喷灌施肥等技术，提高肥料和水资源利用效率。

4. 加强粮食产业社会化服务

培育壮大粮食社会化服务主体，鼓励各乡镇成立各类农机合作社，支持家庭农场和农机大户等新型农机经营服务主体发展。积极开展粮食社会化服务主体标准化建设，引导各类服务主体扩大服务范围，增加服务功能，推进服务内容多样化，服务标准统一化，服务方式市场化，服务手段专业化，投资主体多元化。大力推广粮食新型服务模式，鼓励供销合作社、农民合作社、农机大户以及农村集体经济组织开展面向从事粮食生产的小农户以及新型农业经营主体，开展土地托管、代耕代种、联耕联种等生产服务，促进小农户与现代农业发展有机衔接。建立社会化服务智慧平台，以县域为单位，建立涵盖产、加、销全程的社会化服务信息平台。打造"滴滴农机"智慧农机服务管理平台，推进农机手与农户供需业务的快速无缝对接，有效解决"有机无田耕、有田无机耕"的供需矛盾。

(三）推进粮食加工业转型升级

1. 优化粮食加工结构和完善粮食加工布局

一方面，优化粮食初加工、精深加工和综合利用加工协调发展结构。提升初加工水平。推进粮食加工产业规模化、专业化、精细化发展，鼓励发展杂粮加工，发展全谷物产业；提倡稻谷口粮品种适度加工，减少资源浪费和营养流失。引导企业推行适度深加工。根据资源消耗和能源需求，确定粮食加工精细度水平，防止过度加工问题，造成资源的浪费。提升粮食加工副产物综合利用水平。支持企业加快研发与应用碎米、米糠、稻壳、豆粕、大豆蛋白、大米蛋白等加工副产物多元化综合利用技术，降低加工环节的损耗和浪费。另一方面，完善粮食产、销区加工布局。在粮食大县建设一批优质标准原料基地；打造一批集约加工转化乡镇（园区）。鼓励常德市、益阳市、永州市、岳阳市等地的产粮大县发展粮食就地加工和特色加工；引导长沙市、株洲布局以口粮为主的加工产能；支持湘西自治州、娄底市特色粮食生产县立足本县资源优势，布局特色粮食加工。

2. 推进粮食精深加工业发展

探索粮食加工产业发展新路径。以龙头加工企业为突破口，采取"公司＋基地＋农户""公司＋合作社"等多种模式，推进产业链条覆盖到粮食生产、储存、加工、销售全过程的各个环节，打造龙头企业带动的全产业链模式。加快高新技术在粮食加工中的应用。推广粮食加工的新技术、新工艺、新装备，提升粮食加工机械装备现代化水平，加快淘汰高耗粮、高耗能、高污染等落后生产力，提高粮食加工转化率。推进粮食加工的食品化和药品化。引导粮食加工向化工、医药、保健等领域延伸，开发专用米制品、功能性稻米等食品以及保健、化工、医药等领域产品。

（四）壮大"湘粮"优势产业聚群

1. 继续培育壮大粮食产业化龙头企业

培育一批具有核心竞争力和带动力的粮食产业化龙头企业。引导粮食企业增品种、提品质、创品牌。鼓励龙头企业与产业链上下游各类市场主体深化协作，与新型农业经营主体和农户建立稳定的利益联结机制，带动全产业链一体化经营。壮大粮食产业集团。鼓励企业品牌组合、兼并重组，组建几个大型粮食"航母"企业集团，发挥对粮食产业高质量发展的标杆引领作用。发展粮食产业集群。结合资源特征、区位优势和产业发展基础，建设一批要素集聚、产能集中、结构合理、链条完整、带动力强、辐射范围广的优势特色粮食产业集群。

2. 进一步做大做强粮食产业联盟

充分发挥"稻米产业联盟""旱杂粮产业联盟""米粉产业联盟"的作用，增加产业链企业、金融机构、科研院所会员数量，拓展联盟服务范围，提升服务质量。探索组建湖南种业产业联盟和湘南地区优质稻米产业联盟。联合探索粮食区域发展新模式，加大市（州）之间、环洞庭湖与大湘南等区域之间协作力度，形成集聚效应，为湖南粮食产业高质量发展赋能。

3. 有序推进粮食物流产业园区建设

加快粮食产业园区建设。在粮食优势产业和消费能力强的城市周边以及关键物流节点，采取"退城进郊"等方式建设粮食产业物流园区，积极引导粮食企业进驻园区，实现集聚发展、集约发展。推进粮食流通现代化。加快完善以湖南金霞粮食物流园为龙头，以岳阳、常德、益阳、怀化、衡阳、郴州、永州等区域性物流园为支撑，以县级中心骨干库为补充的粮食仓储物流网络体系。创新粮食流通服务模式，搭建"互联网+"粮食交易平台，推进线上线下交易互通。打造粮食智慧物流，建设高效便捷成本低的第三方粮食物流服务平台，提高粮食产业的整体经济效益。

（五）推进粮食储备、应急与监管体系现代化建设

1. 建立健全粮食储备体系

深入推进粮食收储制度改革，进一步理顺地方储备粮管理体制机制，加快建立以省级储备为主和市县储备为辅、政府储备和企业社会责任储备互为补充、原粮和成品粮储备相结合的储备体系。丰富地方政府粮食调控手段，加快建设规模以上粮食加工企业社会责任储备步伐，鼓励支持农民合作社、家庭农场、企业、种粮大户自主适度科学储粮，增强粮

食安全保障能力。健全储备粮轮换机制，加强粮食轮换管理和监督，严格落实落细新修订出台的《湖南地方储备粮管理办法》和储备粮轮换各项管理制度，扎紧制度笼子，守住粮食安全底线。

2. 积极推进粮食仓储设施现代化

一是优化粮食仓储布局。统筹粮食仓储资源，继续优化"一市一中心、一县一骨干、若干一线库点"湖南粮食仓储布局。提质粮食仓储流通基础设施，支持老旧粮食仓储设施升级改造，因地制宜采取改建、扩建和新建等方式，改善粮食仓储设施条件，提高国有及国有控股企业完好仓容，建立与湖南粮食发展目标相匹配的仓储设施容量。二是推进绿色储粮。推广气密及填缝材料、粳稻控温保质工艺、组合多层筛等绿色生态、节能环保的储粮新技术、新工艺，有效解决优质粮食与普通粮食混存、粮食储存霉变以及品质下降等问题。三是推进粮食储备智慧监管。构建湖南粮储管理智能管理综合体，提升储备监管智能化水平。加强湖南智能粮食管理系统应用，加快各地方储备粮承储库点数字化和智能化平台建设，推进信息化管理。

3. 进一步完善粮食应急预警监测体系

一是构建新型粮食市场监测预警体系。进一步建设好国家级和省级粮食价格监测点，增加粮食应急加工企业的数量，强化预期管理和信息引导，加强对粮食生产重点区域、重要品种和关键时段的粮食市场进行全方位监测，全面掌握湖南粮食市场动态和变化趋势。二是完善应急保障机制。构建平时服务，急时保供、应急的粮食应急体系。完善省、市、县、乡镇（街道）四级粮食应急保障网络，形成逐级保障、层级响应的粮食应急保障机制。三是健全粮食质量检验监测体系。加强对新收粮食的临田检测，先检后收，对验收入库粮食实行入库验收制度，对销售出库粮食实行质量安全必检制度，对库存粮食定期进行质量监测。继续完善镉超标粮食专收专储机制。实行超标粮食与合格粮食的政府同步收购制度，确保镉超标粮食不流入市场，保障农民粮食种植利益和市场粮食品质。

（六）全面提升"湘米"品牌影响力

1. 全力推进湖南"优稻优米"发展

一是建设优质粮食生产基地。紧盯市场需求，选用一批产量稳、米质优、口感好的好品种，加快绿色生产，建设"一片一种生产基地"，积极打造一批优质稻米基地、特色杂粮基地、有机稻米生产基地。二是推进粮食生产标准化。健全标准化生产体系，围绕"品种、品质、品牌"加强粮食标准技术推广应用，以配合一套标准化种植管理手段为切入点，在高标准农田和大规模流转农田推行粮食生产统一旋耕、供种、育秧、播种、施肥、灌溉、机收、烘干、病虫防治及保险等种植管理"十统一"模式，做优"湘粮"品质。加快建立湖南米粉标准体系，立足米粉地域特色，对接国家质量标准和国际通行标准，推动建立从生产到加工、从主料到配料从鲜湿到速食、从品相到口感全产业链标准体系。三是加强"身份证"管理。建立湘粮"身份证"，对各类合格大米的基本信息进行登记，推进"身份证+追溯码"双证合一。

2. 着力推进"湘粮"品牌集群发展

全面推行"产业联盟+公共品牌+主导产品"的品牌建设模式，形成全省行政部门、行业、企业、研究机构合力，支持做强做响"洞庭香米"和"湖湘杂粮"省级公用品牌和省级品牌，推动更多的优质产品使用品牌，壮大品牌的国内国际影响力。打造更多小而美的区域性公用品牌，建设企业精品名牌，健全"省公用品牌+区域公用品牌+企业品牌"三位一体的品牌体系，推动形成以"洞庭香米""湖湘杂粮""湖南米粉"为代表的特色粮食产品IP，把优质粮食资源优势转化为产业发展的经济优势。积极主动对接国际市场，举办粮食和相关行业的世界品牌大会，提高国际话语权，提升"湘粮"品牌形象。

3. 强力推进"湘米出湘"战略

一是加大"湘米出湘"力度。实施"东进西拓"战略，主动对接"长江经济带"和"粤港澳大湾区"，拓展省际间产销合作，全面拓展粮食外销渠道，进一步巩固广东、广西、福建等传统市场，加快布局江西、湖北、上海、云南、贵州、重庆市场，积极开拓稻虾米、特色米的香港、澳门市场。不断提高"湘米"国内市场占有率，实现粮食资源与粮食经济的有效结合。二是加大"湘米出国"力度。支持有条件的粮食集团、龙头企业加快全产业链国际化战略布局，建立粮食生产的海外基地，构建粮食全球生产采购平台和贸易网络，提升粮食集团和企业"走出去"与"运回来"的保障力。支持企业积极参与海外粮食企业并购，通过控股、参股成为国际粮食企业，打造一批有全球竞争力的跨国企业和"国际大粮商"，提升湖南在国际粮食市场的影响力和竞争力。

（七）创新粮食产业综合扶持政策体系

一是创新财政支持政策。进一步建立健全财政支持粮食生产的政策体系，加大商品粮大省、产粮大县奖励资金、粮食风险基金、高标准农田建设资金等各类资金统筹力度，按照"谁种粮谁受益"的原则，完善补贴、贴息、奖励等政策。二是创新金融支持政策。积极引导金融资本服务粮食产业发展，鼓励银行加大对粮食全产业链的信贷支持，提升信贷产品期限与粮食生产周期的匹配性。鼓励金融资金加大对高标准农田建设、粮食种业关键核心技术攻关等关键领域的支持力度。三是落实税收支持政策。落实粮食加工企业凭合法有效的增值税扣税凭证抵扣进项税额；落实企业研发费用税前加计扣除政策；落实符合条件的国有粮食购销企业，依法享受增值税、城镇土地使用税、房产税、印花税等免收政策。四是创新保险支持政策。扩大粮食保险范围，加快粮食作物完全成本保险在全省推广，向种粮小农户覆盖。积极探索收入保险，加大对再保险市场的支持力度，创新新兴金融模式，探索粮食产业"保险＋期货"试点。

湖南生猪产业高质量发展报告

粮猪安天下，生猪产业是社会经济平稳发展的基础。湖南是我国重要的生猪生产大省，生猪养殖历史悠久，生猪出栏量和猪肉产量一直稳居全国前列。作为重要的传统优势产业，生猪产业的稳定发展对湖南农业结构调整、农民收入持续增加和保障城乡居民生活意义重大。但近年来，受多种因素影响，湖南生猪出栏量和猪肉产量波动较大，相较于其他生猪主产区的比较优势呈减弱趋势。继续实施"优质湘猪"工程，推进"湘猪"产业高质量发展对构建湖南现代农业产业体系、加快推进湖南现代农业现代化具有举足轻重的作用。

一 湖南生猪产业发展现状

湖南通过深入实施优质湘猪工程，不断补链强链延链，目前生猪产能全面恢复，优质湘猪优势产区初步形成，产业链不断完善，生猪产业转型升级发展步伐加快，为全国生猪稳产保供贡献了"湖南力量"。

（一）生猪产能全面恢复，稳产保供能力实现新跃升

1. 生猪出栏量大幅增加

2021年湖南生猪出栏6121.8万头，比2020年增加1462.9万头，增长35.2%，排在全国第2位、中部地区第1位，仅次于四川省，比2017年增加5.5万头；2021年湖南生猪出栏量占全国的比重为9.12%，分别比2020年、2017年高出0.28%、0.41%，达到近五年的峰值。

2. 生猪存栏量快速增加

2021年年末湖南生猪存栏量为4202.0万头，比2020年增加467.4万

头,增长 12.5%,生猪存栏量排在全国第 3 位、中部地区第 2 位,比四川和河南分别少 53.1 万头、190 万头,比 2017 年增加 233.9 万头;2021年湖南生猪存栏量占全国的比重为 9.35%,分别比 2020 年、2017 年高出0.16%、0.36%,为近五年最高值。

3. 猪肉产量稳步恢复

2021 年猪肉产量达 443.1 万吨,比 2020 年增加 105.4 万吨,增长31.2%,占全国猪肉产量的比重达 8.37%,比 2020 年高出 0.16%,排在全国第 2 位,仅次于四川。2021 年猪肉产量接近 2018 年的水平,比 2017年少 6.5 万吨,但在全国的比重超过 2017 年 0.12 个百分点,同样达到近五年的峰值,见表 3-1。

表 3-1　　2017—2021 年湖南生猪生产情况及在全国的占比

年份(年)	出栏量(万头)	在全国占比(%)	存栏量(万头)	在全国占比(%)	猪肉产量(万吨)	在全国占比(%)
2017	6116.30	8.71%	3968.10	8.99%	449.60	8.25%
2018	5993.70	8.64%	3822.00	8.93%	446.80	8.27%
2019	4812.90	8.84%	2698.30	8.69%	348.50	8.19%
2020	4658.90	8.84%	3734.60	9.19%	337.70	8.21%
2021	6121.80	9.12%	4202.00	9.35%	443.10	8.37%

资料来源:根据国家统计局湖南调查总队:《湖南调查年鉴 2021》(中国统计出版社,2021年 6 月)和湖南省统计局、国家统计局湖南调查总队:《2021 年湖南省统计公报》(http://www.hunan.gov.cn/hnszf/zfsj/tjgb/202203/t20220329_22724930.html)整理。

4. 能繁母猪存栏量逐步恢复

2019 年,因非洲猪瘟在国内大面积暴发,湖南能繁母猪的存栏数量急速下降,降至 1993 年以来的低量,仅有 248.0 万头,能繁母猪占全省生猪存栏比重由 2017 年的最高点 9.98% 下降到 9.2%,在全国的占比由2018 年的最高点 11.78% 下降到 9.24%。近年来,在湖南省委政府大力实施保供措施下,2020—2021 年能繁母猪存栏量逐步恢复,2021 年迅速增加到 368.1 万头,比 2020 年增长 4.7%,尽管能繁母猪存栏量占生猪存栏量的比重仍较低,在全国的占比也恢复较慢,但后续产能持续稳定潜力较大,见表3-2。整体来看,2021年湖南生猪产能基本恢复到2017年的水平,生猪市场供应充足,猪肉供给得到保障。

表3-2　　2017—2021年湖南能繁母猪存栏量及存栏占比

年份（年）	能繁母猪存栏量（万头）	生猪存栏占比（%）	占全国能繁母猪存栏的比重（%）
2017	396.0	9.98	11.13
2018	378.7	9.91	11.78
2019	248.0	9.2	9.24
2020	351.6	9.42	8.45
2021	368.1	8.76	8.5

资料来源：根据国家统计局湖南调查总队：《湖南调查年鉴2021》（中国统计出版社，2021年）和湖南省统计局、国家统计局湖南调查总队：《2021年湖南省统计公报》（http://www.hunan.gov.cn/hnszf/zfsj/tjgb/202203/t20220329_22724930.html）整理。

（二）现代化养殖水平不断提升,质量效益显现

1. 规模化、标准化和设施化养殖加快推进

为有效避免盲目生产,应对市场波动,延缓"猪周期",湖南大力提升现代化养殖水平,积极推进规模化、标准化、设施化养殖发展,在2021年全省规模养殖比重达66%,比全国平均水平高4个百分点；截至2021年8月底,湖南新建、改建规模养殖场达3440个,已建成投产2611个,其中新建、改扩建万头以上大型猪场965个,已建成投产543个。[①] 湖南天心种业股份有限公司原种猪场、湖南龙华农牧发展有限公司（东冲基地）等130家生猪养殖场被列入"2021年农业农村部畜禽养殖标准化示范场名单",居全国首位。[②] 目前新建、改建规模养殖场全部实行自动饲喂、智能温控、自动清粪等智能化设施化养殖。

---

① 数据根据章勇：《"湘猪出湘"跑出加速度——访湖南省畜牧水产事务中心党委书记、主任徐旭阳》（https://hnny.rednet.cn/content/2021/09/13/10137227.html）和周鸿鸣、张尚武：《养殖规模化程度大幅提高 湖南畜牧业现代化大步迈进》（《湖南日报》,2022年10月21日）整理。

② 章勇：根据农业农村部办公厅,2011—2021年历年《年农业农村部畜禽养殖标准化示范场名单》,http://www.moa.gov.cn/整理。

2. 经营主体不断壮大

加大了对养殖大市、养殖大县、大型龙头企业发展的支持力度，逐步形成了龙头企业引领、农民合作社搭桥、家庭农场、小散养殖户跟进的协同发展格局。目前湖南有1.8万户生猪规模养殖户，61个生猪调出大县，年出栏100万头以上的大型企业10个，新五丰、天心、温氏、唐人神、正邦等企业产能正朝200万头迈进。[①] 2020—2021年有36个省内外龙头企业在湖南落户落地，成为新引进或扩产能的重点企业。

3. 质量安全水平持续提升

湖南建立健全了覆盖"省—市—县—乡镇"的四级动物疫病和质量安全管理体系，完善了检疫和检测机制，猪肉质量安全水平持续提高。养殖和屠宰环节"瘦肉精"监测合格率多年保持100%，2021年国家畜禽例行监测合格率达98.8%。

（三）产业布局与结构不断优化，集群化发展有新进展

1. 各大生猪养殖龙头企业加快在湖南布局

2020年湖南省政府出台"十二条"生猪生产扶持政策，多个县（市、区）将生猪产业招商作为"一把手工程"推进，从养殖用地、项目资金、交通运输、金融保险、落实绿色通道等方面为生猪产业提供政策支持，多措并举吸引了新五丰、现代农业、佳和农牧、温氏集团、正邦集团、正大集团、双胞胎集团等一批省内外大型龙头企业在湖南加大力度进行布局。其中正邦集团旗下的子公司湖南中农正邦生态农业有限公司，仅在2020年一年时间就在湖南新建了30家养猪子公司，重兵布局湖南。各大企业的加快落地推进了湖南更多生猪养殖大县的形成和发展，推动湖南由养殖大省向养殖强省转变。

2. 四大优质湘猪优势产区初步形成

为推进生猪产业的转型发展，湖南省政府继续调整优化生猪的全省布局。根据各区域的资源禀赋、生态环境、产业基础、人才资源、市场供求等方面的条件综合考虑，推动初步形成了四大优势产区。一是湘南

---

① 章勇：《"湘猪出湘"跑出加速度——访湖南省畜牧水产事务中心党委书记、主任徐旭阳》，https://hnny.rednet.cn/content/2021/09/13/10137227.html。

优质猪肉供应区。以外向型优质猪肉供给为主,衡阳、永州、郴州三市为重点产地,该区域是优质湘猪出湘出境的主阵地、粤港澳大湾区生猪供应主要基地,2021年该区出栏生猪2056.97万头,占全省总量的33.6%,存栏1446.72万头,占全省存栏总量的34%,生猪产能在四大区域中排第一。二是长株潭肉食精深加工区。以优质猪养殖和猪肉精深加工为主,长沙市、株洲市、湘潭市为重点区域,该区域拥有红星、唐人神等8家生猪加工龙头企业,年屠宰能力超100万头;拥有3个大型肉类冷链批发市场,其分割肉等精深加工产品占全省肉类加工量的64.1%。三是洞庭湖区农牧循环种养结合示范区。以生猪循环养殖为主,岳阳市、益阳市、常德市为重点区域,该区域生猪出栏量为1367.88万头,占全省总量的22.34%,种养结合型生态养殖优势明显,粪污还田比例为90%以上。四是湘中湘西区现代生态养殖示范区。该区域以生态养殖为主,邵阳市、娄底市、怀化市、湘西自治州、张家界市是重点区域,作为承接生猪产能转移的重点区,2021年该区域生猪出栏量为1712.39万头,占全省总量的27.97%,存栏1208.29万头,占全省存栏总量的28.4%,生猪产能仅次于湘南地区,见表3-3。

表3-3　　湖南省四大优质湘猪优势产区产量及在湖南的占比

区域	出栏量（万头）	占比（%）	存栏量（万头）	占比（%）	猪肉产量（万吨）	占比（%）
湖南省	6121.8	/	4255.1	/	460.5	/
湘南优质猪肉供应区	2056.97	33.60	1446.72	34.00	43.16	9.37
长株潭肉食精深加工区	984.65	16.08	667	15.68	295.16	64.10
洞庭湖区农牧循环种养结合示范区	1367.88	22.34	933.09	21.93	33.63	7.30
湘中湘西现代生态养殖示范区	1712.39	27.97	1208.29	28.40	88.55	19.23

资料来源:根据湖南省以及各市(州)《2021年国民经济和社会发展统计公报》和章勇:《"湘猪出湘"跑出加速度——访湖南省畜牧水产事务中心党委书记、主任徐旭阳》(https://hnny.rednet.cn/content/2021/09/13/10137227.html)整理。

3. 四大特色生猪产业集群逐步形成

随着生猪产能的恢复,湖南畜牧部门继续调整优化生猪品种结构,引导养猪户逐步淘汰非洲猪瘟期间饲养的具有产仔数相对低、不经济等弊端的三元母猪,加快引进能繁纯种母猪、优质二元母猪,确保后期产能的可持续性和生猪质量的提升。同时加大对地方猪品种资源的保护,推进地方猪种产业化开发利用,重点支持地方猪种原产地发展"一县一特""一片一特",着力推进地方猪种产业区域化、集群式发展,初步形成了宁乡花猪、沙子岭猪、大围子猪、湘村黑猪等四个特色生猪产业集群。湘猪产业集群入选全国2020年优势特色产业集群。

(四)全产业链不断完善,抗御市场风险能力不断提高

1. 优质湘猪繁育体系建设取得突破

近年来,湖南省委、省政府高度重视优质湘猪繁育体系的建设,在自主知识产权"湘"系种猪培育、湖南种猪核心种源基本自给等方面取得显著成效,2021年生猪种业年产值达250亿元。一是生猪繁育体系较为健全。目前湖南建有国家级生猪核心育种场5个,生猪原种场21个、一级扩繁场87个、种公猪站51个,种猪场数量占全国的比重达7%,排在全国第1位;取得种畜禽生产经营许可证的种猪场约150家,种猪企业数量排在全国第1位。[①] 二是育种创新能力不断提升。湖南自主培育出的湘村黑猪、湘沙猪配套两个品种被评为国家审定生猪新品种。宁乡猪、湘西黑猪、沙子岭猪以及大围子猪四个特色生猪品种已列入国家畜禽遗传资源保护名录。三是畜禽种业工程加快推进。2021年湖南成立瘦肉型猪育种联合体,联合省内国家级、省级核心育种场开展联合育种,通过建立数据平台、联合育种运行机制、多渠道投入机制、利益共享机制"四同一"运行机制,实施瘦肉型联合育种,逐步解决生猪种业"卡脖子"问题。四是一批种业龙头企业脱颖而出。湖南农发集团、

---

① 数据根据吴买生等:《湖南生猪种业创新发展的现状与建议》(《湖南畜牧兽医》2022年第2期)和《全国种猪场数量排名前五省份揭晓》(https://view.inews.qq.com/k/20220220A05MMM00?web_channel=wap&openApp=false)有关数据整理。

天心种业、新五丰、唐人神、佳和农牧、湘村高科等生猪龙头企业脱颖而出，在生猪种业上不断创新突破，2022年8月农业农村部公布的国家种业企业阵型中，湖南农发集团、佳和农牧股份有限公司、湘村高科农业股份有限公司入选"国家畜禽种业阵型"中"补短板阵型企业名单"。

2. 养宰加销全产业链建设加快推进

目前省内外生猪大型龙头企业纷纷布局湖南省养宰加销项目，养宰加销一体化快速发展。一是养殖基地实力增强。通过"公司+农户"的模式，许多中小规模户成为大型龙头企业的"养殖车间"，打造了一大批生猪产能调控基地。截至2022年3月，湖南省建有国家级生猪产能调控基地（第一批）581家，居全国第2位，仅次于河南省；省级生猪产能调控基地（第一批）593家，居全国第3位①，仅次于四川省和河南省。二是生猪屠宰企业发展壮大。截至2020年，湖南新开建了年出栏20万头以上大的生猪全产业链项目达48个，创建了5个国家级生猪屠宰标准化示范场、20个省级生猪屠宰标准化示范场。② 目前湖南省有300家生猪养殖加工龙头企业，其中7家生猪行业上市公司，年销售总收入超过1000亿元，8家国家级农业产业化龙头企业，92家省级农业产业化龙头企业，13家年屠宰能力在100万头以上的屠宰企业。③ 唐人神、佳和农牧、新五丰、现代农业集团天心种业、鑫广安农牧、正虹科技集团6家企业进入2021中国养猪百强企业排行榜，分别排在15位、16位、25位、37位、61位和100位。④ 三是冷链物流体系加快建设。2021年湖南省委省政府出台了《关于促进畜牧业高质量发展的实施意见》，明确提出大力发展畜禽产品冷链物流，推动冷鲜肉类上市、畜禽产品冷链配送。落户湖南省的生猪龙头企业也积极布局冷链物流

---

① 数据根据《关于公布第一批国家级省级生猪产能调控基地名单的通知》（http：//agri. hunan. gov. cn/agri/xxgk/tzgg/202204/t20220412_22734217. html）、《河南省2022年度国家级和省级生猪产能调控基地名单的通知》（https：//www. dxumu. com/49813. html）和《四川省2022年度国家级和省级生猪产能调控基地名单的通知》（https：//www. dxumu. com/50177. html）整理。

② 张尚武、李书庚：《湖南加快建设畜牧业强省》，《湖南日报》2021年3月27日。

③ 章勇：《"湘猪出湘"跑出加速度——访湖南省畜牧水产事务中心党委书记、主任徐旭阳》，https：//hnny. rednet. cn/content/2021/09/13/10317227. html。

④ 《2021中国养猪百强企业排行榜》，https：//www. dxumu. com/46163. html。

项目建设，推动了猪肉品冷链基础设施不断完善，冷链物流基地基本形成，农产品冷链流通的规模不断增长，加速湖南省由"运猪"向"运肉"转变的进程。通过持续加快生猪全产业链发展，湖南省生猪全产业链不断壮大，成为湖南省十大特色优势产业中增幅最大、后劲最强的产业。

（五）畜禽粪污资源化利用整省推进，绿色循环养殖水平持续提升

1. 畜禽粪污资源化利用显成效

畜禽粪污资源化利用整县推进项目在全省深入推进。湖南有58个县被列为国家畜禽粪污资源化利用整县重点县，约占国家重点支持586个畜牧大县的10%，居全国各省之首。目前湖南省畜禽粪污综合利用率达83%，高出全国7个百分点，规模场粪污处理设施装备配套率99.6%，高出全国4.6个百分点。累计建设规模场完善粪污处理设施1.4万个，第三方畜禽粪污处理机构627家，其中有机肥厂有68家[①]，资源化利用水平居全国前列。

2. 绿色循环养殖水平上台阶

积极开展绿色发展种养结合试点示范，推进农牧结合、农林结合。桃源县、浏阳市、攸县、衡东县、南县、靖州县等22个县市被列为湖南省绿色种养循环农业试点县市。试点县完成种养循环粪肥还田利用试点的面积均为10万亩以上，畜禽粪污综合利用率为90%以上，在试点县逐步形成了绿色种养循环农业的技术模式、组织方式和补贴方式，为接下来整省大面积推广应用提供了经验。各市县积极探索，形成了各具特色的经验模式。例如湘潭市的"猪—沼—菜"等种养结合等模式、岳阳市的"生物天然气＋沼肥"集中处理模式、浏阳市的全环节服务模式、邵东县的"微生物＋发酵处理模式"等，成效显著。

---

① 杨梓昕：《湖南优质湘猪产业集群优质湘猪品牌广告语由你来定》，《潇湘晨报》2022年7月12日。

（六）不断创新生猪保险品种，化解"猪周期"难题取得突破

2021年长沙市举办了首届生猪产业风险管理高峰论坛，探讨推行多样性、个性化的服务，加快覆盖生猪全产业链，满足养殖、加工、经营等多群体的多层次需求。全省在安化县、邵阳市、汨罗市等9个县（市、区）实施了11个生猪价格保险项目，共承保28.7万头生猪。在51个生猪大县开展"保险+期货"项目试点，500—5000头的养殖场成为参保主体。① 2021年湖南省"保险+期货"11个生猪项目中7个获得了湖南省788.24万元财政补贴，② 以安化县为代表的试点项目帮助当地生猪养殖户有效管理生猪价格下跌风险，2021年底安化县生猪期货价格保险项目顺利完成理赔工作，不仅为安化县37位养殖大户的24420头生猪提供价格保障，保险金额达3902万元，此次项目共计赔付逾31万元③，成功地帮助养殖户规避生猪价格下跌风险，稳定养殖户收益，促进当地生猪产业发展，也为湖南省深入推进生猪"保险+期货"模式起到积极示范作用。

二 湖南生猪产业发展存在的主要问题

尽管湖南近年来生猪产业转型步伐加快，发展取得了显著成效，但产业发展还存在不少短板，长期困扰产业发展的一些突出问题没有完全解决，推进湖南生猪产业高质量发展任重道远。

1. 优质品种"繁育推"水平与生猪大省地位不相称，种源对外依赖性大

地方猪种研究和保护不够。地方猪种是养猪生产中的宝贵基因库，湖南宁乡花猪、沙子岭猪、大围子猪、湘村黑猪、黔邵花猪五大地方纯猪种受到外来猪种血缘的冲击，猪种资源活体保种越来越难，加之非洲

---

① 湖南银监保局：《金融支持乡村振兴战略调研座谈会相关材料》，纸质版。
② 王宁：《湖南生猪"保险期货"累计支持资金788万元》，http://www.zqrb.cn/huiyi-huodong/2021-12-23/A1640252260071.html。
③ 安粮期货：《湖南省益阳市安化县生猪期货价格保险项目顺利理赔》，http://news.alqh.com/news/news-detail-8072.html。

猪瘟疫情的冲击使得情况进一步恶化，数量急剧减少，目前占比不到2%，如不加以妥善保护和利用，遗传资源丢失的风险隐患大。各界对地方猪种质研究系统、深入程度不足，例如种猪系谱记录不全、群体遗传结构不清晰、优良性状的遗传机制研究不清楚等，无法满足品种选育对优异新种质和新基因需求，资源优势还没有完全转化为产业优势。

地方猪种推广缓慢。部分种猪场急功近利，在种猪培育中"重引种、轻选育，重眼前、轻长远"，不注重对本土猪的繁育推广，大部分从国外引种扩繁，育繁推广高生长速率、高瘦肉率的外国品种，种猪对外的依赖度高。以生猪养殖大县宁乡市为例，2021年宁乡生猪出栏量为128万头，但是本土优质品种"宁乡花猪"的养殖户占比只有21.8%，白猪的养殖户占87.7%。[1] 宁乡花猪作为"湘猪"四大本土名猪之一，因其独特的种质资源特性被誉为"猪中大熊猫"，虽然在市场上供不应求，价格高出普通猪将近一倍，但是由于宁乡花猪耗料多、长得慢、产肉少，因此大部分养殖户宁愿选择高生长速率、高瘦肉率的白猪，本土种猪在商品猪生产中缺乏竞争力。

种质创新能力不强。虽然湖南省在品种创新上已有突破，但目前全省通过国家审定的生猪新品种（配套系）只有湘村黑猪、湘沙猪配套2个[2]，在全基因组选择、表型组智能测定等关键技术应用方面总体滞后，与生猪产业大省的地位不相称。

商业化育种机制不完善。要解决生猪的种源问题必须加快推进商业化育种，建立支持鼓励商业化的育种体制机制，需要财政的大力支持。但在湖南生猪种业学科建设、生猪种业研究平台打造、生猪种业创新人才培养等方面，省级财政缺乏连续、稳定、针对性强的支持政策，难以形成稳定的育种技术创新体系。同时行业协会、产业联盟的作用也没有充分发挥，大部分育种企业缺乏合作，更多的是单打独斗，缺乏抱团作战。

---

[1] 湖南省统计局：《宁乡生猪产业发展问题调查报告》，http://tjj.hunan.gov.cn/hntj/tjfx/sxfx/zss/202112/t20211231_21328309.html。

[2] 国家畜禽遗传资源委员会：《畜禽新品种配套系审定和畜禽遗传资源鉴定结果公示》，http://www.zys.moa.gov.cn/gsgg/202110/t20211027_6380658.htm。

2. 养殖规模化程度偏低、成本高，饲料产业竞争力不强

规模化养殖集中度还不高。规模化养殖主体有更强的抗风险能力。虽然湖南生猪养殖散户不断退出，规模化程度不断提高，但是与河南、江苏、江西等规模化程度高的省份相比还有差距。2021年湖南生猪养殖规模化率为65%，比河南、江西省低8.3个百分点。规模养猪场的保有量低于湖北、山东、四川、河南等省，农业农村部公布的2021年规模猪场保有量名单中湖南有10000家，而湖北有12800家，比湖南多了2800家。[①] 规模养殖中，中小规模养殖发展较快，而大型、超大型的养殖发展较慢，在"2021中国养猪巨头20强榜单上"，佳和股份以178万头排名第15位，唐人神以154万头排名第17位，[②] 湖南生猪养殖产业缺少像牧原、正邦、温氏、双胞胎年出栏生猪上千万头的、在全国具有强大竞争力的"航空母舰"。

生猪养殖成本居高不下。湖南生猪养殖成本高居全国前列，2020年全省平均生猪养殖成本为2938.08元/头，比全国水平高238.65元/头，排在全国第6位、中部地区第3位，仅仅低于海南、江西、宁夏、广东和安徽等省份，比同为生猪养殖大省的四川和河南分别高175.34元/头、360.78元/头。快速攀升的养殖成本如果遭遇市场行情下跌，养殖散户和企业面临的资金压力大，极易导致生猪资金链断裂，产能过剩，出现行业整体亏损，影响市场竞争力，不利于生猪产业的健康稳定发展，见表3-4。

表3-4   2011—2020年湖南生猪养殖成本

年份	平均成本（元/头）	全国排名	中部六省排名	超出全国（元/头）
2011	1576.49	5	2	106.53
2012	1725.85	4	2	138.46
2013	1793.98	2	1	138.46
2014	1729.04	3	2	136.96

---

① 《生猪产能实施调控方案（暂行）》，http：//www.moa.gov.cn/ztzl/szcpxx/zyzc/202109/t20210930_6378697.htm。

② 《2021年中国养猪巨头20强出炉》，http：//www.cvonet.com/brand/detail/531398.html。

续表

年份	平均成本（元/头）	全国排名	中部六省排名	超出全国（元/头）
2015	1781.44	2	1	176.35
2016	1885.58	9	2	75.34
2017	1892.93	4	2	165.57
2018	1720.11	4	1	135.21
2019	1918.67	9	2	121.28
2020	2938.08	6	3	238.65

资料来源：根据全国重点农产品信息平台（http：//ncpscxx.moa.gov.cn/product-web/#/sing?headingIndex=true&item=1）中相关统计数据整理。

饲料产业竞争力不强。2021年湖南饲料产量为1000多万吨，排在全国第10位，与山东4476.3万吨、广东3573.3万吨的产量相差甚远。2021年饲料工业总产值为477.54亿元，排在全国第10位、中部六省第3位，不到山东的1/4。2021年湖南饲料工业营业收入为469.95亿元，排在全国第9位，中部六省第2位。生猪饲料的自给率较低，本土饲料缺口大，对外省依赖度较高。饲料是生猪生产成本构成猪价格的核心要素，是定价的重要基础。在生猪生产过程中，饲料成本占养猪成本的70%以上。从2020年生猪养殖十大省份费用构成可以看出，湖南的精饲料费是十大省份最高的，与饲料产量、产值、营收的排位基本一致。2020年湖南生猪养殖成本中物质与服务费用占93.42%，排在全国第6位，人工成本占6.47%，排在全国第5位，土地成本占0.11%，排在全国第7位。[①] 湖南生猪养殖成本较高主要是由于物质与服务费用高导致，而精饲料费高是导致物资与服务费用高的主要因素。湖南的精饲料费占整个物质服务费用的44.74%，排在全国第1位，分别比四川、河南高出7.82个百分点、5.27百分点。湖南饲料产业竞争力不强已成为生猪产业全链上的弱项，见表3-5。

---

① 资料来源：根据《全国重点农产品信息平台》，http：//ncpscxx.moa.gov.cn/product-web/#/sing?headingIndex=true&item=1整理。

表3-5　　　　　全国及十大生猪大省成本占比明细比较　　　　（单位:%）

	物质与服务费用	人工成本	土地成本	物质与服务费用			
				仔猪进价	精饲料费	其他费用	间接费用
全国	92.9	6.97	0.13	55.61	40.22	2.91	1.26
湖南	93.42	6.47	0.11	50.92	44.74	2.74	1.6
四川	92.05	7.83	0.12	59.52	36.92	2.06	1.5
河南	91.56	8.21	0.23	55.7	39.47	3.42	1.41
云南	94.23	5.65	0.12	56.92	40.40	1.94	0.67
山东	94.31	5.56	0.13	60.93	35.98	1.93	1.16
河北	92.72	7.16	0.12	57.83	39.92	2.15	0.70
湖北	94.92	4.95	0.13	57.01	38.99	3.23	0.77
广东	95.58	4.28	0.14	57.75	36.10	4.41	1.74
广西	93.05	6.89	0.06	59.61	36.95	2.85	0.59
江西	96.62	3.28	0.10	58.4	37.66	2.86	1.34

资料来源：根据全国重点农产品信息平台（http://ncpscxx.moa.gov.cn/product-web/#/sing?headingIndex=true&item=1）中相关统计数据整理。

3. 生猪产业科技支撑力不足，产业链式发展不充分

生猪养殖技术支撑力不足。机械化程度低。湖南大多数非规模养殖场养殖技术落后，养殖户仍然采取传统的人工饲养方式，自动上水上料、自动清理粪便和定时开关灯等现代化养殖设施基本没有配备。信息化建设不足。大部分中小规模生猪养殖企业的信息化建设严重滞后，关键环节台账记录信息系统实现信息化程度低、视频监控系统使用率低，导致生产效益较低。同时多数中小规模养殖场专业技术人员、管理人员缺乏，技术措施和管理观念相对落后，面对规模化养猪的管理、猪病新疫情的应对以及市场的多变，往往力不从心。

屠宰加工设备和冷链设施的科技支撑力不足。随着生猪产业的发展，湖南深加工设备和冷链设施的科技支撑能力不足的问题日益突出，产业链式发展不足，正成为影响湖南生猪产业高质量发展的关键因素。尤其是非洲猪瘟后，生猪产能快速下滑，出于"保产能"的需要，相关部门在生猪育种、规模养殖场建设、整省推进畜禽养殖废弃物资源化等方面均有较大的投入,而对于肉类深加工方面相对投入不足。一是生猪加工和冷链低端设备装备较多。部分地区生猪屠宰场的布局不科学、集中度低、落后产能比重大、屠宰与养殖产能不相匹配。部分地区屠宰场数量多但是规模小,投入不足,生猪屠宰的设备工艺设备落后,机械化、自动化水平相对较低,科技含量不高,对新工艺、新技术和新设备使用不足。二是冷链设施发展仍然不够。不论是销地冷链集配中、低温分割加工车间还是冷库、冷柜、冷藏车等冷链上的系列设施设备都不足,无法满足肉品加工储藏和冷链运输的需求。湘西湘中等地区冷链物流发展尤为滞后,设施设备的更新换代缓慢,部分猪肉在没有冷链保证的情况下运销,猪肉制品存在较大的安全隐患,影响了肉制品产业的发展。

4. 种养结合未全面推行,粪污处理与利用压力大

种养结合不紧密问题突出,综合利用率低。随着国家加大畜禽粪污治理力度,通过重点支持畜牧大县整县推进畜禽粪污资源化利用,畜禽养殖带来的污染问题得到有效治理,但是养殖废弃物日趋集中,粪污处理与利用压力日益加大。湖南是畜禽养殖大省,生猪主产区土地十分有限,大部分从事种植业的农户不搞养殖业,从事养殖业的不搞种植业,种养结合不紧密,导致养殖废弃物资源化综合利用率不高。目前养殖散户仍占较高比重,多数散户环保意识较弱,在粪污处理设施上投入不足,改造任务繁重。从课题组的调研来看,有90%以上的散户对养殖废弃物没有进行有效处理和利用。湖南年畜禽粪污产生量为9000万吨以上,畜禽粪污总量多,部分规模化大型猪场的没有配套足够消纳畜禽粪污的土地、山林,粪污消纳土地严重不足,导致粪污还田利用难,综合利用率低,也有部分规模养殖场在引进建设粪污设施设备中由于资金限制、科学设计等原因,对扩大养殖规模后的粪污处理考虑不足,无法满足产能扩大后的养殖需求,难以完全实现养殖废弃物资源化利用。

技术水平不高,资源化利用难以达到预期效果。目前畜禽养殖废弃物资源化利用主要是有机肥利用和沼气发电。从调研来看,在种植业利用养殖有机肥中,由于施肥量大、肥效慢,人工成本高,农户使用有机肥积极性不高,导致已建的有机肥生产企业效益普遍不高,产能发挥不充分。沼气发电上网难、成本高,因此多余的沼气直接排空又增加了猪场碳排放,不符合国家"××碳"目标的要求。目前畜禽养殖废弃物资

源化利用急需研究低排放粪便、低成本处理、被群众广泛接受的操作技术，亟须提升畜牧业绿色高质量发展对粪污工业化处理水平。

5. 本土企业多而不大，生猪品牌多而不强

本土企业实力不突出。湖南作为全国生猪出栏量、存栏量、猪肉产量排名前三位的大省，生猪企业数量多，本土养猪实力却并不突出。与河南、广东、四川等省比，本土龙头企业竞争力没有优势。一是生猪产业本土企业规模小。从生猪产业来看，佳和农牧、唐人神、新五丰、天心种业、鑫广安、正虹科技、湘村高科是湖南本土的大型龙头企业，2021 年 7 家企业生猪出栏总量占湖南生猪出栏量的 8% 左右。① 与河南、江西、四川等省的企业相比实力差距较大。河南的牧原股份和天邦两家企业出栏量占河南生猪出栏量的 77.77%；江西的正邦和双胞胎出栏量占江西生猪出栏量的 91.33%；四川的新希望、德康、铁骑力士占四川省生猪出栏量的 26.57%。② 从饲料生产企业来看，数量多，上规模的企业少，能在全国具有竞争力的饲料生产企业更少。2021 年湖南排在前 30 位的企业仅有唐人神一家，饲料的产销量为 510 万吨，③ 远远不及新希望、海大、温氏、牧原、双胞胎及正大集团（中国区）产销量超过千万吨的企业。

生猪品牌市场竞争力不强。湖南生猪地理标志产品有 6 个，居全国第 3 位，仅次于四川 7 个、贵州 8 个，④ 但是由于养殖量不大、产量较低，本地市场上基本供不应求，更不用说省外市场了，市场占有率低，也导致品牌的知名度不高。从冷鲜肉品牌来看，唐人神产品年销量和知名度也比不上河南双汇、山东金锣、江苏雨润、上海爱森等企业。

---

① 根据各企业年报和各企业网站相关数据整理。

② 根据《2021 年中国养猪巨头 20 强出炉》（http：//www.cvonet.com/brand/detail/531398.html）和湖南、河南、江西、四川四省《2021 年国民经济与社会发展统计公报》相关数据整理。

③ 根据《2021 年中国饲企 TOP30 名单》（http：//www.ygsite.cn/show.asp＝82255），农业农村部畜牧兽医局、中国饲料工业协会：《2021 年全国饲料工业总产值破万亿，同比增长 29.3%》（《农民日报》2022 年 3 月 23 日）和《2021 年中国饲料行业发展现状及龙头企业对比分析》（http：//news.sohu.com/a/528392041_120950203）相关数据整理。

④ 根据中国农业农村部历年公布的《中华人民共和国农产品地理标志登记公示》（http：//www.moa.gov.cn）整理。

三 促进湖南生猪产业高质量发展的对策建议

推进湖南省生猪产业高质量发展必须以绿色发展为导向，强化科技创新，完善政策支持，进一步实施"优质湘猪"提升工程，加快构建现代生猪产业养殖、防疫、加工、销售体系，增强生猪产业的质量效益和竞争力，打造"品种好、品质优、品牌响"的优质"湘猪"品牌。

（一）建立生猪生产逆周期调控机制

1. 压实生猪稳产保供属地责任

进一步严格落实"菜篮子"省长负责制下的行政首长负责制和属地责任，细化量化市（州）能繁母猪存栏量和规模养猪场（户）保有量等核心指标，将目标任务下达到各县和相关重点生猪企业。进一步制订地方稳定生猪产能实施方案，推进生猪产能调控措施落实落地。加强生猪产能调控工作的监督评估考核，出台考核办法，以市（州）为单位定期组织对生猪产能调控工作进行评估，强化考核结果应用导向作用，建立科学的奖惩机制。

2. 继续推进"两大两场"建设

进一步支持生猪养殖大市、大县、种猪场、规模场"两大两场"建设。加大养猪大市、大县新（改、扩）建生猪养殖场，继续加大对生猪规模化养殖的扶持力度。鼓励各地结合本地实际建立国家级、省级、市级等相应层级的生猪产能调控基地，稳定规模猪场存量。充分发挥部门协调机制作用，保持财政、金融、保险、用地、环保等政策的连续性稳定性，防止抽贷、断贷，出现资金链断裂，避免规模养殖场（户）生产的大起大落，为生猪稳产保供提供有力保障。

3. 建立"红黄绿"三色分区预警监测机制

完善信息层级定期发布制度。根据国家、省厅发布的信息，市（州）、县及时向各地发布生猪生产、屠宰、能繁母猪存栏量、规模猪场（户）保有量、市场各环节监测信息等月度数据变化情况，为各地生猪生产提供实时信息。把住能繁母猪"总开关"。按照生猪产能调控要求，依据能繁母猪存栏量月度周比变化率正负5%—10%的调控基准，将能繁母猪存栏量变动划分为红色、黄色和绿色3个区间，明确相应的调控措施，优化养殖结构，保持能繁母猪合理存栏水平。建立突发事件应急机制。建立农业农村厅与商贸、发改、公安、宣传、财政等部门的定期会商、应急响应机制，一旦出现生猪产品价格快速上涨、市场供应短缺、质量安全以及其他突发性事件，及时回应社会关切、加强宣传报道并采取应急措施，合理引导市场预期，确保市场平稳。

（二）加强生猪良种"繁育推"

1. 加强地方猪遗传资源保护

全面开展湖南省地方猪遗传资源状况摸底调查，摸清地方猪资源家底，有针对性加以保护利用。建立生猪种质资源保护体系，对地方品种开展分级抢救保护行动，防止资源灭失。合理规划布局国家级、省级保种场，开展备份保种场建设。实行地方品种登记制度，对地方种源实行统一身份信息管理。加强湖南省地方猪遗传资源基因特征库建设，加快收集制作地方猪遗传物质。

2. 加快生猪种业创新发展

加快完善"湘猪"种源产学研推种业创新合作机制。借助岳麓山种业创新中心平台，联合湖南农业大学、湖南省畜牧兽医研究所和国内外育种科研单位，积极开展良种猪联合攻关；加大科研机构与地方政府、育种企业、推广单位的合作，推动联合育种，建立区域性地市级种业创新分中心和科研基地。持续推进优质地方猪资源保护与种质创新工程。积极开展瘦肉型猪核心种源自主选育，充分利用湖南优质地方猪种质资源，培育符合市场消费需求、繁殖能力强、适应现代化养殖、具有自主知识产权的新品种、配套系和新品系，提高生猪核心种源生产性能和自主供种能力，逐步实现核心种源替代进口。并将其培育成可进行医学研究的实验动物，打造具有核心竞争力的国家级生猪种业创新高地。

3. 不断推进本地猪种产业化发展

加强地方猪的开发利用，充分挖掘利用地方资源优势，推广区域特色明显、市场潜力大、附加值高的等地方优质特色品种，尽快把湖南资源优势转化为经济优势。制订本地猪的产品标准生产体系、产品质量标准体系，做大区域品种品牌。建立宁乡花猪、沙子岭猪、大围子猪、湘村黑猪、黔邵花猪本土猪属地规模养殖基地，打造本土猪小产区，推进产业发展。探索建立土猪下乡下户养殖模式，政府出台扶持政策，建立本地猪养殖补贴政策，加大对本地生猪养殖的各类补贴力度，鼓励本土猪下乡下户养殖，建立统一养殖的质量标准，确保猪肉质量。

（三）推进生猪养殖现代化

1. 有序推进生猪养殖规模化标准化发展

大力推进标准化规模养殖。支持养殖基础和技术条件较好的中小养殖场（户）扩大养殖规模，建设成为适度规模、较高水平的规模养殖场。加快推进标准化生产。制定和完善生猪养殖、加工、销售各关键环节的标准，推动全产业链标准化不断扩大；积极开展生猪养殖标准化示范创建活动，新建一批示范场，带动生猪标准化规模养殖发展，持续提升生猪规模养殖比重。积极发展集约化、立体式养殖，对有条件的养殖场开展标准化改造。

2. 持续推进生猪产业绿色化循环发展

大力推广种养结合、农牧循环绿色发展模式。因地制宜选择适合本地特征的"猪—沼—菜""猪—鱼—粮""猪—沼—草""鸡鸭—猪—沼—鱼""禽—沼—猪—粮"等不同形式的生态养殖模式，做到资源有效利用最大化。大力发展生猪绿色生态养殖技术。加快推广生物发酵垫料生猪养殖技术模式、循环养殖技术模式，推广应用有机肥还田、水肥一体化等实用技术，积极推进商品有机肥加工与使用，打通粪肥还田"最后一公里"，提高生猪养殖的经济效益。统筹处理好养殖生产和生态保护的关系，巩固提升粪污资源化利用整县推进项目实施成果，持续推进粪污资源化利用，实现养殖污染"零排放"。健全生猪病死无害化处理体系，建立以专业无害化集中处理为主、大型规模养殖场自行处理为辅、专业化的无害化集中处理场，完善病死动物收集、转运、处理全过程监督管理，加大对倒卖偷埋、乱丢乱弃病死畜禽等违法行为的处罚力度。

3. 加快规模养殖数字化、智能化转型发展

推进全流程信息化和数字化管理。支持生猪生产经营主体利用全渠道营销模式、数字化供应链、养殖信息追溯等手段，将办公、养殖、生

产、采购、供应等进行数据实时采集，打通生猪选育、养殖、屠宰、加工、销售、配送产业全流程，为科学决策提供数据支撑，全面提升生产管理效率。实现生猪市场供求信息的完全对接，提高应对外部环境不确定性的能力。推进精细化智能养殖。引导生猪生产经营主体建设智能监控系统，打破地域限制，实现线上远程化、可视化管理，对养殖环境、养殖流程、分级管理、疾病预防等进行 24 小时监测，确保生猪质量。

（四）做强生猪加工冷链产业

1. 加快现代屠宰能力建设

优化全省标准化屠宰场（点）布局。以市（州）为单位，加快屠宰点的科学布局，进一步推动生猪屠宰加工向养殖集中区域转移，构建以大型屠宰企业为核心、以县城标准化屠宰场为骨干、乡镇屠宰点为补充、屠宰能力匹配养殖规模和市场需求的屠宰新格局。加强屠宰厂精细分割能力建设。推动"运猪"向"运肉"转变，鼓励加工企业有效利用现有设备提升实际加工能力，减少设备投资闲置，做强做大湖南现有生猪加工产品品牌。推进生猪精深加工。鼓励支持产业化龙头企业加大精深加工产品研发力度，提升猪肉分割、包装、加工等设备和技术，建设精深加工和副产物综合利用项目，加大对猪皮、脏器、骨血等屠宰加工副产物的有效利用，开发多元化、多层次、多功能的肉品，支持进行冷鲜调理肉制品、肉干、腌腊肉、酱卤肉制品、罐装肉制品、乳猪产品、包点水饺、湘猪预制菜等产品系列开发，提升产品竞争力。鼓励企业研发西式高端肉制品，创建湖南高端肉类品牌。

推进猪肉冷链物流发展。加快完善猪肉冷链服务体系。进一步适应全国统一市场的需求，强化标准化建设，加快建立冷鲜肉品储存、运输和销售等流通和配送体系，提升农村肉品冷链服务网络覆盖水平，提高冷鲜肉消费比重。加强冷链物流基础设施建设。加快主产区标准化预冷集配中心、低温分割加工车间、冷库建设，鼓励主销区标准化流通型冷库、低温加工处理中心、冷链配送设施和冷鲜肉配送点建设，提高终端配送能力技术装备水平推广冷藏集装箱、冷藏车、低温物流箱、移动冷库等标准化设备应用。

2. 做强做优饲料产业

推进饲料产业集群发展。加快顶层设计，依托区域资源特点和产业基础，做好湖南饲料产业集群规划，建设一批饲料全产业链集聚园区，引导产业聚集发展。加快打造饲料产业链，积极推进生猪大市、大县饲料产业转型升级，鼓励生猪产业化龙头企业布局饲料加工，新建一批高标准饲料企业；推进龙头饲料企业向生猪屠宰、食品加工、原料贸易等领域延伸发展，打通产业链上下游，实现纵向一体化经营；鼓励饲料生产头部企业对中小饲料企业进行兼并重组，提高行业集中度，提升产业竞争力。加大饲料科技支撑力度。加大自主创新力度，集成推广低蛋白日粮、饲料精准配方、精细加工等关键技术，积极开发新型蛋白饲料新产品，提高氨基酸、酶制剂和微生物制剂等产品产量。推进饲料行业的数字化运用，加快饲料产业电子商务、网络技术服务平台、网络管理平台建设，提高饲料企业管理水平、生产效益，促进饲料企业升级转型。

3. 壮大一批带动力强的养宰加销一体化企业

实施龙头企业培优壮大行动。重点支持养宰加销一体化的现代屠宰企业发展，鼓励生猪大型加工企业配套冷鲜猪肉产品分割、冷库等设施设备；挖掘本土龙头企业潜力，以政府为主导，以市（州）或产业区域为单位，推动龙头企业进行产业链融合发展，培育生猪产业集团。继续引进进国内生猪头部企业，加强在湘西、湘中等地区布局。引导企业改制升级，聚焦主业做精做强，鼓励有条件的企业上市挂牌。

4. 加快加工聚集区建设

加快建设屠宰、冷链物流以及肉品加工园区建设，推进生猪育种、加工、冷链物流、饲料加工、兽药等全产业链上企业向园区集聚。以园区大型企业为牵头主体，加快推进数字化应用示范和生猪屠宰升级等建设，带动周边猪场和农户养殖和防疫水平提高，引领全省养猪业转型升级。

（五）做优"湘猪"品牌

1. 打造优质"湘猪"品牌体系

进一步实施"湘猪"品牌建设工程，打造以生猪区域公用品牌为龙头、以企业产品品牌为骨干的特色品牌。推进"湘猪"品牌提升行动。加快推进品种培优，建设良种繁育基地；加快推进"湘猪"品质提升，构建"湘猪"品质评价指标体系,推进分等分级和优质优价。

2. 建立生猪品牌目录制度

对照标准条件、按照程序办法将湖南生猪品牌分产品种类、产地区域等开展品牌征集、遴选、评价、发布等活动,实行动态管理,并加强宣传推介、扶持发展,促进品牌交流,引导社会消费,树立优质"湘猪"的口碑和整体形象。

3. 推行生猪产品"身份证"管理

加快生猪产品质量安全追溯体系建设,继续推行"一品一码"生猪产品"身份证"管理。建立"湘猪""身份证"管理平台,将更多的生猪企业、生猪养殖户纳入"身份证"管理平台,通过"身份证"使用、定点监控、门店销售以及信息系统管理,实现生猪生产从"一片肉"到"一头猪"的全程可追溯,确保肉品质量安全。

4. 加强"湘猪"品牌宣传

加大对"湘猪"品牌多方位宣传力度,鼓励生产经营主体积极参与各类会展、展销、节会等活动。支持各级各类媒体设置生猪专栏,对优质本土猪进行广泛深入持续报道,提高"湘猪"的知名度。支持生猪品牌积极进驻湖南名特优农产品展销中心和各级农产品展示交易平台。拓宽"湘猪"销售渠道,鼓励品牌企业在省内外主要大中城市的车站、港口、机场等地方,建设连锁店、专卖店等品牌营销宣传窗口,加强优质特色产品展示展销,提升优质"湘猪"品牌在全国、全世界的影响力和竞争力。

(六)健全基层生猪防疫体系

1. 健全生猪防疫防控机制

完善防控责任机制。深入贯彻落实新修订的《动物防疫法》,进一步压实地方政府属地管理负总责、部门监管和生产经营者主体责任,全面落实非洲猪瘟防控"网格化"管理要求。建立疫情报告、举报、核查工作机制。成立由省级主管部门领导,市(州)主管部门指导,县(市)级主管部门制定,镇、村参与的疫情报告、举报、核查联动工作机制,加大对生猪养殖场(户)、屠宰厂等疫情防控重点场所的严密监测排查力度,确保县级区域内所有规模养猪场全部纳入监管范围。创新疫病防控机制。抓好非洲猪瘟、口蹄疫、猪瘟、高致病性蓝耳病等重大疫病常态化防控，加强全链条管控，构建养殖、运输、屠宰、无害化处理等各环节互联互通，免疫、检疫、监管、执法互为印证的动物疫病闭环管理机制。突出流通等重点环节监管，严控生猪调运，在进入本地区的关键高速路口、国道、省道路口处设立非洲猪瘟防控临时检查站实行24小时检查防控，严防外地有疫病生猪及其产品入境。

2. **提升基层生猪疫情防控能力**

加强基层防疫基础设施建设。加强乡镇级仪器检测设备、防疫器械设备、冷藏冷链等设备的配备；支持生猪生产经营企业配备检测设施装备，提升自检能力；支持养殖户配备基本的防疫设备、消毒设施。扎实推进基层疫病强制免疫工作。进一步加强基层生猪疫病检测和检疫，支持县级疫病预防控制中心建设，改善乡镇基层兽医实验室疫病检测条件；加强监测排查、消毒灭源以及无害化处理等措施的规范应急处置；加快疫病防控技术培训和分类指导，特别是要对农户、养殖户、养殖大户要加大疫病疫情宣传与培训，把好疫病防控的第一道关；加大对乡村兽医等疫病疫情防控从业人员的培训，确保疫病防治及时到位。持有条件的县、乡、村和企业建立生猪无疫区和无疫小区。建立健全联合执法机制。加强部门协作，严厉打击违法违规调运、买卖屠宰以及乱丢乱弃病死猪、私屠滥宰生猪等违法违规行为。

3. **加强基层生猪疫病疫情防控队伍建设**

夯实乡镇畜牧兽医站所建设，通过就地培养、人才引进等方式充实专业技术工作人员队伍，实现专业人做专业事。进一步夯实县、乡、村疫病防控装备建设，落实动物疫病疫情工作人员经济待遇，关心基层动物防疫、检疫和监督工作人员的成长，稳定队伍，确保基层动物防疫、检疫和监督工作得以正常开展。

（七）健全长效支持政策体系

1. **强化财政支持政策**

完善全省性的财政支持政策，统筹中央、省级、市（州）三级相关财政资金，加大对良种培育、科技创新、冷链物流等关键环节的财政支持力度。支持产业化龙头企业新改扩建种猪场和规模养猪场，推动"两场"饲喂设施进行自动化、智能化升级。支持加快完善动物防疫、粪污处理和资源化利用等设施，积极推动养殖大市、养殖大县开展生态健康养殖、疫病净化、兽用抗菌药减量化先进县、示范县创建，不断提升生产水平。健全资金补助标准体系。健全对采用现代机械化养殖猪场的机械设备补贴，完善加供绿色运输通道服务、人工授精技术服务、提供非瘟防控等补贴。健全无害化处理补贴，进一步明确各种病死生猪无害化处理的补助标准，加大资金拨付监管力度，切实为减轻企业运营压力。

2. 稳定金融信贷支持政策

加大信贷支持力度。健全生猪产业贷款尽职免责和激励约束机制鼓励金融机构积极支持生猪产业高质量发展，在贷款额度、期限、利率等方面继续给予优惠，对符合授信条件、因为不可抗力暂时经营困难的和养猪场（户），不得盲目限贷、抽贷、断贷，不下调主体评级。积极开展抵押贷款创新。支持开展土地经营权、养殖圈舍、大型养殖机械、生猪活体抵押贷款试点；探索开发"生猪科技贷"，重点支持生猪养殖废弃物资源化利用设施建设、设备购买、技术引进等；探索开发"猪肉加工产业贷"，重点支持一批有影响力的生猪肉制品加工企业。加大生猪保险力度。完善生猪政策性保险，稳定能繁母猪和育肥猪保险保额，并根据生产成本变动实时调整保额。鼓励生猪商业性保险，在前期试点基础上，推动"保险+期货"全省覆盖，鼓励"政策性+商业性""传统成本+价格收入"等组合保险的推出。推进生猪保险与信贷、担保、期货等金融工具联动，扩大生猪养殖保险覆盖面、提高生猪保险水平。创新资金担保方式，探索开发"政府+农发行+保险机构"三方养猪险，重点加大对生猪养殖场的生态化改建扩建支持力度。

3. 完善用地支持政策

遵循种养结合、农牧循环的要求，把生猪产业用地纳入国土空间规划，合理安排新增生猪养殖用地。加强散养户用地保障。完善设施农用地政策，合理增加附属设施用地规模，保障废弃物处理等设施用地需要。鼓励利用农村集体建设用地和"四荒地"发展生产，简化用地手续，探索符合产业发展和土地资源特点的相关政策，为生猪产业提供用地保障。

4. 健全法治保障

研究修订地方涉生猪产业的相关法律法规以及政策意见，完善法治保障体系；严格落实畜牧法、动物防疫法、农产品质量安全法、食品安全法等法律法规，保障生猪企业的生产经营活动；依法打击行业违法乱纪行为，确保生产者、经营者、消费者的合法权益。

湖南蔬菜产业高质量发展报告

随着经济发展和国民生活水平的持续提高，蔬菜在我国农产品中的地位和作用日益突出，我国也成为世界上第一大蔬菜生产与消费国。湖南一直以来都是国家重要的粮棉油生产基地和商品蔬菜生产基地，蔬菜产业逐渐成为了种植业中仅次于粮食产业的第二大支柱产业，在农业现代化中发挥了不可替代的作用，为农村经济社会稳定发展作出了重要贡献。但湖南蔬菜产业在发展过程中也遇到了不少现实问题。客观分析湖南蔬菜产业发展的优势和不足，谋划如何进一步增强蔬菜产业的整体竞争力，实现产业高质量发展，对于提升湖南农业的现代化水平具有重要的现实意义。

一 湖南蔬菜产业发展基本状况

近年来，湖南蔬菜产业发展迅速，取得了较大成就。蔬菜生产总体上已经由田边地角的小生产转变成铺天盖地的大规模生产，蔬菜种植规模不断扩大，蔬菜品种日趋多样，加工水平日益提高，产业化步伐明显加快，销售渠道不断拓宽，产业发展后劲较强。

（一）种植规模迅速扩大，品类日趋丰富多样

近年来，湖南蔬菜（含食用菌）播种面积和产量呈波动上升态势，蔬菜种植面积由2016年的1190.3千公顷增长至2021年的1391.5千公顷，增长16.9%；蔬菜总产量由2016年的3538.73万吨增长至2021年的4268.92万吨，增长20.63%。全省蔬菜产值由2017年的1576亿

元增加到 2021 年的 2000 亿元，① 增长 26.9%。千亿蔬菜产业成为湖南种植业仅次于粮食的第二大产业，成为乡村振兴和农民增收的重要支柱产业。

优势区域逐步形成。湖南地处长江流域，属亚热带季风气候，四季比较分明，地形、地貌多样，适合多种蔬菜生产，近年来，蔬菜生产集聚发展，目前已初步形成七大优势产区，分别是：市（州）县（区）区域中心城镇专业蔬菜产区，环洞庭湖区春夏瓜果类、秋冬叶菜类蔬菜产区，以永州、郴州、衡阳为主的湘江源优质蔬菜产区，以武陵山脉片区、罗霄山脉片区和雪峰山脉片区为主的高山蔬菜产区，以岳阳、常德、益阳等靠近湖区的区县为主的洞庭湖区水生蔬菜产区，全省范围内呈点状式分布的特色蔬菜产区和环洞庭湖的加工蔬菜产区（见表 4-1）。

表 4-1　　　　　　　　湖南省蔬菜产区布局及品类结构

蔬菜产区	主要生产区域	主要蔬菜品类
区域中心城镇专业蔬菜产区	省内各区域中心城镇	城镇日常消费类蔬菜
环洞庭湖蔬菜产区	岳阳、常德、益阳三市现辖行政区域	春夏瓜果类、秋冬叶菜类，代表品种：南瓜、冬瓜
湘江源优质蔬菜产区	永州、郴州、衡阳三市现辖行政区域	辣椒、茄子、南瓜、冬瓜、西甜瓜、食用菌、黄花菜、菜薹
高山蔬菜产区	武陵山脉片区、罗霄山脉片区和雪峰山脉片区	辣椒、萝卜、甜玉米、生姜、茄子、番茄
洞庭湖区水生蔬菜产区	岳阳、常德、益阳三市的临湖地区	莲藕、藜蒿、茭白、菱角
特色蔬菜产区	祁东、邵东、临武、江永、祁东、祁阳、湘阴、津市、隆回、龙山等	黄花菜、槟榔芋（香芋）、薤（藠头）、百合

---

① 湖南省委农办：《做强优势特色千亿产业 打造乡村振兴"绿色银行"》，《湖南日报》2022 年 3 月 30 日。

续表

蔬菜产区	主要生产区域	主要蔬菜品类
加工蔬菜产区	华容、南县、赫山、沅江、鼎城、安乡等	芥菜、豇豆、辣椒等产品加工

品类结构丰富多样。湖南地形多变、气候多样，跨北纬20度到30度典型亚热带5个纬度，处在被誉为全球同纬度地带最有价值的生态区，土地资源总量丰富，类型齐全，特别适合蔬菜生长，能够梯次播种、分批上市，形成了丰富多样、特色显著的蔬菜品种资源。湘潭湘莲、华容芥菜、祁东黄花菜、江永香芋、樟树港辣椒、三樟黄贡椒、汉寿玉臂藕、隆回龙芽百合等地方特色蔬菜已经被认定为国家地理标志保护农产品。此外，湖南的辣椒、莲藕、黄花菜、槟榔芋、薤、茎瘤芥（榨菜）、红菜薹、白菜薹等蔬菜产品也比较受国内消费者欢迎，其加工产品如剁辣椒、辣椒酱、藕粉等也具有较高的市场占有率。

设施栽培特色鲜明。湖南设施蔬菜生产起步较晚，但近年来发展速度较快，以遮阳网、防虫网为主的夏秋遮阳降温避虫设施和以温室、塑料大棚、小拱棚等为主的春冬保温避雨设施得到大范围应用，形成了春提早和秋延后栽培为主的设施蔬菜栽培模式。区域布局以环洞庭湖蔬菜产区、湘南外销蔬菜产区、城镇保供蔬菜产区为主，其中常德、怀化、长沙、永州、岳阳、衡阳6市的大棚蔬菜种植面积占全省同类面积的80%以上。湖南设施蔬菜栽培以瓜类蔬菜（黄瓜、甜瓜、丝瓜、苦瓜）、茄果类蔬菜（辣椒、番茄、茄子）、叶菜类蔬菜（芹菜、蕹菜、普通白菜、苋菜、芫荽）、花菜类蔬菜（松花菜、青花菜）、茎菜类蔬菜（莴笋）等为主。

（二）县域蔬菜生产平稳有序，特色优势逐步显现

全省各地紧紧围绕蔬菜产业增效、农民增收的目标，突出地理位置、自然资源、特色品种等优势，坚持以市场为导向，以结构调整为主线，以质量安全为核心，以产业化经营为目标，推动蔬菜产业持续快速发展。其中宁乡连续四年蔬菜总产量稳居全省蔬菜生产县（市、区）第一，浏阳市紧随其后，南县连续四年位居第三，攸县连续四年跻身前四，长沙

望城区后来居上,蔬菜产量连续3年超越长沙县,永州下辖的零陵区、道县、祁阳市(2021年撤县建市)竞争力很强,近几年连续位居全省县域蔬菜生产的第一梯队(见表4-2)。从近年《湖南农村统计年鉴》相关数据来看,永州市和长沙市的蔬菜产量在全省地级市里排名前两位,两地蔬菜产量超过全省产量的1/4,两市下辖的县(市、区)几乎包揽了全省蔬菜产量十强县。尤其是永州,近几年全市蔬菜产量在全省位居前列,下辖的零陵区、道县、祁阳市是全省蔬菜生产大县,产量逐年增长,这与永州全力打造粤港澳大湾区优质农产品供应基地和湘粤桂省际区域蔬菜的集散地,把蔬菜作为特色优势产业来打造不无关系。由于交易的空间范围和对象相对稳定,加上各部门不断加强支持,永州蔬菜产业蓬勃发展,蔬菜生产基地的规模正不断扩大,效益持续提高。

表4-2　　　　　2017—2020年湖南蔬菜产量十强县排名　　　　(单位:吨)

2017年		2018年		2019年		2020年	
县(市、区)	总产量	县(市、区)	总产量	县(市、区)	总产量	县(市、区)	总产量
宁乡县	1463565	宁乡市	1515068	宁乡市	1562889	宁乡市	1617638
浏阳市	1243457	浏阳市	1281158	浏阳市	1330772	浏阳市	1401966
南县	1134364	南县	1212781	南县	1278078	南县	1321895
攸县	1048922	攸县	1133793	攸县	1183445	攸县	1215895
长沙县	986201	望城区	1019005	望城区	1101814	望城区	1192760
望城区	959437	长沙县	1002834	长沙县	1004690	长沙县	1053245
道县	870628	零陵区	928008	零陵区	964800	零陵区	966993
零陵区	849900	道县	892587	道县	931108	道县	947419
桃源县	776155	祁阳县	779123	醴陵市	824780	醴陵市	850690
醴陵市	758197	醴陵市	771565	祁阳县	802556	祁阳县	818641

注:此表根据历年《湖南农村统计年鉴》数据整理。

(三)加工水平不断提高,产业化经营明显加快

湖南近年来大力推动蔬菜产业规模化种植、标准化生产、溯源化管理、品牌化销售、产业化经营,产业化步伐不断加快。

蔬菜加工水平持续提高。全省蔬菜加工比重不断增加,产业链条明

显延长，产品附加值大大提高，市场竞争力得到增强。截至2021年年底，湖南蔬菜加工企业超过1000家，其中规模企业超过400家，省级龙头企业超过80家，国家重点龙头企业超过3家，营业收入超过800亿元，加工转化率超11%，全产业链产值达到2000亿元。主要加工辣椒、薤、黄花菜、芥菜、萝卜、豇豆、生姜、食用菌等40多个品种，年加工鲜菜超过400万吨。[①]

蔬菜专业合作组织加快发展。合作社是蔬菜产业新型经营主体的重要组成部分，也是推进现代蔬菜产业发展的有效载体。湖南蔬菜生产专业合作组织发展较为快速，2020年便已经达到8723家，农民与新型农业经营主体的利益联结机制和经营机制不断完善，蔬菜生产者进入市场的组织化程度大大提高，一大批蔬菜种植农户进入产业化经营领域，产业经营收入不断增加。

集群化发展水平不断提高。全省范围内一批竞争力强和市场占有率高的蔬菜龙头企业集群正不断发展壮大，初步形成大中小型龙头企业共同发展的格局。以永州祁阳市例，为充分发挥蔬菜基地的示范辐射作用，带动周边农户增产增收，祁阳市加大对"培优倍增"企业的扶持力度，引导资金、技术、人才、原料等生产要素向规模大、科技含量高、辐射广、带动能力强的蔬菜龙头企业集中，培育和发展了德辉现代农业、湖南湘腾农业、久旺生态农业、新龙现代农业等一批规模以上蔬菜开发公司。目前，全市有国家、省、市农业产业化龙头企业32家，培育"一村一品"专业村19个，建设100亩以上规模基地115个，其中5000亩以上连片基地9个，1000亩以上的基地66个，标准化示范基地39个，[②]全市蔬菜产业在龙头企业集群的带动下形成了产销一体化的新局面。

蔬菜品牌建设迈上台阶。湖南致力于打造蔬菜区域公用品牌，不断提高生产标准化程度，突出优势产业，以区域公共品牌为总抓手，做到区域品牌、产品品牌、企业品牌"三位一体"，激发品牌农业活力，培育一大批优质、高效、安全、生态名牌产品，让湖南蔬菜赢得了良好的市

---

① 数据来源：根据湖南省农业农村厅相关数据整理。
② 邹乔夫：《闻道浯溪蔬果香——祁阳市多措并举发展蔬菜产业侧记》，《永州日报》2021年9月9日。

场美誉。先后打造了"湘江源"蔬菜区域公用品牌和"祁东黄花菜""华容芥菜""桃江竹笋""永丰辣酱"等"一县一特"特色品牌,培育了湖南新泰和绿色农业集团有限公司等一批优秀企业及其优质品牌产品。

(四) 销售渠道不断拓宽,外销发展态势良好

湖南不断疏通和拓宽各类蔬菜在本地与外地市场的供销渠道,打造比较稳定的蔬菜市场销售体系,"菜篮子"供应持续稳定。

内销市场网点建设持续推进。全省各地大力建设以蔬菜为主的产地批发市场和销地批发市场,年交易蔬菜合计超过 2000 万吨。已经建成海吉星、红星、中南、甘露寺和西园等国家级蔬菜批发市场。根据 2021 年上半年数据,长沙海吉星国际农产品物流园的蔬菜日均批发交易量达 1.5 万吨,稳坐全国蔬菜枢纽市场"头把交椅"。受益于先进的管理理念和良好的交通区位等因素,目前长沙"海吉星"的蔬菜交易品种超过 220 个,蔬菜来源地涵盖国内 20 余个省区市以及东南亚部分国家,蔬菜销售覆盖全省 14 个市(州)(一级批发市场份额占全省 85%),以及广西、湖北、江西等周边省区部分城市。[①]

外销发展态势良好。2017 年,湖南蔬菜出口仅 8.9 万吨,2018 年跃升到 20.3 万吨,2019 年突破 30 万吨,2020 年超 40 万吨。2021 年前 7 个月,湖南出口蔬菜(不含食用菌)27.8 万吨,同比增长 28%,销地覆盖全球 29 个国家和地区,出口地区主要是东盟、欧盟和非洲。[②]

粤港澳大湾区"菜篮子"工程建设成效显著。湖南目前已经有 382 家种植基地入选粤港澳大湾区"菜篮子"认定基地名录,18 家加工企业入选粤港澳大湾区"菜篮子"加工企业名单。2021 年前 7 个月,湖南对香港地区出口蔬菜约为 20.63 万吨,占蔬菜出口总量的 74.2%,[③] 主要向粤港澳市场供应菜薹(菜心)、槟榔芋、辣椒、食用菌等湖南优势特色蔬菜。

(五) 蔬菜科研实力较强,产业发展后劲十足

随着绿色农业成为现代农业发展趋势,特色蔬菜品种、栽培、病虫

---

① 《长沙"海吉星"成全国最大蔬菜枢纽市场》,《湖南日报》2021 年 4 月 25 日。
② 黄婷婷:《湖南蔬菜出口走俏,远销 29 个国家和地区》,《湖南日报》2021 年 8 月 23 日。
③ 黄婷婷:《湖南蔬菜出口走俏,远销 29 个国家和地区》,《湖南日报》2021 年 8 月 23 日。

害防控、处理与加工等新技术发挥越来越重要的作用。湖南在蔬菜科研方面拥有很强的实力，众多的专业研究机构、专家院士团队、省级科研平台及相关种业公司构成了湖南蔬菜产业的科研方阵。重点科研机构包括湖南省农业科学院蔬菜研究所、湖南农业大学园艺学院、长沙市蔬菜科学研究所以及其他13个市（州）农业科学研究所。湖南拥有一批影响力较大的蔬菜科研团队：以邹学校院士领衔的辣椒种质资源创新与利用研究团队，在辣椒种质资源创新与利用、新品种选育、栽培技术和成果转化等领域处于国际领先水平；湖南省蔬菜研究所周火强研究员领衔的冬瓜育种团队在国内有较大影响力，选育的兴蔬墨地龙在全国居于一流水平；湖南省蔬菜研究所菜薹研究团队选育的红菜薹、白菜薹成为同类蔬菜主栽品种。湖南拥有国家特色蔬菜产业技术体系产业技术研发平台，目前正举全省之力着手打造种业创新的国家战略科技平台——岳麓山实验室。

湖南依托强大的科研力量，将更多科技应用到蔬菜产业发展之中，助力农民增收、惠及百姓餐桌。在蔬菜新品种选育、主要蔬菜集约化育苗、病虫害绿色防控等技术研究领域加快成果转化应用，不断创新优异种质和育种技术，加快选育抗逆优质蔬菜新品种，持续推动蔬菜进口种子国产化、国内名优品种国际化，为蔬菜产业高质量发展提供了有力支撑。

二　湖南蔬菜产业发展存在的问题

湖南蔬菜产业通过近几年的蓬勃发展，无论从种植面积、单产和总产量上，都取得了较大成绩和长足进步，但一些发展中的问题也逐步显现出来。

（一）基地规模普遍偏小，集约化生产水平有待提高

湖南蔬菜生产90%以上为露地栽培，采用传统粗放栽培模式的较多，标准化和规模化种植较少，单位面积产量、效益均低于全国平均水平，土地碎片化在一定程度上制约了集约化生产。目前虽已初步形成区域性产业化经营的格局，但大多数还是以一家一户的小规模分散种植为主，

规模化和机械化水平都不高。

基础设施建设落后。湖南农业基础设施建设比较落后，田间道路狭窄、崎岖且不平、道路通过性差。蔬菜生产基地的沟、渠、路、水电、排灌、大棚等配套设施建设水平也不高，因为投入大、回报率低，政府财政补贴少，企业自主投资建设改善的热情和动力都不足，导致设施设备简陋，抵御自然灾害能力弱。

机械化生产水平偏低。湖南省蔬菜生产机械化程度和水平较低，据有关研究，蔬菜耕种收综合机械化水平不到30%，远低于湖南省主要农作物综合机械化水平，机械化程度在国内处于中下游水平。[①] 在农业机械需求端，以个体经营为主，一家一户的农业生产方式落后、效益低下，加上农民文化水平不高，缺少对农业生产综合效益的分析能力，对于价格较高的中高端农业机械，即使有政府补贴，他们还是难以承受。在供给端，尽管国内一些厂家针对适合丘陵山区使用的小微型机具进行了研发和改进，但由于技术成熟度不高、品种少、性能质量不高等原因，导致研发的农机具种类不适宜或者不完全适宜丘陵山区农业生产，造成了丘陵山区农机装备供给相对不足。

栽培技术滞后。湖南蔬菜生产仍然以传统粗放栽培方式为主，设施蔬菜比重偏低，未形成标准化和规模化种植模式，蔬菜种植的单位面积产量、效益均低于全国平均水平。设施蔬菜的大棚很多尚未做到因地制宜根据湖南气候特点进行科学设计，在低温阴雨寡照的冬春季不能增温，在高温干旱的夏季不能散热，影响了产出效益。

龙头企业带动能力不强。目前全省蔬菜龙头企业数量偏少，规模不强，省级蔬菜类龙头企业销售收入与农业发达省份相关企业还有不小差距，辐射带动能力偏弱。龙头企业与农户的关系不紧密，利益分配机制不健全，不规范。有些龙头企业仅仅与农户签订了产品购销合同，缺乏相应的技术服务和价格保护，企业与农户间仍然是松散的买卖关系，没有形成真正的"公司+基地+合作社+农户"的利益联结机制。

---

① 马艳青、殷武平、汪端华、郑井元：《湖南蔬菜产业形势分析》，《中国蔬菜》2020年第11期。

（二）精深加工能力不足，产业链发展相对滞后

当前湖南蔬菜产业发展大而不强、多而不优，仍以家庭生产经营为主，自产自销，主要售卖鲜食蔬菜，仓储、深加工能力相对不足，严重制约着蔬菜产品效益的转化增值。

蔬菜深加工能力不足。湖南蔬菜加工尽管种类多，但多数都是初加工产品，与山东、江苏等蔬菜生产强省相比，湖南蔬菜的精深加工能力偏低，蔬菜的加工转化率仅为11%左右。从事蔬菜产后加工的企业和人员数量偏少，加工蔬菜多以清净菜加工及低水平腌渍加工和脱水加工为主，加工产品十分单一，精深加工比例很低，加工能力的不足致使产品附加值低，不利于蔬菜产业高质量发展。

产业链存在短板。全省范围内蔬菜产前的种苗生产、品种培优，产中的专业化分工分业、品质提升，产后的商品化处理、加工发展还相对滞后，生产标准化、加工精细化、物流体系化、营销品牌化、服务全程化还有较大的提升空间，蔬菜生产经营效益与湖南的特色优势和定位暂时还不够匹配。

冷链支撑体系薄弱。湖南的蔬菜冷链物流基础设施落后，全省范围内冷链物流基础设施存在结构性短板，区域分布、城乡发展、供给结构不平衡。冷链物流服务对产业升级、食品安全保障和民生需求的适配性还需进一步提升。专业的蔬菜物流公司少，产地预冷装置和冷藏运输设备不足，最先一公里"缺链"和最后一公里"断链"问题较为突出，大大降低了新鲜蔬菜的品质，蔬菜产品价值在采后流通过程中损耗较大。

（三）信息服务欠缺，市场应变能力不强

近年来，湖南蔬菜产业遇到"增产不增收""买难卖难"等问题，主要原因是蔬菜产业信息化建设水平不高，蔬菜产业信息软件平台缺失，农村缺乏快捷、高效、实用、及时、针对性强的蔬菜科技信息服务，生产和销售信息获取不对称，基地和营销大户之间消息流通不畅，存在基地有菜卖不出、营销户有销售途径却无蔬菜供应的问题。

蔬菜产业信息化建设水平不高。蔬菜物联网技术与装备及其应用还存在技术标准、安全可靠、传感器的产业化、应用推广等问题，比如蔬

菜信息化建设的数据采集是一项最基本的工作，而传感器是数据采集的终端，但国内农业物联网传感器产业当前总体发展水平不高，国内农业遥感业务化系统的实用性也还有所欠缺。

蔬菜产业信息软件平台缺失。从总体来看，国内农业软件的开发还比较薄弱，市场拓展能力也有待提高，近年来虽然取得了一定发展，但总体上在IT产业应用领域里远远落后于金融、电信、交通、电力、医疗等行业，主要原因在于农业生产多以分散的小农生产为主，行业对于相关信息软件平台的实际需求相对滞后，作为农业大省的湖南同样面临这种境况。

产业服务对象科技文化素质偏低。湖南农村从事农业生产的人口年龄偏大，人口受教育程度以小学、初中为主，这是制约湖南蔬菜信息化发展的重要因素。另外，基层农业技术推广系统的工作环境相对较差，待遇相对较低，这就使得其很难吸引和留住高学历、高层次人才。湖南省虽然出台了不少措施，但是从总体来看，湖南基层农业技术推广人员素质不高，绝大多数的乡村信息服务站实际上是和农业技术推广站重合，技术员同时充当信息员角色，由于其本身掌握的信息化应用技术水平偏低，很难将信息技术在农村进行普及推广应用。

（四）质量安全隐患仍然突出，绿色发展有待加强

绿色是蔬菜产业发展的底色，是产业高质量发展的必然要求。当前湖南蔬菜产业在行业标准体系建设方面仍存在一定的短板，绿色生产理念和技术应用也还有一定的提升空间。

标准体系建设滞后。近年来湖南制定了许多蔬菜行业的相关标准，但市面上蔬菜品种繁多、类型复杂，现有标准无法覆盖指导所有蔬菜的生产，部分蔬菜在生产过程中缺乏标准。有的则因标准制定时间过长，严重滞后于蔬菜生产实际，不适应蔬菜目前的产业化发展。比如按照既定标准，蔬菜种植应该采用有机复合肥和生物有机肥，推广有机栽培，提高蔬菜品质，但是一些种植户在现实中因为观念和成本等因素，加之标准的约束力不够，在蔬菜生产中存在不规范操作，导致蔬菜出现农药残留和有害物超标，严重影响了产品品质。

绿色生产理念和技术应用有待提升。育种优良、科学施肥、种养结

合、综合防治的蔬菜绿色生产理念和生产模式是蔬菜产业未来的主导方向，但受一些因素的影响，绿色生产推广难度较大。一是过往农业生产中的化肥、农药以及激素的过量使用导致土壤重金属等有害物质增多，土壤酸化、盐渍化问题突出，土壤结构受到破坏，在一定程度上制约蔬菜产业发展。二是绿色生产技术普及程度不高，蔬菜生产经营企业与园区等生产主体因为新增技术的成本问题，使用绿色生产技术动力不足，分散化经营模式下的小农户尚以传统的粗放型种植为主，对绿色种植技术的接受仍需时间，使得产品难以实现标准化。

三 促进湖南蔬菜产业高质量发展的对策建议

近年来，湖南通过推动蔬菜产业供给侧结构性改革，取得了不俗成绩，蔬菜产业已经发展成为全省优势支柱产业，较好地带动了农业农村经济发展，在此坚实基础之上继续推动湖南蔬菜产业实现高质量发展，需要在合理规划布局、科学统筹种植、增强加工转化能力、抓好关键核心技术攻关与推广、加大品牌培育力度等多方面久久为功，持续发力。

（一）合理规划布局，推进规模化、专业化发展

要在综合考虑地理气候、区位优势等因素的基础上，按照提高省内中心城市蔬菜自给能力与全省蔬菜均衡供应能力相结合的原则进行统筹，在全省范围内确定优势产区，重点建设相关蔬菜产业重点县（市、区），提高全省蔬菜均衡供应能力。

一是合理规划布局。依托湖南资源禀赋，因地制宜，明确蔬菜生产发展重点，按照相对集中连片、规模化发展、整体推进的原则，突出抓好科学规划布局、产业结构调整和特色品种发展，优化四大蔬菜优势产业区域：①城镇保供型蔬菜基地。重点布局在各中心城市周边和相对较近的气候适宜区，主要针对省内市场需求，按保供要求配置要素，布局生产，兼顾外销。以各中心城市为主，兼顾县乡人口集中区域，按照各地消费习惯，组织周年生产，茬口多样化搭配。重点生产叶菜类、瓜类、早春茄果类和秋延后蔬菜。②洞庭湖区蔬菜生产基地。主要针对省外目标市场，按外销要求配置要素、布局生产，兼顾保供需求发展。重点加

强精细化管理、标准化生产、规模化经营、社会化服务等，优化蔬菜品种结构和提升机械化生产水平。③湘南供粤港澳大湾区蔬菜生产基地。湘南地区是"湘江源"品牌蔬菜生产核心基地、粤港澳大湾区优质蔬菜供应基地，要重点发展"三优四特"蔬菜，即叶菜类、瓜果类、根茎类三大优势蔬菜种类和加工辣椒、槟榔芋、黄花菜、食用菌四种特色蔬菜。④高山特色蔬菜生产基地。依托湘西、湘中、湘南山区高海拔优势，主要发展喜凉根茎叶花类蔬菜和喜温茄瓜豆果菜类蔬菜以及生姜、百合等特色品类，错季保证秋淡市场供给。

二是优化种植模式与品种。抓好冬闲蔬菜生产。加大政策扶持和资金支持，对农民、种植大户和专业合作社实行奖补，充分挖掘冬闲田潜力，发展露地蔬菜、温室大棚蔬菜等冬季农作物种植，提高生产效益，可选用的蔬菜种类有红菜薹、白菜薹、大白菜、花椰菜、芹菜、芫荽、菠菜、大蒜、菜油两用油菜等，在春节前后供应市场。支持特色蔬菜生产。适度规模发展特色蔬菜可以带来较高的经济效益，湘阴藠头、华容南县榨菜、临武香芋、祁东黄花菜、湘潭湘莲、龙山百合等是湖南蔬菜具有独特优良性状的品种，有着很强的市场竞争力。应该不断完善特色蔬菜产品栽培、产品质量安全控制，采后分拣、包装、冷库冷链、保鲜储藏等采后商品化处理等，在政策和项目等方面给予支持和扶持，助力特色蔬菜生产。推动食用菌工厂化种植。我国是食用菌生产大国和消费大国，随着居民收入水平的提高，人们对食用菌的数量和产品质量提出了更高要求，传统栽培方式将难以满足未来人们对食用菌产量和品质的需求，工厂化种植是必然的趋势所在。湖南应当积极引入和推广相关专业化生产新技术，推动全省食用菌工厂化种植，适当发展杏鲍菇、草菇、茶树菇、北虫草、松茸、竹荪、羊肚菌，巩固发展平菇、香菇、金针菇、银针菇、紫木耳，不断提高生产效益。

三是大力发展设施蔬菜。湖南属于中亚热带季风湿润气候，四季变化明显，冬寒冷而夏酷热，春温多变，秋温陡降，春夏多雨，秋冬干旱，比较适合发展设施蔬菜。要明确当地设施蔬菜产业现状和发展定位，因地制宜发展设施蔬菜。一要落实播种面积。通过新增设施蔬菜（包括将露地蔬菜改造为设施蔬菜、在非蔬菜种植地新建设施蔬菜）、扩大设施蔬菜复种指数等方式，着力增加设施蔬菜播种面积，提高设施蔬菜比例。

二要提升生产水平。逐步普及标准化钢架大棚，并匹配配套的防寒保温、遮阳降温设施，加快推广集约化育苗、土肥水管理、病虫害安全防治技术，以及良种良法配套、农机农艺融合、生产生态协调等生产技术模式。三要加强要素保障。大力统筹整合相关涉农资金，积极探索和完善担保、贴息、债券、保险等投入方式。充分发挥财政资金的政策导向与资金杠杆作用，有效引导和撬动金融与社会资本投入。同时要保障设施蔬菜发展的合理用地需求。

（二）增强加工转化能力，提高产业化水平

进一步提升全省蔬菜产业的精深加工能力，创新经营机制，完善专业合作经济组织，推进标准化生产，商品化处理，产业化经营，提高蔬菜产业的综合效益。

一是提升产品加工能力。积极推进蔬菜一二三产业融合发展，大力发展蔬菜产地初加工，重点扶持蔬菜储藏、保鲜、烘干、分类分级包装和运输等初加工产业建设，加强采后处理。切实加强冷藏设施建设，积极对接全国农产品仓储保鲜冷链物流设施建设工程、"互联网＋"农产品出村进城工程，加强分拣、清洗、分等分级、包装、预冷、仓储等设施设备建设，提高采后处理能力和水平，进一步延伸产业链条，支持蔬菜生产大户、农民合作社发展，形成集加工、仓储和冷链物流于一体的专业化冷鲜蔬菜全产业链运营模式。加大对酸腌菜、剁椒、芥菜等产品加工技术改造和生产线升级力度；积极推进冻干蔬菜、蔬菜粉、蔬菜汁、饮料等新型蔬菜加工制品技术研究和生产线建设，不断提升湖南蔬菜精深加工能力和水平，丰富加工品种，提升产品附加值。加强蔬菜产业与养殖业、文旅等多产业的融合，延伸蔬菜产业链条，提高综合效益。

二是做优做强龙头企业。充分利用好"菜篮子"工程的发展契机，抓好蔬菜基地建设，整合、培育一批具备较强综合能力的蔬菜生产专业组织，大力推进龙头企业的健康发展。制订优惠政策，优化投资营商环境，进一步吸引民间资本投资"菜篮子"工程。在全省范围内统筹支持发展一批基础扎实、辐射面广、带动力强、示范作用大的蔬菜生产、加工、销售企业（或蔬菜生产专业合作社），培育名牌产品，建立现代企业制度，充分发挥其加工龙头、市场中介、服务中心的重要作用。

三是完善冷链物流运输体系。依托龙头企业、专业合作社和大型商贸流通企业，加强产地预冷、预选分级、加工配送、冷藏冷冻、包装仓储、检验检测和电子结算等设施建设，支持国有企业发展冷链物流第三方服务，完善车辆配置，优化运输方式，发展多形式联运，构建采后处理、冷链储运的采后流通链条，完善从田间到销售终端的全程冷链物流运输体系，提升蔬菜产品的冷链运输能力和效率。

（三）抓好关键核心技术攻关与推广，全面提高产品质量

在全省范围内有针对性地集成推广化肥减量增效、农药减量控害、绿色防控、省力化栽培等节本增效关键技术，积极推行绿色生产，改善生产环境，提高蔬菜绿色发展水平。

一是推动绿色发展科技创新。推进绿色循环生产，改进施肥方式，实施化肥农药减量增效，加快高效缓释肥料的推广应用，提高肥料利用率，实现土壤改良保育，增加优质绿色蔬菜产品的生产。推动科技创新，引导高校、科研院所与蔬菜生产经营主体建立协作攻关，促进新品种、新技术、新成果的转化应用，加快特色蔬菜全产业链产品的研发、创新和示范。建立健全覆盖蔬菜主产区产、加、销各环节的科技推广体系，形成由专业科研机构、基层技术队伍、科技示范户组成的健全的科技推广网络。提高专业队伍的水平和素质，加强对生产者、管理者和经营者的科学技术培训，培育一批懂技术、善经营的"菜农""瓜农"。

二是推进"种业芯片"工程。开展良种繁育技术攻关，进一步建立蔬菜种质资源保存保护、鉴定评价与创新利用体系，在全省范围内开展蔬菜种质资源的调查收集、鉴定评价、保存保护和创制利用等工作。开展主要蔬菜品种良种重大攻关和高效制繁种技术研究，依托岳麓山种业创新中心，把"立足现有种业优势、创新产学研用新机制"列为关键抓手，加大新品种的研发力度，结合健康栽培集成技术，加大在大白菜、辣椒、番茄、黄瓜、萝卜等新品种选育和推广上的力度，提高自主研发品种的市场占有率。利用现代育种技术开展特色蔬菜品种提纯复壮及新品种选育，促进湘阴樟树港辣椒、泸溪玻璃椒、汝城小米椒、湘阴藠头、华容芥菜、临武香芋、祁东黄花菜、湘潭湘莲、东安紫皮大蒜、龙山百合等特色蔬菜产业提质增效。加快新品种试验示范基地和工厂化育苗设

施建设，大力推进蔬菜健康种苗生产新技术研究和推广应用，提高湖南蔬菜产业健康种苗覆盖率。

三是加强采后商品化处理技术研究。开展蔬菜特色优势单品整理清洗、分拣分级、预冷保鲜、多层次加工和包装储运等关键技术研究、制定推广湖南蔬菜采后处理示范基地单品产品标准和分等分级标准，加强蔬菜产品产地初加工技术的研发、引进和示范推广，提升现有设施装备水平，推行贴牌上市，推进净菜进城。推动产地商品化处理。在相对连片规模种植基地，鼓励支持经营主体加快发展产地初加工，提高质量和效益。改善产地储藏、预冷、保鲜、清洗、分级、包装、检验检测等采后商品化处理设施装备条件，构建设施完备、技术先进、管理高效的蔬菜产品采后商品化处理体系。

（四）构建产业大数据服务平台，提高数字化和智能化水平

牢牢把握现代农业发展的新方向、新趋势，在全省蔬菜产业推广和应用物联网、云计算、大数据、移动互联等现代信息技术，提升蔬菜产业"互联网+"水平。

一是提高蔬菜生产管理数字化和智能化水平。在实现规模化、集约化、机械化生产的基础上，加强农业生产数字化改造，实施"互联网+"现代农业行动，推动环境测控、精确施肥、智能灌溉、航空植保等智能农机装备与技术在蔬菜业种管收各环节广泛应用，促进数字技术与农产品生产、加工、物流、销售、服务等产业环节融合，规范生产技术标准和管理流程。加快建设数字农情、养分丰缺动态监测预警及数字化病虫害防控监测网络，围绕蔬菜核心产区开展全产业链数字化、智能化应用示范，实现生产全程监测。

二是构建大数据监测预警体系。充分利用数据资源优势和现代信息技术，加大价格预测和风险监测能力，从数据获取、分析、服务三方面提升监测预警水平，努力让菜农"明明白白种菜"。创新应用信息化手段，集成物联网、人工智能、遥感、5G等技术，加速向新型经营主体和典型蔬菜作物扩展，及时采集供需信息及蔬菜价格，实现农产品全产业链信息即时、可视、可感知。锚定农产品市场调控的重点品种和区域，开展农产品预测预警模型、供需平衡表研究分析，构建面向小农户和新型农民的社会化信息服务体系，使监测预警信息及时服务于全产业链，实现农业信息资源共享合作。指导农户合理安排生产，适时规避风险，提高蔬菜产业的风险防范能力。

三是增强数字化质量安全监管能力。增强蔬菜安全保供能力，推进蔬菜质量溯源与市场监测预警数字化，运用在线监测预警蔬菜市场信息新手段，探索建立农业经营主体信用评价体系。完善农业投入品数字化监管，运用工业互联网标识解析、大数据等技术手段，打通蔬菜"从田间到餐桌"数据通道，集聚"生产+市场+监管"三方资源，打造融合全过程各环节信息为一体的农产品质量追溯体系，实现生产档案可查询、流向可追踪、产品可召回、责任可追溯，不断提升快速反应监管能力，切实保护消费者权益。

（五）加大品牌培育力度，提升市场竞争力

湖南蔬菜产品资源丰富、品质优良，然而，因为缺乏在全国立得住、叫得响的品牌，很长一段时间许多优质产品只能给他人供"原料"。在农业供给侧改革和新旧动能转换大背景下，湖南蔬菜要培育创建优质品牌，努力发掘品牌内涵，提升品牌附加值。

一是树立主打"特色"和"生态"的总体品牌形象。围绕提升"湖南生态蔬菜"核心竞争力，针对蔬菜全产业链各环节完善标准评价体系，引领蔬菜产品规模化、品质化、标准化发展，提升蔬菜产品品质和档次。建设绿色生产基地，提高特色优势产区规模和效益水平。通过"政府搭台，企业唱戏"，举办推介活动，树立湖南蔬菜良好形象，提高知名度，打造更多的全省蔬菜公共品牌，鼓励企业创建品牌。支持企业、合作社、协会、批发市场组建蔬菜产销联合体，统一品牌、统一包装、统一技术标准，共同开发系列产品，共同开拓市场。组织开展全省品牌评选活动。大力进行品牌营销和推广，组织、支持企业积极参加国家级和省级农产品展示交易活动，谋划建立蔬菜产品集群展示平台、电子商务平台和各种展览会等公共营销渠道。

二是壮大"湘蔬"品牌矩阵。加大内培外引力度，大力培育本省蔬菜龙头企业集团和龙头品牌，积极推动省内蔬菜全链条产业联盟成立，引进大型蔬菜企业落户湖南。把推进绿色、有机认证和地理标志产品保

护作为提升产品质量安全水平和品牌打造的重要手段,抓好示范基地建设,加强菜地生态建设和环境保护。充分利用和发挥湖南生态、气候和资源优势,鼓励和支持农业生产经营主体申报农产品认证,提高认证产品比重。加大地理标志产品认证保护力度,进一步发掘各地产品资源,形成区域公共品牌与产品品牌、企业品牌"三位一体"共同发展的良性格局。通过高效的宣传推介进一步提升湖南蔬菜的品牌形象,以"湘蔬"品牌矩阵体系推动全省蔬菜产业高质量发展。

(六)优化服务保障,增强产业要素支撑

相对东部农业发达省份,湖南在科技、人才、融资等生产要素方面优势较弱,蔬菜全产业链的打造离不开有效的政策指引和有力的要素支撑,必须有针对性地增强产业发展的要素支撑。

一是强化人才和科技要素支撑。建立符合湖南蔬菜产销实际的科技及人才支撑体系,抓好蔬菜科技人才和农村蔬菜实用人才队伍建设,突出培养蔬菜科研领军人才、农技推广带头人、农村生产型、经营型和服务型等方面的重点人才,尽快提高全省蔬菜产业的人才、科技支撑水平。健全省、地、县、乡四级蔬菜技术推广体系,充实蔬菜技术推广人员,建立继续教育机制,不断提高蔬菜管理技术推广人员的能力。充分利用技术推广、科研院校、农业广播学校、阳光工程、农村现代远程教育、蔬菜企业等,加大蔬菜乡土人才队伍培养力度。创新人才引进机制,允许和鼓励事业单位干部科技人员带薪带职兴建、领办蔬菜基地和企业,开展多种形式的技术承包和技术服务,充分发挥各类市场主体推进蔬菜技术进步的主体作用。

二是加大资金支持。省、市、县三级统筹整合财政涉农资金,切实加大对蔬菜产业发展的资金投入,对蔬菜基地建设、冷链物流建设、市场拓展、龙头企业扶持、品牌培育等方面予以重点支持。积极鼓励社会资本、工商资本参与蔬菜产业发展,形成多元化投入机制。引导和扶持蔬菜产业发展壮大,在基地建设、批发市场建设、产销信息服务、社会化服务组织、风险基金建立等方面给予必要的资金投入和优惠政策。引导金融机构放低信贷门槛、开发针对蔬菜产业的专门信贷品种,探索开展大型农机具、农业生产设施抵押业务;省财政统筹安排资金支持构建政府性融资担保体系，完善省、市、县三级农业担保体系，支持解决好蔬菜产业融资担保难的问题。因地制宜发展农业保险与再保险，推动蔬菜全产业链保险扩面、增品、提标，重点开展蔬菜自然灾害、目标价格、农产品收入等方面的保险，为提高蔬菜产业抗风险能力提供支撑。

湖南茶叶产业高质量发展报告

湖南是中国传统的产茶大省,种茶历史悠久,茶产业优势得天独厚,在国内茶业界一直占有重要的地位。作为重要优势特色产业,湖南瞄准"建设茶叶强省,打造千亿产业"的目标,推动茶产业发展势头强劲,为湖南农业增效、农民增收和乡村振兴作出了重要贡献。但从整体来看,湖南茶产业的竞争力还有较大的提升空间,面对激烈的市场竞争,需要进一步优结构、提品质、育品牌,走质量兴茶、品牌兴茶的高质量发展道路,加快将茶叶大省的资源优势转变为茶叶强省的发展优势。

一 湖南茶叶产业发展的基本态势

近年来,在湖南省委、省政府与地方各级政府的支持引导下,湖南全省茶园总面积、茶叶总产量基本稳定,茶叶品质不断提升,总产值逐年增长,"三湘四水五彩茶"引领着湖南14个地州市、100多个产茶县、近100家省级龙头茶企全面发力[1],茶产业正成为湖南大力实施"乡村振兴、健康中国、一带一路"发展战略的支柱产业。

(一)茶叶种植稳定发展

1. 区位优势

湖南生态独特,属亚热带大陆季风湿润气候区,光热资源丰富,年

---

[1]《包小村:打造五彩湘茶,助力乡村振兴》,https://www.hunantoday.cn/,2022年4月30日。

均气温16—18℃，年降水量1200—1700毫米，相对湿度多在80%左右。湖南茶区主要分布在湘西武陵山区、湘中雪峰山脉、湘东幕阜与罗霄山脉、湘南南岭山脉及环洞庭湖区，地处北纬25°—30°的种茶黄金纬度带上，气候温和，森林覆盖率70%左右，土壤微酸肥沃，生态环境优美，茶园大多分布在海拔400—800米，昼夜温差较大，常年云雾缭绕，降水量丰富，极有利于茶树生长及茶叶有效成分的积累，基本形成了"长岳山丘、武陵、南岭、罗霄山脉'U'形优质绿茶带"、"雪峰山脉优质绿茶带"、"雪峰山脉和湘北部分地区优质黑茶带"、"环洞庭湖优质黄茶带"和"桃园大叶、江华苦茶、城步峒茶等小乔木红茶和数十万亩野生茶为主资源的湘南红茶带"等五带四类优质茶生产区①，也是全国著名的"绿茶优势产业带""黑茶产业中心""中国黄茶之乡"。

2. 茶园面积

据统计，湖南茶园面积持续增长，到"十三五"末茶园面积在全国产茶省份中排名靠前。到2021年，湖南茶园面积发展到338万亩，与2016年比，增长57.21%，年均增幅为4.27%（见图5-1）。另据统计，2021年湖南茶叶可采摘面积为142.73千公顷，比2016年增长29.32%，年均增幅为5.13%（见图5-2）。

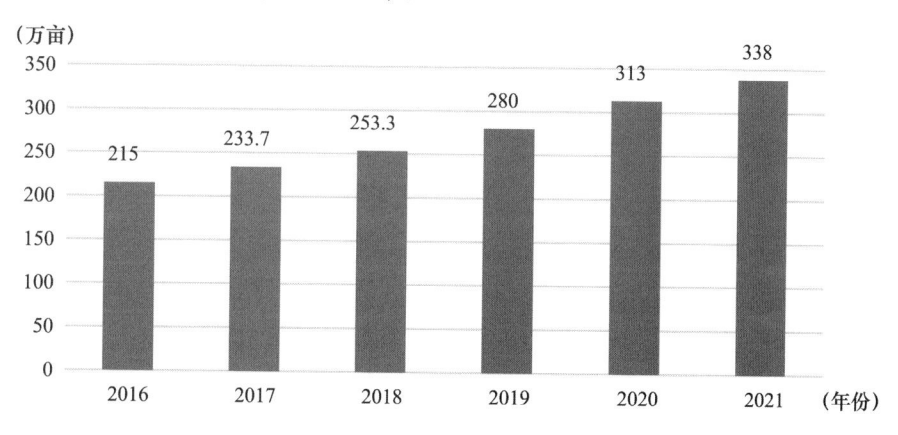

图5-1　2016—2021年湖南茶园面积

资料来源：湖南省茶业协会。

---

① 《湖南省发展和改革委员会、湖南省市场监督管理局关于印发〈湖南省茶叶公共品牌建设实施方案（2021—2025）〉的通知》，湘发改西开〔2021〕635号，2021年8月16日。

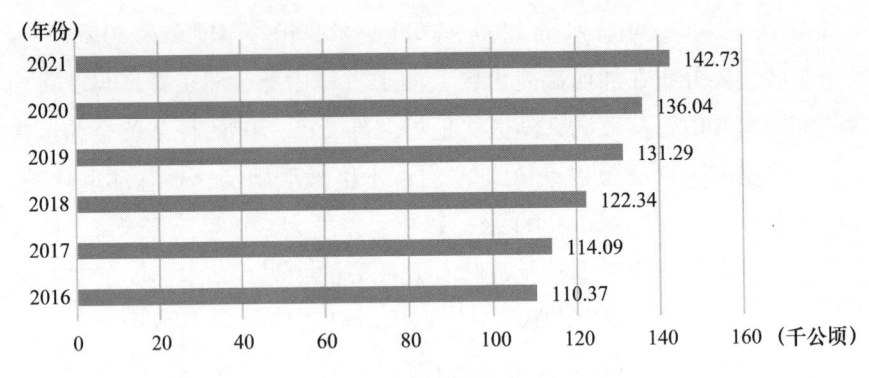

图 5 - 2　2016—2021 年湖南茶叶采摘面积

年份	面积（千公顷）
2021	142.73
2020	136.04
2019	131.29
2018	122.34
2017	114.09
2016	110.37

资料来源：根据历年《湖南农村统计年鉴》有关数据整理。

从整体来看，湖南茶产业布局经过近五年的调整演化，湘西北茶园面积增大较快，湘东茶园面积维持平衡，湘中南茶园面积增长较慢。具体到市（州），怀化市、永州市、湘西州的茶园面积年均增幅最大，分别达到 13.02%、15.60% 和 10.79%；超过湖南年均增幅水平的还有湘潭市、郴州市、常德市，其余市（州）增幅较慢。（见表 5 - 1）。

表 5 - 1　2016—2021 年湖南市州茶园面积　　（单位：千公顷、%）

	2016 年	2017 年	2018 年	2019 年	2020 年	2021 年	年均增幅
长沙市	13.72	13.24	13.41	14.27	14.61	14.44	0.33
衡阳市	4.76	3.72	5.24	5.55	5.80	5.91	1.69
株洲市	2.82	2.39	3.29	3.43	3.45	4.16	3.10
湘潭市	2.84	4.29	3.85	3.88	3.99	4.02	6.84
邵阳市	4.43	4.94	5.20	5.49	5.68	5.94	3.84
岳阳市	15.47	15.82	15.78	16.03	15.47	15.63	0.30
常德市	14.45	17.68	18.91	18.96	19.15	19.35	5.03
张家界	4.65	4.87	5.24	5.46	5.96	6.53	3.45
益阳市	29.28	31.37	32.85	33.77	33.88	33.91	2.21
郴州市	10.35	13.93	14.12	14.41	14.89	15.11	6.67
永州市	2.07	2.42	2.44	4.36	5.30	5.52	15.60
怀化市	9.65	16.54	17.27	17.28	17.19	17.67	13.02
娄底市	6.40	5.79	5.97	5.93	7.19	7.76	0.33

续表

	2016 年	2017 年	2018 年	2019 年	2020 年	2021 年	年均增幅
湘西州	17.83	18.80	21.43	26.06	33.21	47.35	10.79
合计	138.72	155.8	164.99	174.88	185.77	203.30	4.59

资料来源：根据历年《湖南农村统计年鉴》有关数据整理。

3. 茶树种源

湖南地方特色茶树种质资源非常丰富，以安化云台山种、江华苦茶、城步峒茶、汝城白毛茶和保靖黄金茶等5个群体为主要代表，遍布在三湘大地上的山区、丘陵、河湖。目前，湖南利用这些地方特色茶树种质资源，审定（登记）茶树良种36个，其中国家级茶树良种11个，省级茶树良种25个。同时，还直接通过本地野生茶树资源鉴定、选育而成的无性系良种15个、地方群体品种5个，通过种源创新育成无性系良种16个。这是自2017年国家非主要农作物品种采用登记制度以来，湖南已登记的茶树品种，居全国各省第一位[①]。保靖黄金茶1号、黄金茶2号、槠叶齐、碧香早、茗丰、湘红3号、湘茶研8号（原潇湘红21-3）、白毫早、桃源大叶等品种已经成为湖南的主栽茶树良种，茶树良种化率在65%左右。

（二）茶叶加工提质优化

1. 五彩湘茶

潇湘绿茶、湖南红茶、安化黑茶、岳阳黄茶和桑植白茶，已为湖南着力打造的湘茶区域公共品牌，正构建"三湘四水五彩茶香"发展格局，不断推进千亿茶产业迈上新台阶。潇湘绿茶——"神韵大湘西，生态潇湘茶"，重点打造古丈毛尖、湘西黄金茶、沅陵碣滩茶、石门银峰、潇湘花茶，全面实施"标准化基地建设、标准化生产提升、品牌战略营销"。湖南红茶——"花蜜香，甘鲜味"，充分利用"桃源大叶"及"江华苦茶"、"城步峒茶"等小乔木红茶和数十万亩野生茶资源，大胆技术创新，"三湘"特质鲜明。安化黑茶——"世界只有中国有，中国只有湖南有，

---

① 李赛君:《茶树良种与栽培》，中国农业出版社2020年版。

湖南只有安化有"，工艺独到，金花独有，香味独特，养生功效独树一帜。岳阳黄茶——"刀枪林立、雀舌含珠、三起三落、雨后春笋"，与"北港毛尖"黄小茶和"岳阳黄大茶"有机组合，"养颜、养胃、降糖、润肺"功效明显，取得了"高端产品立品牌，中端产品赚利润，大众产品打市场"的良好效果。桑植白茶——"新工艺、老茶味"，着力工艺创新，既有"一年茶，三年药，七年宝"的白茶共性，更有"汤黄亮、味醇甜、孕花香、回味长"的品质特征，并融合白族文化，研制了"风、花、雪、月"系列产品，形成了"品桑植白茶，赏风花雪月"的白茶文化。

2. 产量产值

据统计，"十三五"以来湖南茶叶产量持续增高，从 2015 年的 17.38 万吨，增加到了 2020 年的 25.0 万吨，在全国茶叶总产量占比中也从 7.63% 提高到 8.53%，提高了近 1 个百分点，位居全国前列，一直占据着中国茶叶生产的重要位置（见图 5-3）。

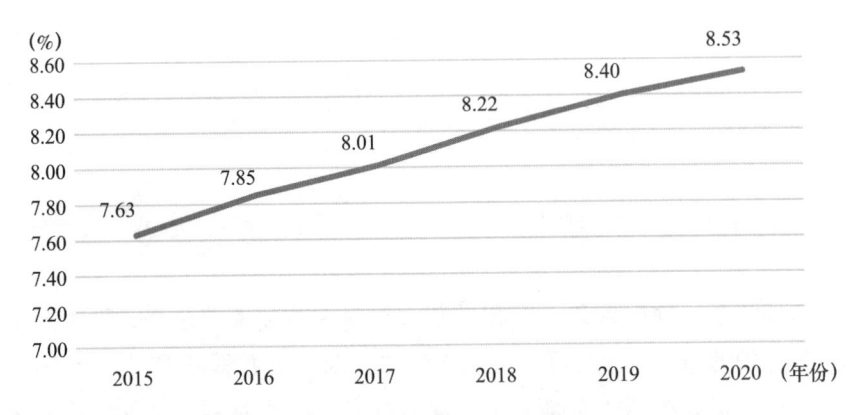

图 5-3 2015—2020 年湖南茶叶产量占全国茶叶总产量的比重

资料来源：根据历年《中国统计年鉴》整理。

在综合产值方面，2021 年湖南茶业综合产值达到 1012 亿元，与 2016 年相比，提高了 56.17%，系历史上首次破千亿元，作为乡村振兴的支柱产业地位得到了进一步巩固（见图 5-4）。其中，第一产业产值 252 亿元，第二产业产值（含精深加工增值）430 亿元，第三产业产值（含茶旅融合）330 亿元。

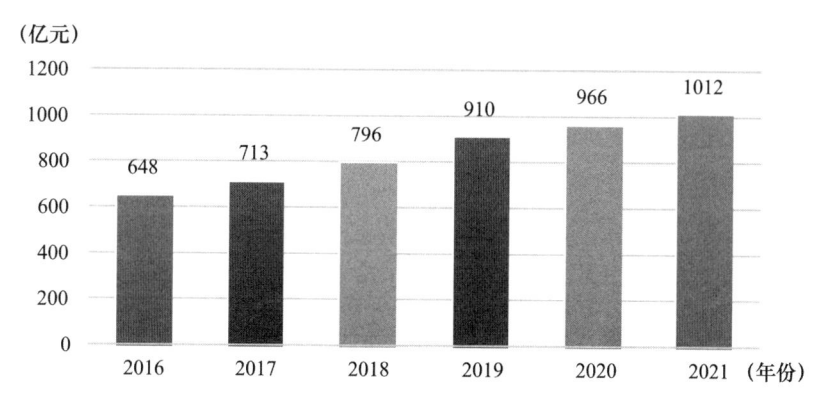

图 5-4 2016—2021 年湖南茶叶综合产值统计情况

资料来源：根据历年《湖南省农村统计年鉴》及湖南省茶叶协会提供的资料整理。

在茶叶品种方面，湖南茶叶品种主要为绿茶、黑茶、红茶，这三类茶品种占到湖南茶叶总产量的 90% 以上。2021 年湖南茶叶总产量为 25.85 万吨，其中绿茶产量为 12.20 万吨，占 47.19%；黑茶产量为 10.19 万吨，占 39.40%；红茶产量为 2.56 万吨，占 9.92%。从增幅上看，与 2016 年相比，绿茶、黑茶、红茶三类主产茶增幅为 20%-60%。近年来，随着市场的需求，独具特色的湖南黄茶和白茶，增幅分别高达 2066.67%、3731.25%，但因总量基数较小，未来拓展空间巨大。湖南青茶以及其他茶品，在市场竞争中没有优势，产量逐年减少（见表 5-2）。

表 5-2 2016—2021 年湖南茶叶产量结构统计 （单位：吨、%）

茶类	2016 年	2017 年	2018 年	2019 年	2020 年	2021 年	2021 年比 2016 年增长
绿茶	78384	88483	95115	104398	114516	122010	55.66
黑茶	75402	78795	87695	95690	102647	101861	35.09
红茶	21348	21198	22848	23512	24422	25645	20.13
黄茶	36	63	386	743	771	780	2066.67
白茶	32	191	967	932	1157	1226	3731.25
青茶	3310	2449	2415	2565	888	851	-74.29

续表

茶类	2016 年	2017 年	2018 年	2019 年	2020 年	2021 年	2021 年比 2016 年增长
其他茶	7539	5954	5261	5610	5679	6164	-18.24
总计	186051	197133	214687	233450	250080	258537	38.96

资料来源：根据历年《湖南省农村统计年鉴》有关数据整理。

另据统计，近五年湖南茶叶主产县市的产量情况稳中有升。目前，茶叶年产量在万吨以上的有安化、长沙、石门、桃江、沅陵、桃源六个县市，其中安化县和长沙县一直稳居前二位。2021 年安化县茶叶年产量高达 7.6 万吨，比 2017 年增长 19.39%，遥遥领先于其他县市。在 2016—2021 年湖南县市茶叶产量前十名中，沅陵县、古丈县年产量增长较快。沅陵县从 2016 年的第十二名一跃进入 2017 年的第六名，增幅达 102.20%，2021 年又进入前五名。古丈县 2018 年进入前九名，2019 年进入前七名，到 2021 年年产量增加到 9580 吨，比 2018 年增长 132.41%（见表 5-3）。

表 5-3　2017—2021 年湖南县市茶叶产量排名前十统计　　　　（单位：吨）

排序	2017 年 县市	产量	2018 年 县市	产量	2019 年 县市	产量	2020 年 县市	产量	2021 年 县市	产量
1	安化	63286	安化	68302	安化	72919	安化	77586	安化	75554
2	长沙	26692	长沙	29900	长沙	32750	长沙	36510	长沙	39826
3	桃江	13827	桃江	14535	石门	15211	桃江	16503	石门	16916
4	石门	11702	石门	13860	桃江	15208	石门	16021	桃江	16519
5	桃源	10202	桃源	9977	桃源	10020	桃源	10199	沅陵	10519
6	沅陵	6066	沅陵	7100	沅陵	8800	沅陵	9626	桃源	10328
7	临湘	4455	宁乡	4485	古丈	7050	古丈	7460	古丈	9580
8	宁乡	4450	临湘	4480	临湘	4763	临湘	4726	临湘	4776
9	洞口	3636	古丈	4122	宁乡	4505	宁乡	4545	宁乡	4622
10	赫山	3324	洞口	3809	洞口	4135	洞口	4254	洞口	4567

资料来源：根据历年《湖南省农村统计年鉴》有关数据整理。

3. 机械化程度

湖南茶叶加工整体上处于连续化向自动化过渡阶段，除了部分作坊式小厂的加工设备仍然是以单机作业为主外，大部分中小茶叶企业加工装备处于机械化向连续化、自动化过渡阶段，部分中大规模的企业实现了茶叶加工的连续化和自动化，个别企业茶叶加工实现了自动化和智能化。湖南已形成的潇湘绿茶、安化黑茶、湖南红茶、岳阳黄茶、桑植白茶等 5 个区域公共品牌中，绿茶、黑茶、红茶的加工技术较为成熟，加工装备在重点企业已经实现机械化和自动化，整体技术水平处于全国先进水平。岳阳黄茶主要是以单机加工和手工加工为主，规模较小，加工技术在全国处于领先水平。白茶加工规模较小，加工设备大部分还处于单机操作阶段，技术水平处于逐步提升阶段，与福建白茶生产技术相比，湖南白茶有其特点，突出创新工艺，凭借"新工艺、老茶味"的特点近两年发展迅速。

（三）茶叶营销多点发力

1. 品牌运作

湖南省级茶业品牌龙头企业阵容不断扩大，形成了以国家重点龙头企业为核心，带动生产加工企业集聚的省、市、县茶叶产业园区 32 个，形成了以国家级、省级、市（州）级茶业龙头企业集群组成的茶业湘军。至 2021 年年底，湖南规模以上茶叶企业 3000 多家，其中国家级龙头企业 6 家，省级龙头企业 67 家，市（州）级龙头企业 300 余家；50 亿元级企业 2 家，10 亿元级以上的企业 5 家，1 亿元级企业 28 家。其中，全国百强茶业企业 5 家，湖南省茶业集团股份有限公司（排第 1）、湘丰茶业集团有限公司（排第 4）、湖南华莱生物科技有限公司（排第 10）、湖南省白沙溪茶厂股份有限公司（排第 21）、益阳茶厂有限公司（排第 42）。全国茶业畅销品牌有四个：湘丰（湘丰茶业集团有限公司）、湘益（益阳茶厂有限公司）、白沙溪（湖南省白沙溪茶厂股份有限公司）和怡清源（湖南省怡清源茶业有限公司）。全国茶业领军企业有 3 家：湖南省茶业集团股份有限公司、湘丰茶业集团有限公司和湖南华莱生物科技有限公司。全国茶业新锐企业 1 家：湖南植歌茶业有限公司。全国茶业百强县有 3

个：安化县、石门县和长沙县①。同期，湖南茶产业在巩固拓展茶产业脱贫攻坚成果、助推乡村振兴中，也取得丰硕成果，涌现了一批"领跑（公用、企业）品牌"和"领军企业"（见表5-4）。

表5-4　　　　2021年度湖南领跑品牌和领军企业名单

领跑品牌	公共品牌（11个）	安化黑茶、长沙绿茶、常德红茶、湘西黄金茶、岳阳黄茶、南岳云雾、古丈毛尖、桃源红茶、邵阳红、十八洞黄金茶（并）、张家界莓茶（并）	
	企业品牌（5个）	品牌名称	公司名称
		狗脑贡	湖南资兴东江狗脑贡茶业有限公司
		白云山	湖南石门县白云山国有林场
		植歌	湖南植歌茶业有限公司
		莽山红	湖南老一队茶业有限公司
		百叠岭	湖南三峰茶业有限责任公司
领军企业	（13个）	湖南茶业集团股份有限公司、湖南华莱生物科技有限公司、湖南省白沙溪茶厂股份有限公司、茶陵县茶祖印象茶业有限公司、湖南潇湘茶业有限公司 湖南石门渫峰名茶有限公司、吉首市新田农业科技开发有限公司、湖南月光茶业科技发展有限公司、桃源县君和野茶开发有限公司、湖南谷佳茶业生态农业科技有限公司（并）、衡阳市宝盖绿康生态农业科技发展有限公司（并）、花垣十八洞黄金茶农业科技有限公司（并）、保靖县林茵茶业有限责任公司（并）	

资料来源：湖南省茶业协会。

2. 市场营销

湖南既是产茶大省，也是消费大省。21世纪以来，随着生活水平的提高和保健意识的增强，消费群体细分和多元化消费已成为茶叶市场的新趋势。湖南的茶叶主要以本省销售为主，其次是销往江浙地区、北方各省以及广东等地，外销主要出口欧盟和俄罗斯、美国、乌兹别克斯坦、阿尔及利亚和乌克兰等20多个国家（地区）。从消费茶产品上看，近年

① 中国茶叶流通协会关于公布《2021年度茶业百强企业名单的通知》（中茶协办〔2021〕76号），2021年10月27日。

来在延续绿茶主导的消费基础上，黑茶、红茶消费快速增长，普及面越来越宽，白茶、黄茶消费也在慢慢地走出产区向省内外扩展。同时，随着消费群体的年轻化，一些本土新款茶饮逐渐成长为湖南茶名片，走向全国。从消费渠道上看，也逐渐走出了依赖茶叶批发市场、农贸集市零售、超市商场专柜、茶叶加盟店、茶叶电商等传统销售渠道，厂家或农户直销、代理分销、连锁配送、专卖店、体验店、电子商务、抖音、微营销等逐渐构成了更为灵活的茶叶营销立体网络，很多厂家、很多品牌都有自己的专卖店或加盟店或者加入了各种电子商务平台，销量稳定。

3. 国际贸易

湖南是传统的出口大省，红茶和绿茶是主要的出口品种。据长沙海关数据，湖南茶叶出口量较为平稳，2016—2021年在3.6万吨上下波动，出口金额基本保持在60000万元以上。2019年，湖南茶叶出口量达到3.9万吨，增长较快，与2018年同比上涨了7.4%，出口金额也达到71201万元高值。但受疫情影响，2020年茶叶出口量为33041吨，下降了近6000吨；2021年有所回缓，出口量达38222吨。从出口均价上看，湖南茶叶出口还是以原料茶出口为主体，即使是小包装茶，品牌价值也不高，与全国出口均价4.88元/千克相比，差距较大（见图5-5）。另外，湖南茶叶出口国家已达70多个，但市场相对集中，主要是欧盟和俄罗斯、美国、乌兹别克斯坦、阿尔及利亚和乌克兰等20多个国家（地区）。

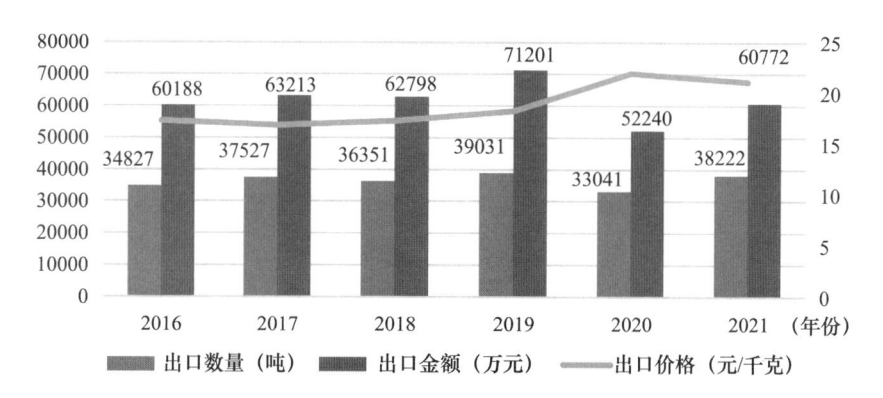

图5-5　2016—2021年湖南茶叶出口数量、出口金额、出口价格

资料来源：根据长沙海关、湖南统计局及湖南茶叶协会等提供的资料整理。

(四) 科技兴茶深入推进

1. 茶树选育

多年来，湖南茶人积极开展了对本地茶树种质群体资源为主的考察、收集、保存和创新利用研究，采用系统育种和杂交育种方法，充分地挖掘湖南境内特有的优异茶树种质资源，从安化云台山大叶、江华苦茶、城步峒茶、汝城白毛茶、黄金茶五大特色珍稀茶种资源中，成功选育出了槠叶齐、桃源大叶、潇湘红21-3、黄金茶1号、碧香春、湘波绿2号、湘妃翠等优异品种；同时，还立足湖南实际，科学地引进和推广软枝乌龙、黄观音、金牡丹、黄金叶、英红9号等优良品种，为五彩湘茶奠定了品牌基因。其中，"特异茶树资源黄金茶创新与利用"获湖南科技进步奖一等奖，"早生优质绿茶玉绿、玉笋选育与推广应用"和"国家级茶树良种槠叶齐的选育与推广应用"获湖南科技进步奖二等奖，"珍贵茶树资源江华苦茶创新利用及新品种潇湘红21-3选育与推广"获湖南科技进步三等奖；"保靖黄金茶1号、黄金茶2号选育与示范推广"获中国茶叶学会科学技术奖一等奖，"高香优质大叶茶树新品种潇湘1号选育与推广"获湖南农科院科技进步奖一等奖等①。目前，湖南茶树种质资源圃、种质资源保护基地以及有茶树种质资源分布的自然保护区共10余个，采用大田扦插繁育和"穴盘扦插+营养钵培育两段法"育苗技术，大量繁育上述良种，每年可出圃良种茶苗3亿株左右，为湖南新老茶园提质扩建以及茶树良种化提供有力保障。

2. 生态茶园

近年来，在国家"减肥减药"和"有机肥替代化肥"行动计划的支持下，湖南茶园培管严格按照"无公害茶、绿色食品茶、有机茶"的环境条件和生产技术规程进行，初步构建了茶树养分精准供给体系和肥源体系，严格土壤选择（pH在4.5—6.5之间的酸性土壤），标准化改土整地，统一栽植规格，铺草遮荫，防旱防渍，合理间作，锄草施肥，以及越冬培土，定型修剪，防治病虫害等都进行了标准化流程操作。湖南有机茶园有机茶认证通过率达到12%，由中国工程院陈宗懋院士团队研发的"绿色生态防控技术"在古丈、安化、石门等产茶大县推广应用，茶

---

① 资料来源：湖南科技厅、湖南省农业科学院、湖南省茶业协会相关材料。

园高产、优质、安全生产技术初见成效。在 2019 年"中国 30 座最美茶园"评选的前十位中，湖南占了三位：云上茶园（益阳市安化县马路镇云台山村，第一名）、湘丰飞跃有机茶基地（长沙市长沙县金井镇脱甲村，第三名）和渠江源茶园（娄底市新化县奉家镇渠江源村，第八名)[①]。

3. 产品开发

随着种源选育、茶园建设、茶园管理的标准化体系在湖南茶园基地中广泛推广，茶叶加工机制化以及"萎凋""做青""杀青""发酵""渥堆"等关键工艺的普及作用，花香型、低苦涩味、高品质的绿茶、红茶、黑茶等湘产茶品逐渐实现规模化、标准化、优质化、清洁化，并向智能化迈进，夏秋茶利用率约提高 10%，高品质、多品类的湘产茶品逐渐地走出省域，向境内外畅销。随着黑茶"调控发花""高效综合降氟"等加工技术的应用，产品综合效益提高了 50% 以上；黑茶加工装备创新及应用，着力推动了黑茶并带动了湖南绿茶和红茶逐步向机械化、自动化、标准化、智能化、规模化加工生产发展。酶促发酵、膜分离、超临界萃取和柱色谱纯化尤其是模拟移动床色谱纯化等技术的应用，基本实现了茶叶深加工领域的绿色低碳技术工艺对传统有机溶剂萃取工艺的替代，快速推动了速溶茶、茶多酚、儿茶素等粗提物向高纯或单体儿茶素、茶黄素、茶氨酸等高端提取物发展，"健"字号黑茶深加工产品取得重大突破，催生了"轻轻茶""小黑茶"等精深加工产品，延长了产业链，提高了附加值。湖南农业大学刘仲华院士团队研究的"黑茶提质增效关键技术创新与产业化应用"获国家科技进步二等奖。在茉莉花茶研制方面，创立了一次窨制、无复火的智能化窨制新技术，下花量仅需传统工艺的 20%，显著降低了鲜花成本与加工成本，提高了花茶质量。同时，通过对不同茶类、茶与类茶植物的科学拼配以及奶茶、茶饮料、茶糖果等茶食品开发，研发了系列泡茶机，改变了茶产品形态，稳步推进不同茶类及其生物活性成分在抗氧化、延缓衰老、保护肝脏、调节代谢、调理肠胃等健康作用，促进了方便化、时尚化、功能化和品牌化的茶叶消费，在全国茶消费市场掀起了一股"湖南茶时尚"。

---

① 中农促茶产业委员会：《35 座"2019 中国美丽茶园"揭晓》，https://www.capiac-cti.org.cn/。

4. 科研实力

湖南茶叶科教实力在全国各省（区、市）中居于领先水平，这是湖南茶叶产业发展最重要的优势之一。湖南农业大学茶学系是我国高校中最早设立的茶学学科之一，综合实力居全国领先水平，为国家级特色专业和湖南重点学科，拥有国家植物功能成分利用工程技术研究中心、茶学教育部重点实验室、湖南天然产物工程技术研究中心、湖南农业大学茶叶研究所等科研平台，茶学系还拥有一支强大的专业教师队伍，现有专业教师28人，其中教授12人、副教授9人，博士生导师9人，硕士生导师14人，其中刘仲华院士是全国高校茶学学科中唯一的中国工程院院士。湖南省茶叶研究所是省级茶叶科学研究专业机构，中国茶业商学院、湖南农业大学、邵阳市农业科学院、湘西自治州农业科学研究院等单位设有茶叶研究机构，郴州市农业科学研究所、张家界市农业科学技术研究所设有茶叶研究室等。湖南现有茶叶科研相关的国家级创新平台3个、部级创新平台2个、省级工程技术研究中心4个，科研攻关能力不断增强，形成产学研联动格局（见表5-5）。另外，湖南有国家茶叶产业技术体系岗位2个、试验站2个；省茶叶产业技术体系岗位6个、试验站5个；建设有湖南产业技术创新战略联盟2个（见表5-6）。湖南在茶树资源创新、品种选育、茶树栽培、茶园绿色防控、茶叶加工、茶叶深加工等领域的技术创新以及专业技术人才的培养体系均处于国内领先水平。

表5-5　　　　湖南茶叶科研机构和科技创新平台名录

序号	平台名称	批准单位	依托单位
1	国家植物功能成分利用工程技术研究中心	科技部	湖南农业大学
2	国家茶树改良中心湖南分中心	农业农村部	湖南省茶叶研究所
3	国家茶叶加工技术研发中心湖南分中心	农业农村部	湖南省茶业集团有限公司
4	农业部茶树及茶叶加工科学观测实验站		湖南省茶叶研究所
5	茶学教育部重点实验室	教育部、湖南省人民政府	湖南农业大学

续表

序号	平台名称	批准单位	依托单位
6	湖南省茶叶检测中心	湖南省编办	湖南省茶叶研究所
7	湖南省茶叶栽培与加工工程技术研究中心	湖南省科技厅	湖南省茶业集团有限公司
			湖南农业大学
			湖南省茶叶研究所
8	湖南省茶叶加工装备工程技术研究中心		长沙湘丰茶叶机械制造有限公司
9	湖南省茶树品种与种苗工程技术研究中心		湖南省茶叶研究所

资料来源：湖南省农业农村厅、湖南省科技厅、湖南省茶业协会。

表5-6 **国家、省产业技术体系及创新战略联盟**

类别	岗位名称	岗位专家（站长）	依托单位
国家茶叶产业技术体系	深加工研究室主任	刘仲华	湖南农业大学
	黑茶育种	杨阳	湖南省茶叶研究所
	长沙综合试验站	郑红发	湖南省茶叶研究所
	湘西综合试验站	刘翠红	古丈县茶叶局
湖南省茶叶产业技术体系	首席专家	包小村	湖南省茶叶研究所
	茶树育引种岗位	沈程文	湖南农业大学
	栽培岗位	李赛君	湖南省茶叶研究所
	质量安全岗位	王沅江	湖南省茶叶研究所
	加工岗位	肖力争	湖南农业大学
	装备岗位	汤哲	长沙湘丰智能装备股份有限公司
	湘中试验站	陈庆	安化县茶旅服务中心
	湘南试验站	王正秋	衡阳市经济作物生产技术站
	南岭及罗霄山区试验站	刘跃荣	郴州市农业科学研究所
	湘西试验站	彭云	湘西州农业科学研究院
	湘西试验站	郭翔生	吉首市一两金茶业有限公司

续表

类别	岗位名称	岗位专家（站长）	依托单位
创新战略联盟	湖南省茶产业技术创新战略联盟		湖南省茶业集团有限公司
	湖南黑茶产业技术创新战略联盟		湖南省白沙溪茶厂股份有限公司

资料来源：湖南省农业农村厅、湖南省科技厅、湖南省茶业协会。

（五）服务保障不断增强

1. 政策支持

茶叶是湖南具有比较优势的传统农产品。省委、省政府历来高度重视茶产业发展，把茶叶作为湖南强农行动、支柱产业给予了政策倾斜、重点扶持。21世纪初，省人民政府就出台了《关于加快茶叶产业发展的意见》（湘政发〔2001〕30号）。2006年，省政府办公厅下发了《进一步加快湖南茶叶产业的发展》（湘政办发〔2006〕24号）后，省直部门、湖南茶叶主产市县相继出台了支持茶产业发展的相关政策及实施方案，创新了支持办法，加大了扶持力度，积极营造了湖南大力发展茶产业的政策环境。

党的十八大以来，随着国家"精准扶贫"战略的推进，省委省政府正式将茶产业确立为扶贫支柱产业，先后出台了《关于全面推进茶叶产业提质升级的意见》（湘政发〔2013〕26号）、《湖南茶叶发展规划》（湘政办发〔2014〕6号），湖南财政厅还专门出台了《关于支持湖南茶叶产业发展的意见》（湘财农发〔2014〕59号），明确了"建设茶叶强省，打造千亿茶产业"的发展目标。2015年，省发改委、省农委联合印发了《关于加快大湘西地区茶叶公共品牌建设的实施方案》（湘发改西开〔2015〕803号），加大了政策扶持与资金投入，大力推进以打造大湘西"潇湘"茶区域公共品牌为核心的"一三七"工程，卓有成效地塑造了"潇湘"茶全国知名公共品牌形象，培育壮大了湖南绿茶产业集群。

党的十九大以来，省委、省政府把茶产业作为推进乡村振兴的重要支柱产业，继续予以大力支持。2018年，省政府出台了《关于深入推进农业"百千万"工程促进产业兴旺的意见》（湘政发〔2018〕3号），明确了"政府引导、企业主导、协会平台"的茶产业运作模式，极力推进"三湘四水五彩茶"的发展格局。2021年，省发改委、省市场监督管理局联合出台了《湖南省茶叶公共品牌建设实施方案（2020—2025）》（湘发改西开〔2021〕635号），湖南省农业农村厅还制定了《湖南省千亿茶叶产业高质量发展规划（2020—2025）》，擘画了湖南茶产业发展蓝图，为促进湖南从茶叶大省向茶叶强省转变提供了行动指南。

2. 行业服务

茶叶行业组织的系统服务是茶产业发展的重要推手。湖南省茶业协会、湖南省茶叶学会、湖南省大湘西茶产业发展促进会、湖南省红茶产业发展促进会、湖南省茶馆行业协会等行业组织先后成立，对产业的推动与服务不断增强，对促进各地茶产业发展及其品牌兴起发挥了重要作用。行业组织充分发挥了茶农、企业与政府之间的纽带桥梁作用，积极协助政府有关部门，调查研究相关政策，大力促成省政府和相关部门出台了一系列推动湖南茶产业发展的规划及政策措施，指导湖南茶叶产业稳健发展。行业组织还积极协助有关部门加强茶叶品质管理，建立茶叶标准化生产和质量保证体系，保障茶产品的安全卫生；认真贯彻落实相关政策，提供指导、协调和服务，引导和促进湖南茶叶科研、信息、生产、加工、贸易的合作与交流，引导、规范湖南茶产业的生产经营活动。行业组织还积极挖掘了炎帝茶祖神农文化资源，确立神农的中华茶祖地位，丰富和发展了以茶祖神农为源头的湖湘茶文化，共同组织一系列境内外茶事活动，为湖南茶叶品牌宣传推介、渠道建设、市场拓展及茶文化推广发挥了重要作用。湖南产茶市、县基本形成了比较完备的茶叶行业组织服务体系，除永州外13个市（州）均成立了市（州）茶叶行业组织，32个区县成立了区县茶叶行业组织，在推进湖南千亿茶产业发展中发挥着重要作用。

3. 茶馆助力

近年来，随着湖南茶文化的复兴与茶行业的发展，湖南茶馆业也迅速发展，并在全国形成了一定的影响力，长沙与重庆、广州同为全国三个市民最喜欢上茶馆的城市。据统计，湖南茶馆已达2万余家，包括各种茶馆、茶艺馆、茶坊、茶餐厅、茶室、茶社、茶楼等，从业人员数十万，产值达200余亿元。2021年成立的湖南茶馆行业协会是湖南茶馆行业内唯一的省级社会组织，旨在繁荣湖湘茶文化，做大做强多元融合的湘派茶馆。茶馆业在不断适应社会文化需求的同时，重点拓展其在区域茶文化宣传、茶叶产品推介等方面的功能，与产业融合程度不断加强。作为茶产业链上最重要的环节之一，湖南各类茶馆是湘茶产业的终端行业，直接与消费者对接，致力于茶叶销售服务的"最后一公里"，对茶知识的普及、茶文化的传播、茶艺师的培养、从业人员的就业及茶叶门店管理人才的提升等方面起到了很大的作用。

4. 宣传推广

近年来，为进一步增强茶叶品牌带动作用，扩大品牌效应，做大做强茶产业，省委省政府致力强化茶叶宣传推广的顶层设计，相关部门加大了支持力度，联手茶行业组织以骨干茶业、龙头企业为载体，苦练内功、外树形象，创新使用各种宣传推广方式，极力打造出"三湘四水五彩茶"五大地方公共品牌。在2021年"中国茶叶区域公用品牌价值评估"中，"五彩湘茶"强势占据了三个重要席位，"潇湘"茶叶以68.42亿元市值位居第四，"安化黑茶"以43.85亿元市值排列第11名，沅陵碣滩也以31.9亿元市值排第36名[①]。在推广方式上，坚持线上线下并重，中心化传播与整合营销传播相结合的原则，将"五彩湘茶"宣传产品投放至区域中心城市高铁站、地铁站、机场、高速公路沿线等场所，并充分发挥湖南卫视茶频道、湖南人民广播电台经济频道和《茶叶通讯》《湖南茶业》《安化黑茶》等传统媒体、新媒体以及自媒体的影响力，加大宣传推广力度，扩大了市场覆盖面。坚持组织参加国内外茶叶博览会、茶文化节、产销对接会、茶商会和重点区域市场推介会，集中参展参销，扩大"五彩湘茶"知名度。坚持挖掘黑茶文化、茶祖文化、茶马古道等湘茶文化，利用影视、歌曲、节会等形式，开展了"中华茶祖节""安化黑茶文化节"等重大活动，开发了如"挑担茶叶上北京""桑植七碗茶歌""古丈茶歌""湖南茶叶大观"等湘茶文化传播经典，大力弘扬"五彩湘茶"文化，提升了湘茶产业经济价值的扩散效应。同时，坚持帮扶和鼓励企业根据自身情况定制企业品牌培育推广方案，推

---

① 《2022中国茶叶区域公用品牌价值评估结果》，http://www.brand.zju.edu.cn/main.htm。

行差异化、针对性的品牌营销，先后涌现一批"怡清源""金井""君山银针""猴王""古洞春""湘丰""白沙溪"等中国驰名商标，着力打造湖南农业的优势特色"茶名片"。

二 湖南茶产业发展存在的主要问题

"十三五"时期，围绕生态、安全、优质、高效，湖南茶产业稳步地向纵深发展，培养壮大了龙头企业，打造了"五彩湘茶"名优品牌，提升了湖南茶产业在全国茶叶链的影响力。但目前，湖南茶叶产业发展的"多、乱、杂、小"特征仍较明显，发展中还存在以下主要问题。

（一）茶园培管水平总体不高

1. 低产茶园改造较慢

湖南茶类品种众多，绿茶、黑茶、红茶、青茶、黄茶、花茶、白茶，几乎涵盖所有茶类。但目前湖南茶树无性系良种率只有65%左右，低于福建、浙江、贵州等省，甚至低于全国平均水平。大多数茶区种植品种单一，加工品类繁多，品种的搭配不合理。特别是近年来，湖南红茶、黄茶、白茶等茶类兴起，而适合本省种植的特优适制品种推广不多，制约了品质的提升。同时，标准化、规模化茶园比例小，特优品种种植面积比率不高。湖南集中连片高标准现代化茶园少，不及周边兄弟省区。另外，湖南绝大多数茶园都以做名优绿茶为主，多数只生产春茶，因夏秋气温高，采茶、制茶环境恶劣，劳动强度大，机械化程度低，茶区劳力又短缺，人工费用高，大批夏秋茶鲜叶原料被弃采。目前，湖南重点产茶县市仅有40多个，部分产茶县历史上就是重点集中种植区，茶园面积大，多数茶园都是20世纪90年代之前开发出来的，亩产低下，提质改造进程缓慢。

2. 培管水平有待改进

湖南超过60%的茶园分布在丘陵山区，相当一部分茶园规模较小且分布零散，立地条件差，田间道路、排灌沟渠、电力电信、物流交通等基础设施不相配套，防汛抗旱应急保障能力十分欠缺，"靠天吃饭"的传统茶产业一直难于走出困境。茶园耕作、水肥管理、采摘新装备应用和普及极为欠缺，茶园耕作机械使用率低，适合的耕作机械不多，与省外同行业比较差距较大。目前，茶园人工管理成本高，茶叶生产的劳动力成本占总成本40%以上，劳动力短缺、老龄化现象十分严重，生产季节劳动力十分短缺且工价飙高，严重制约了名优茶的生产及发展。另外，湖南茶园水肥一体化建设还处在起步阶段，许多茶园水肥管理既不科学又不规范，一般存在着两个偏差：效益好的茶园，化肥施用过量，合理的配方施肥应用不广，微量元素不够；而另一方面，片面地强调有机，茶树存在缺氮，严重影响产量。

3. 绿色防控任务艰巨

目前，湖南茶园病虫防治、沿土配方施肥、茶树修剪、茶园绿化等绿色防控科技含量也不高。在培管使用方面，大多数茶农绿色防控意思较弱，科学用药等技术的培训较少，生产中又追求短、平、快的病虫防治方式，再加上农资经营管理不规范，普遍存在用药品种多、次数多、施用量大、安全间隔期执行不严格等问题，导致茶叶产品安全隐患始终难以得到遏制。在宣传推广方面，湖南基层植保部门专业技术力量薄弱，尤其缺乏茶叶病虫防治技术推广队伍，茶叶病虫防治技术普及率低，病虫害防治技术推广覆盖面极为有限，湖南实际应用绿色防控技术茶园面积只有50%左右。这些不仅增加了茶叶生产成本，也增强了病虫抗药性和茶叶农药残留超标的风险，严重制约着湖南茶叶出口。湖南茶产业绿色发展任务艰巨、效益提升难度加大、销售压力持续叠加、绿色贸易壁垒严重，导致了湖南茶产品出现较严重的产能结构性过剩。

4. 种植组织化程度低

据调查，受农业传统思想、村庄治理体制以及自然地貌等多种因素束缚，湖南茶农平均年龄在50岁以上，受教育程度为小学及以下和初中的茶农占80%以上，种植面积在10亩及以下的也在80%以上，以茶叶基地加入茶叶专业合作社的农户不到30%。可见，湖南茶叶生产大多还是以家庭为单位，缺乏与市场需求相适应的社会化服务组织，一家一户独立茶园培管、生产加工、市场销售，没有形成联合，增管水平参差不齐，自管、自产、自销的茶产业链过长、过散，劳动成本无限扩大，严重制约着湘茶的市场竞争力。2021年，湖南共有338万亩茶园，但具有规模化的茶园为数不多，这与国内外贸易大市场大流通的发展趋势不相适应，小生产与大市场的矛盾日益突出。

（二）生产标准化程度相对较低

1. 生产企业高度分散

湖南有茶叶初加工、精加工企业3000多家，手工小作坊不计其数，真正上规模的茶叶加工企业屈指可数，特别是标准化、规模化、机械化的龙头企业更加寥寥无几。一些主产茶区的"市龙头、县龙头"企业，资本实力不强，抗市场风险能力弱，整合能力欠缺，经营理念落后，真正能整合区域茶资源、带动区域茶产业发展的大型龙头企业少之又少，与福建、浙江、云南、四川、湖北等省相比差距较大。以石门县为例，据调查县域范围内有各类大小茶叶加工厂200多家，而年产值过千万元的企业只有溪峰名茶有限公司、壶瓶山茶业有限公司，大部分的茶叶企业培管、加工、销售都是家庭"一条龙"运作，单打独斗、各自为政，规模小、基础设施陈旧、加工技术水平不高，成本大、效率低。又如，古丈县目前茶叶生产企业或厂家仅有50余家，加工大户有500余户，茶叶合作社等组织超过30个。可见，这种分散经营的"小农经济"产业格局，水平不一、品牌繁杂、恶性竞争，严重影响湖南茶叶产业化、市场化、国际化进程。

2. 加工体系不完善

湖南除少数国家和省级茶叶龙头企业外，相当一部分茶叶企业加工装备、加工技术相对落后，一线加工技术工人少、职工队伍不稳定，尤其是名优绿茶的机械化制作推广面窄，多半工艺流程是由手工完成，控制统一标准的不确定性大，距离茶叶加工标准化、清洁化、自动化、智能化要求相去甚远。一方面，部分茶叶企业加工场所规划设计和功能布局不合理，难以达到国家食品生产的GMP要求；部分茶厂厂房简陋、加工设备陈旧、卫生环境条件欠佳，执行生产标准不到位，造成各类茶加工水平参差不齐，严重影响茶叶品质和卫生安全。另一方面，湖南茶叶精加工的普及率十分低，粗加工品的周年外形与内质不稳定，茶叶生物活性物质提取、分离、纯化与利用进展缓慢，导致茶叶保质期短，制约着茶叶的增产增收。目前，湖南各地茶叶主产区均已制定实施地理标志产品的生产技术标准，但茶叶加工工艺标准修订滞后，在茶叶制作、检测、监督过程难以执行到位，尤其是在绿茶、红茶、黄茶加工中存在装备不配套、工艺把握不准、产品质量不稳等难题。

（三）茶业品牌建设亟待加强

1. 品牌体系有待整合

目前，湖南茶产业已形成了"三湘四水五彩茶"的品牌格局，但地方之间、部门之间、企业之间缺乏统一规划和统筹协调，在"五彩"茶类下又派生出一批市县区茶叶公共品牌，这些品牌小而散，难以形成发展合力，品牌效应相对不足。例如，近几年横空出世的"潇湘"茶区域公用品牌，是湖南茶产业从全省战略层面推出的顶层设计，需要对产业资源进行梳理与整合，实施范围包括武陵山片区的湘西州、张家界、怀化、邵阳、娄底、常德6市（州）所辖的共45个县（市、区），以"潇湘"茶为统一的公共品牌，以沅陵碣滩茶、潇湘黄金茶（包括保靖黄金茶在内）、古丈毛尖、石门银峰等国家地理标志产品和驰名商标为主体，中小企业广泛参与的"潇湘"茶+品牌建设体系，但"沅陵碣滩""保靖黄金茶""古丈毛尖""石门银峰"本来就是地方区域性多年沉淀的公共品牌，不仅在区域内，而在省外甚至在境外都已拥有了一定的影响力，梳理、整合、凝聚这些品牌效力才刚刚起步。另外，在这些公共品牌内，还存在着区域品牌之争："沅陵碣滩"与"怀化碣滩"、"保靖黄金茶"与"湘西黄金茶"等；同时，在同一区域公共品牌下，还存在着众多的企业品牌；甚至在同一家企业里，又发展了多个品牌，各个品牌的推广和销售又分开进行，使得产品销售和品牌推广成本剧增。据不完全统计，湖南拥有大大小小茶叶品牌近1400多个，呈现"多、乱、杂、小"的混乱局面，弄虚作假、以次充优、天价茶叶的茶市乱像时常发生，严重减弱"五彩湘茶"的品牌效应。

2. 品牌拓展能力弱

目前，省内大多数品牌茶企业规模偏小，管理水平不高，产品质量不稳，缺乏专业营销队伍，从产品的定位、包装、宣传等各方面热衷于模仿，少有创新，导致企业间产品同质化，营销模式和营销手段单一，茶文化和茶商品信息对行业外消费群的渗透力和吸引力不够，同业竞争激烈，普遍存在会做茶、不会卖茶的现象，品牌产品结构性过剩严重。

另外，大多数品牌企业在茶叶种植、分拣、制茶、包装、销售等过程中，采用的是传统的管理模式，在保障湘茶产品质量、包装样式、价格体系、销售渠道等方面无法形成产业化经营，导致同类品牌茶叶在销售市场上的包装样式、产品质量、价格体系等方面出现明显的差异性，使得消费者对湘茶品牌产品的认可度大为降低。品牌湘茶的产业结构比较单一，缺乏附加值的尝试挖掘，其他附加产品和衍生产品十分有限，从而使湘茶的品牌价值大打折扣。总之，虽然湖南茶叶企业在全国茶叶企业百强评选中名次不断上升，上榜的品牌也不断增加，但从总体来看，湖南"有好茶、无大品牌"，尚未真正形成面对国内外市场的品牌优势。

（四）科技创新发展后劲乏力

1. 企业创新力不强

近年来，湖南在茶叶科研领域取得了系列可喜成果，主要集中在湖南农业大学的刘仲华团队和湖南省茶叶研究所，而创新主体茶企业的主动参与缺失，政产学研脱节严重，科研成果转化周期长，科技创新发展后劲严重乏力。少数几家国家级龙头企业和省级龙头企业科技创新活力不足，大多数茶企业为小微企业，缺乏科技创新的资本投入和战略眼光，企业内科研人才又相当匮乏，没有形成系统的科技创新体系，企业创新能力十分薄弱。

2. 茶业人才生态欠优

茶产业是典型的传统农业，投入大、链条广、周期长、见效慢、收益低，市场化程度不高，能在茶产业再赋能提质的机会十分有限，人才创新创业难显活力。一方面，公益性茶叶科教创新和科技推广的方式单一且供给有限；目前，湖南农业大学茶学系、湖南省茶叶研究所和中国茶业茶学院是湖南三家茶叶教学科研人才培养的专业机构，人员规模、专业设置、主攻方向都比较单一，引才聚才能力有限；同时，政府茶叶技术推广部门的机制改革，茶叶生产基层的机械适用设计研究、茶学技术指导和茶叶新科技推广功能普遍弱化，基层一线茶叶科技推广平台欠缺，茶产业专技人才成长环境恶化加剧。另一方面，传统茶产品的生产加工、销售经营，主要还是通过简易制作、传统工艺和坐店销售，很难接受现代科技提供的新技术或新方式，何况传统、古朴、民族、乡土特色茶叶生产加工工艺的时兴，又人为地倍增了现代科技以及科技人才走进茶叶生产加工一线的创新创业成本，给湘茶人才开发筑就了一道与现代创新创业相逆阻的天然屏障。再者，由于茶产业岗位体系建设不健全，科技创新与市场价值体现相脱节，茶产业各岗位上科技人才的价值体现，缺乏一个较为稳定的市场标准和政策参考，完全取决于相关主体的主观意愿，导致在一些"制茶大师、工匠大师、茶艺名师"评选活动上经常出现"一张奖状一个杯"的尴尬场景，严重影响了人才的创新活力。

3. 科技创新扶持力度偏弱

科技是促进茶产业发展的核心动力，是提升茶产业整体水平、提高产品附加值的最有效手段，相比其他大宗农作物而言，茶产业更是一个农、工、贸、文多学科交叉和三产深度融合的特色产业。但长久以来，湖南尚未制定一个茶产业科技创新的中长期发展规划和政策支撑体系，缺乏明确的科研方向、科研目标以及科研队伍建设，导致科技投入没有系统性、长期性、稳定性，科研项目开发随意性、短视性、零散性，从而使得原创性的基础研究、应用基础研究以及关键共性技术研究不聚焦、不深入、不长远，这些制约着湘茶业发展的瓶颈突破。另外，地方政府产业扶持政策的捆绑打包操作模式，进一步弱化了茶产业扶贫或者茶科创的资金定位，争取政府政策支持更显得力不从心，获得科研创新政策扶持更是微乎其微。

三　促进湖南茶叶产业高质量发展的对策建议

为贯彻落实乡村振兴发展战略，提升优势特色千亿产业全产业链现代化水平，应加快优化湘茶业布局，加大政策扶持和科技创新，推进湖南茶产业、茶科技、茶文化统筹发展，大力推进茶产业标准化、机械化、生态化、智能化，提高"五彩湘茶"品牌效应，促进湖南从茶叶大省向茶叶强省转变。

（一）统筹优化产业布局

统筹做好湖南"三湘四水五彩茶"产业发展的规划体系，统筹擘画湘茶的产业布局、生态防控、科技创新、品牌运营，推进"三湘四水五彩茶"产业有序、协调发展。一是合理布局"五彩湘茶"品牌产品的生产基地和发展规模，充分利用湖南茶主产地高海拔山区和库区资源条件，突出地方特色、强调区域差异，以名优绿茶和黑茶为重点，优化筛选具有特色优势的湘茶主导资源（产品），高质量建设武陵山脉、南岭山脉、罗霄山脉以及长岳山丘区U形优质绿茶带、雪峰山脉优质黑茶带、环洞庭湖优质黄茶带和在原有红碎茶出口的17个县（市、区），着力打造优质红茶带。二是前瞻谋划"五彩湘茶"一二三产业深度融合的发展布局，突出解决好茶农、茶园基地、生产企业、销售公司间链接中的资源不平衡、价值不均等、信息不对称等问题，保障整个茶产业链全息畅通，同时要立足各自链节突出向相关产业衍生发展，实现内畅通外融合；要突出解决好区域性茶叶初精加工和市场流通所需要的基础设施和营商环境，明确建设市场主体、生产经营机制和公共服务以及配套政策体系，为其他产业融通茶业提供平台或渠道。三是要增扩渠道，加大资金投入，力促布局落到实处。要发挥财政资金的引导作用，带动金融和社会资本投入，尤其要鼓励金融机构开发、完善适合茶产业发展的金融产品和服务，撬动更多金融资本、社会资本投入茶产业，进一步支持扩大茶企发展规模。

（二）推进生态标准茶园建设

一是改善良种繁育体系，优化茶树品种。充分利用湖南较多良种的茶树资源，加大繁育良种茶苗的资金投入和政策倾斜，在湖南范围内重点打造3—5个规模化的定点良种茶苗繁育企业（或场），保障湖南茶树良种供给均衡、稳定，同时加快湖南茶园提质改造，极力改良茶树品种。二是鼓励建设标准化茶园基地。要严格按照生态茶园建设规范，实行绿色培管，改善茶园环境。合理种植生态树林，建立生物多样性立体复合园林，推进茶园绿化；严格按照"无公害茶、绿色食品茶、有机茶"的环境条件和生产技术规程进行茶园培管，构建茶树养分精准供给体系和肥源体系，严格土壤选择与整改，合理间作，科学铺草修剪、防旱防渍，建立立体综合病虫害防治系统，保证茶园内的生态平衡；茶主产市县要设置专项补偿金，给验收通过的茶园基地适当补贴。三是加强生态监管。依托茶叶主产区的县（市）区农业执法大队，严格按照《生态茶园建设规模》（国标），与茶园企业或专业合作社或茶农签订《生态花园安全生产承诺书》，强化生态茶园日常生产记录档案的审查，加强对各茶叶基地培管、生产加工企业进行不定期的抽样检测，建立生态茶园信用通报制度，对违规违法行为进行从重从严处罚。四是建设智慧茶园。应用大数据、物联网、信息化、云服务等核心技术，对茶园区域的气象环境、土壤墒情、病虫害、农事活动等进行实时监测并上传云端，为科学化茶园管理或产品溯源提供数据支持，打造可视化、数字化、智能化茶园综合体，持续引领"五彩湘茶"的高质量发展。

（三）做大做强茶叶龙头企业

一是强化政策支持。依靠国家与地方政策，加大财政、科创、金融、国土扶持力度，坚持"扶优、扶大、扶强"，以国家级、省级龙头企业为重点，扶持一批起点高、规模大、带动力强的茶叶龙头企业和企业集群，组建一批"产—制—销一体化"的大型茶叶企业集团；同时深化国有企业体制改革，提高茶企业现代管理水平，完善茶产业链各利益连续机制，逐步解决小生产与大市场的矛盾，增强龙头企业创新活力和市场竞争力。二是实施超级单品发展战略。立足"三湘四水五彩茶"特色优势资源，通过优化现有单品和研发新单品两条路径，助推国家级龙头企业打造亿元级、十亿元级单品，省级龙头企业打造千万元级、亿元级单品，其他企业也要打造百万元级单品，共同铸造"单品相连、企业相通"的特色湘茶开发体系。三是推广行之有效的产业化经营联盟。充分利用湖南运行机制健全、协调能力强劲的行业组织平台，推进由国家级、省级龙头企业牵头的湖南"种植—加工—销售"茶产业链建设，打造"风险共担、利益共享"的新机制，强化"自我发展、自我约束、自我保护、诚信经营"理念，维护公平竞争、体现优质优价，保护企业和茶农利益，增强辐射带动功能。四是积极推动茶业融合发展。一方面要大力推动茶旅融合发展，以龙头企业为主体，变产区为景区，变茶园为公园，变农舍为民宿，变基地为课堂，变产品为商品，实现"茶旅文康"全面发展。另一方面，要大力推动"五彩湘茶"与区域特色产品的深度融合，尤其是与"湘饮""湘食""湘艺""湘器"等湖南特色产品的跨界融合，从"文化、产品、消费、渠道"等方面创新融合方式，增强"五彩湘茶"市场活力。

（四）完善茶叶科技支撑体系

第一，加大茶叶科技创新力度。以湖南农业大学、湖南省茶叶研究所的国家茶叶重点实验室和国家茶叶提取物工程技术中心及龙头企业现有工程技术研发平台为依托，坚持政策引导和市场导向，统筹规划茶叶科研开发，开拓渠道加大科研投入，紧紧围绕湖南茶产业发展中的关键技术和瓶颈问题，在茶树良种选育、茶苗快速繁育、茶园机械化研发和使用、茶叶生物技术研发、茶叶精深加工应用、茶叶现代化生产管理模式等关键环节，加强龙头企业与科研单位、高等院校的合作，探索建立合作紧密的茶叶科研实体，开展创新研究和技术攻关，不断推出新技术、新产品、新成果，逐渐构建现代茶产业科创体系，提升湖南茶业科技竞争力。第二，强化茶叶科技推广。进一步完善常态化的科研院校茶叶科技人员到基层挂职的服务机制，建立系统的市、县、乡三级茶叶科技服务体系，在茶叶主产区的县、乡两级要配备茶叶专业技术推广人员，积极推广茶叶高产栽培技术、深加工技术、清洁化生产技术以及茶叶机械与自动化技术；同时，政府主管部门要利用各种现代信息技术端口，加强面对茶农、茶企、茶业的社会化宣传服务、网络交易服务与市场信息服务，推广应用有机茶叶技术，推广茶叶生物活性物质的提取与综合利用技术，推广现代信息服务和智能管理技术，提高茶叶科技的进户率、到园率和入市率。第三，完善湘茶人才培养体系。首先，在扩容提质、做大做强湖南农业大学茶学系的基础上，要大力整合省内各级专业茶叶研究所、企业茶叶研发部和高等院校茶学教育优势资源，大胆实施教育改革，争取升格创建体系齐全、管理规范的"湘茶学院"，明确办院目标和宗旨，完善教学思路和方法，加强科技研发和课程设置，丰富教育内涵，把"湘茶学院"办成我国一流的茶叶专业人才培养摇篮。其次，通过各类茶叶行业组织建立规范的行业培训体制和有效的技能鉴定模式，统筹政府财政支持的和企业自身创设的培训资源，创建政企校研相结合的现代茶叶技能培训模式，从根本上改善茶行业现有的职业技能培训模式，提升茶产业人才培训品质。最后，通过培育规模化经营的茶业大户、茶园基地和茶业公司，创建湘茶人才培养基地，强化政策引导、育才实效和跟踪管理，突出茶园基地（或企业）培养、集聚和使用人才的主体地位，促进湘茶特色产业人才持续发展。

（五）持续打磨五彩湘茶品牌

一是统筹强化"湘茶"公共品牌建设。加强政府指导，制定湘茶品牌发展战略规划，以"五彩湘茶"为引领，整合各市、县核心区域品牌，构建"省级公用品牌（母品牌）+核心区域品牌+企业品牌（子品牌）"的湘茶品牌体系，建立包含区域公共品牌、品类品牌、企业品牌的"五彩湘茶"品牌目录数据库，建立品牌管理营运制度，依照湖南地方标准，加大对公共品牌、品类品牌的培育力度，加大对纳入公共品牌的企业品牌产品遴选，充分发挥区域公共品牌的链接支撑作用，促进"五彩湘茶"公共品牌、品类品牌、企业品牌相互提升、协同推进、共享发展的良性循环。二是加大"五彩湘茶"品牌推广宣传力度。省、市两级制定"五彩湘茶"公共品牌和品类品牌营销推广方案，加大扶持力度，坚持线上线下并重、中心化传播与整合营销传播相结合模式，实现在湖南内区域中心城市的高铁站、地铁站、机场、中心地带等重点场所投放"五彩湘茶"宣传品全覆盖，逐渐向省外主要销售区有序投放。同时，支持"五彩湘茶"品牌产品在国内外大力开展宣传、广告、参评、推介活动，支持推行差异化、针对性的企业品牌营销，充分发挥"五彩湘茶"品牌群集效应，尽快形成湖南"三湘四水五彩茶"大品牌发展格局。三是创新"五彩湘茶"品牌营销模式。积极推进企业间合作，鼓励开展双品牌营销，促进品牌产销融合，延伸产业链和价值链。积极引进"+旅游""+互联网""众商定制模式"等新兴业态和新型商业模式，加大品牌宣传，促进线下全品类产品与线上平台进行互动，丰富茶空间体验，实现聚合营销、市场推广、品牌传播的效果。四是大力研发品牌产品及衍生品。通过理念创新、技术创新，洞察新市场、新消费趋势，挖掘"生态、安全、优质、有机"的品牌内涵，建立以品牌企业为主体、市场为导向、产学研相结合的创新产品体系，创新开发茶叶提取物、茶叶综合利用产品以及茶叶衍生品，提升湘茶品牌核心竞争力。

（六）突出湘茶特色文化建设

一是深度挖掘湘茶文化内涵。以省级重大项目招标形式，组建一支涵盖湖南历史、湖湘文化、湘茶文化领域的专业科研队伍，继续挖掘、整理和弘扬以茶祖文化为代表的湖湘茶文化，主要包括茶祖神农文化、安化黑茶文化、夹山茶禅文化、千年碣滩文化、《茶经》和《唐·国史补》中的湘茶文化探源等，尤其要把湘茶文化与湖湘具有代表性的红色文化、吉祥文化、图腾文化、山水文化以及地方民族文化有机结合，以图书、影视、音乐等不同形式极力推出湘茶文化新巨作，从多方位、多角度、多层次来系统展现湘茶文化，充实湖湘文化研究的实质性内涵与文化载体，进而引领湖湘文化研究与湘茶发展融合。二是综合拓展湘茶文化外延。基于融合湖南各地自然风光、民俗风情和历史人文于一体的湘茶文化，综合开发湘茶文化外延产品，着力打造湘茶文化与茶旅、茶学、茶饮、茶食、茶艺、茶器等融合发展的茶产业链，做大做强湘茶文化创意产业；加快建设一批具有湖湘茶文化特色的茶博园、茶博馆、示范园、特色茶叶村镇，着力打造一批以安化茶马古道、长沙百里茶廊、吉首万亩黄金茶谷、石门夹山茶禅等为代表的湘茶文化载体，举办以中国茶祖节、中国（益阳）黑茶文化节、湘西茶文化节等为主的茶文化节、茶旅节等系列节会活动，推动茶文化与茶产业、休闲观光、特色旅游、健康疗养等产业深度融合及茶文旅康养综合体发展。同时，大力发展传统湘茶文化与时尚消费契合的湘派茶馆，不断提升湖南茶叶在国内国际市场的软实力。

湖南油茶产业高质量发展报告

油茶是世界四大木本油料植物之一,也是中国特有的优势经济林资源,极具营养、健康、经济和社会价值。湖南是中国油茶的核心产区,已有2300多年的油茶栽培和食用历史,素有"世界油茶看中国,中国油茶看湖南"之说。近年来,借助国家政策支持,湖南省委、省政府把油茶作为全省十大农业优势特色千亿产业之一来打造,推动油茶产业快速发展,在助力脱贫攻坚、促进农民增收致富、推进乡村振兴、保障国家粮油安全方面发挥出了重要作用。进入新发展阶段,进一步推进油茶产业高质量发展,夯实其作为湖南农业产业的重要优势,对于湖南加快农业现代化步伐,落实"三高四新"战略定位与使命任务有着重要意义。

一 湖南油茶产业发展现状

自2008年全国第一次油茶产业发展现场会召开后,国家相继出台了一系列鼓励油茶产业发展的政策措施,湖南抓住机遇推进油茶产业发展,在油茶林面积、产量、产值、科技水平等方面均取得了突出成效,多项指标居全国第一,为产业高质量发展打下了良好的基础。

(一)种植面积与产量产值优势突出

一是油茶种植面积连续多年居全国第一。截至2021年年底,全省油茶林总面积2277.5万亩,占比接近全国的1/3。① 根据《中国林业与草原

---

① 严鸿祖:《让"世界油茶看中国,中国油茶看湖南"叫得更响》,http://www.hnzy.gov.cn/content/2022/08/09/11705526.html。

统计年鉴2020》公布数据，截至2020年年底，全国共17个省份有油茶林分布（其中西藏、江苏有少量种植，均不到3000亩），超过300万亩的有4个省（见图6-1），分别为湖南、江西、广西、湖北，其中湖南种植面积超出排名第二的江西676万亩。[①] "中国十大油茶之乡"湖南占据三席，分别为常宁市、耒阳市、邵阳县。从2016—2021年湖南油茶林种植面积来看（见图6-2），虽然面积有一定的起伏，但总体呈上升趋势，近五年全省油茶林面积基本上保持在2000万亩以上，占全国油茶林种植面积的比例保持在30%左右。

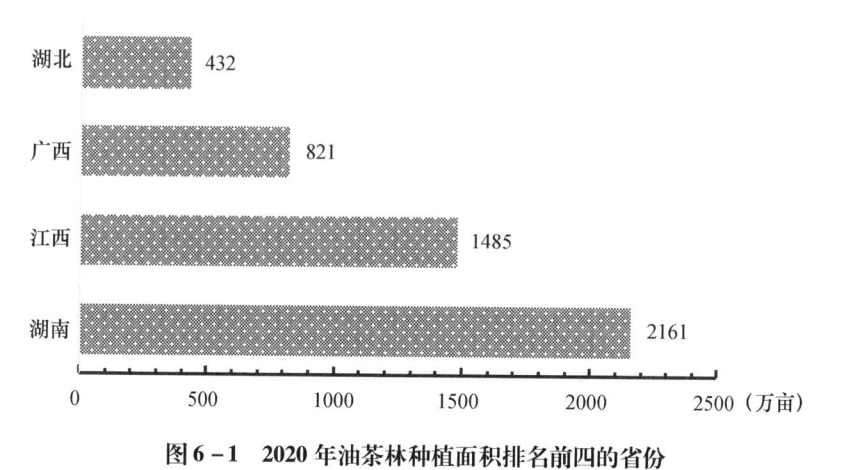

图6-1　2020年油茶林种植面积排名前四的省份

省份	面积（万亩）
湖北	432
广西	821
江西	1485
湖南	2161

资料来源：《中国林业和草原统计年鉴2020》，中国林业出版社2021年版。

二是油茶籽与茶油产量在全国均遥遥领先。2021年湖南油茶籽产量为171.64万吨，约占全国总产量的一半。[②] 从近年产量变化来看，湖南油茶籽产量呈逐年平稳上涨趋势（见图6-3），2016年产量为87万吨，2017年突破100万大关，达到100.75万吨，随着科技支撑力的增强，近两年产量提升较快，2021年同比增长均已接近25%。[③] 湖南油茶产业稳步发展，茶油作为油茶产业的主产品，其产量也是一路高歌猛进。2021

[①] 《中国林业和草原统计年鉴2020》，中国林业出版社2021年版。

[②] 曹云、张慧：《生态惠民增强湖南百姓绿色获得感》，《中国绿色时报》2022年9月16日。

[③] 根据《中国林业和草原统计年鉴2020》有关数据统计分析得出。

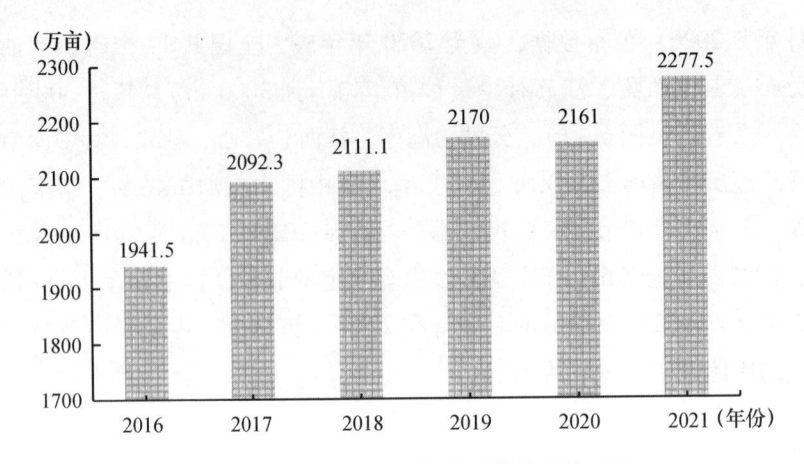

图 6-2　2016—2021 年湖南油茶林种植面积

资料来源：根据《中国林业统计年鉴》（2013—2017）和《中国林业和草原统计年鉴》（2018—2020）有关数据统计分析得出。

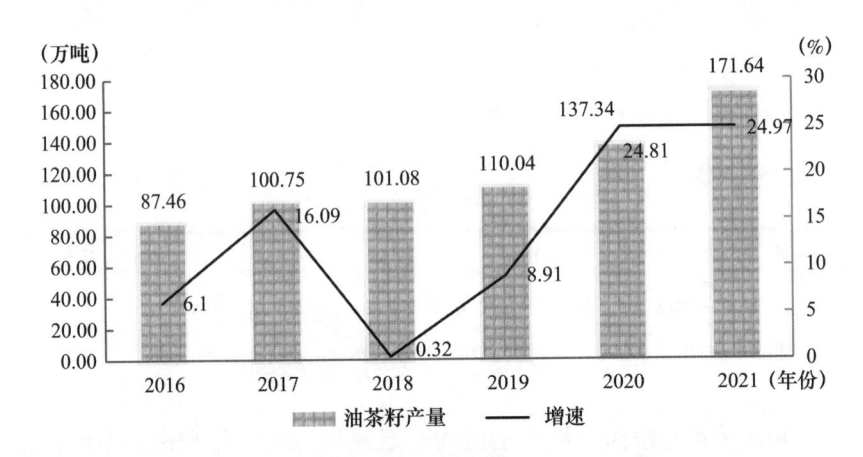

图 6-3　2016—2020 年湖南油茶籽产量及增速

资料来源：根据历年《中国林业统计年鉴》和历年《中国林业和草原统计年鉴》有关数据统计分析得出。

年湖南茶油产量达 41.4 万吨①，占全国总产量的 45%，是全国排名第二的江西的 2.84 倍，比上年增长 27.38%。② 与其他油茶产区省份相比，湖

---

① 《生态文明建设场发布会⑥：湖南已形成"世界油茶看中国、中国油茶看湖南"的发展格局》，https://hn.rednet.cn/content/2022/09/01/11776639.html。

② 根据《中国林业和草原统计年鉴 2020》（中国林业出版社，2021）有关数据统计分析得出。

南油茶资源的优势地位十分明显（见图6-4）。

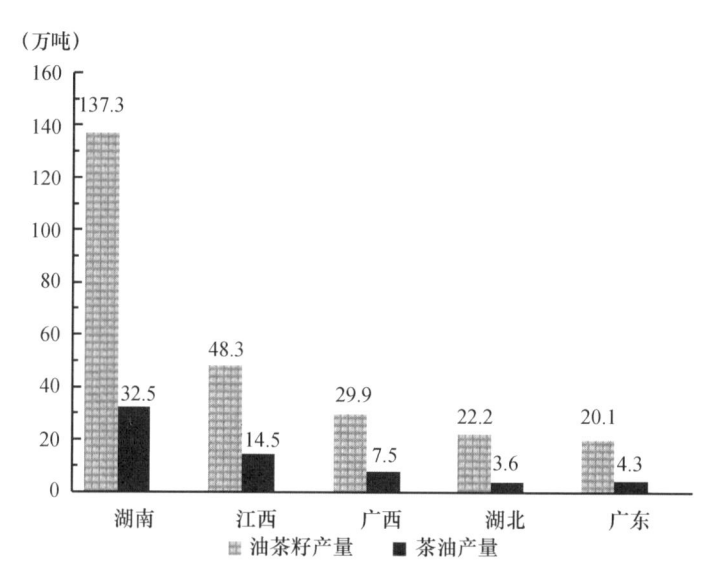

图6-4　2021年全国油茶大省油茶籽产量、茶油产量比较

资料来源：《中国林业统计年鉴2020》，中国林业出版社2021年版。

三是油茶产业产值连续多年居全国第一。2021年，全省油茶产业产值达688.63亿元①，比上年增长140亿元，增速为25.7%。② 近年来，随着茶油产量增长与品牌建设力度加大，湖南油茶产业产值不断提升（见图6-5）。③ 湖南油茶产业产值与其他省份相比有明显的优势，以2020年为例，全国油茶产业产值前三强省份分别是湖南（548亿元）、江西（366亿元）、广西（317亿元），其他省份产值均不到百亿元，当年湖南油茶产业产值是排名第二的江西的1.5倍，而在2016年时这一数值是1.1倍，说明湖南近几年油茶产业发展速度快、领先优势大。

---

① 曹云、张慧：《生态惠民增强湖南百姓绿色获得感》，《中国绿色时报》2022年9月16日。
② 根据《中国林业和草原统计年鉴2020》（中国林业出版社，2021），《生态文明建设场发布会⑥：湖南已形成"世界油茶看中国、中国油茶看湖南"的发展格局》（https://hn.rednet.cn/content/2022/09/01/11776639.html）整理。
③ 根据《中国林业统计年鉴》（2013—2018）（中国林业出版社）和《中国林业和草原统计年鉴》（2019—2020）（中国林业出版社）有关数据整理。

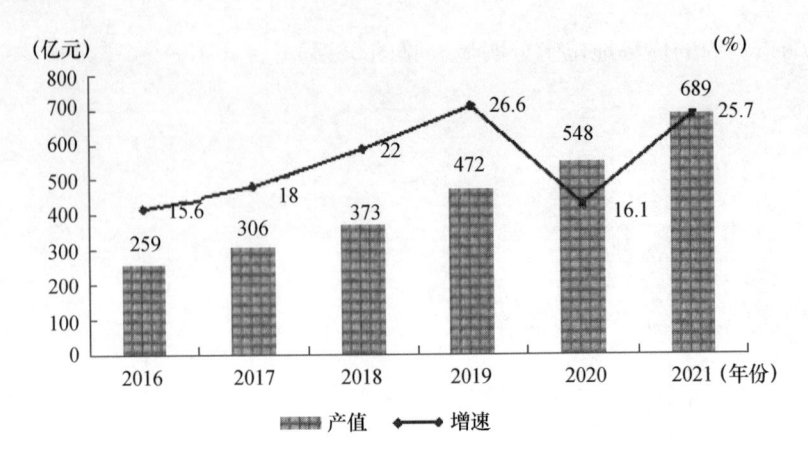

```
         (亿元)                                                    (%)
          800                                    26.6         689
          700                                                      25.7
          600                              472
          500                       22
                              373
          400        18
                 306              
          300  259
              15.6                                    548
          200                                    16.1
          100
            0
              2016   2017   2018   2019   2020   2021 (年份)
                          产值    增速
```

图 6-5　2016—2021 年湖南油茶产业产值及增速

资料来源：根据《中国林业统计年鉴》（2013—2017）和《中国林业和草原统计年鉴》（2018—2020）有关数据统计分析得出。

（二）油茶科技水平全国领先

湖南不仅具有发展油茶产业得天独厚的自然优势，在长期发展过程中也形成了强大的科技实力。在国家林业局和科技部的支持下，国家油茶工程技术研究中心、国家油茶研究开发中心先后落户湖南。油茶科研团队近 10 年获重大科技成果 20 多项，其中国家科技进步二等奖 3 项、省部级科技进步一等奖 5 项，油茶科技创新居全国领先地位。2019 年，与国家林业和草原局合作共建"中国油茶科创谷"，推动油茶科技要素向湖南集聚。建成国家级油茶种质资源库和油茶杂交种子园，形成了配套的良种繁育和栽培管理技术体系。持续培育油茶良种，14 个油茶良种纳入全国主推品种名录。油茶采摘机械研究填补国内空白，中南林业科技大学创制的自走式油茶果采收机系列产品进入产业化阶段。[1] 探索出"低温冷榨""鲜果鲜榨冷提""二氧化碳超临界萃取""水酶法"等茶油加工工艺，利用油茶协会平台促进产学研合作[2]，推动油茶产业的机械化水平与茶油的加工水平持续提升。

---

[1] 严鸠祖：《让"世界油茶看中国，中国油茶看湖南"叫得更响》，http://www.hnzy.gov.cn/content/2022/08/09/11705526.html。

[2] 《湖南五年内要将油茶产业做到千亿量级》，http://lyj.hunan.gov.cn。

（三）品牌知名度与影响力不断提升

作为全国油茶主产区，湖南将油茶定位为优势特色产业，加快推进品牌建设和推广，将"湖南茶油"列入全省重点打造的三大农产品公用品牌之一，制定了《湖南茶油公用品牌建设规划（2020—2023）》，着力运用新手段、新路径开展湖南茶油公用品牌建设。制定了"湖南茶油"公用品牌团体标准，建立健全了公用品牌授权管理办法，强化茶油产品的质量检测与高标准要求。对"湖南茶油"公用品牌授权产品全面实行"身份证"管理和赋码标识，并纳入首批"身份证"信用保险试点。2019年年底，"湖南茶油"荣获"中国粮油十大影响力公共品牌"称号，2021年5月，"湖南茶油"又获评"中国木本油料影响力区域公共品牌"，获得"湖南茶油"公用品牌授权的茶油产品，成为市场上高认可度、高品质茶油的代表。目前，全省油茶产业有国家林业重点龙头企业6家，省级林业龙头企业127家，其中大三湘、新金浩、山润等16家企业入选中国油茶产业"百强企业"，贵太太、洪盛源在新三板挂牌上市。"邵阳油茶""衡阳油茶"跻身中国特色农产品优势区，"邵阳茶油""耒阳油茶""常宁茶油""鼎城茶油""攸县茶油""津市茶油"等"一县一特"特色品牌涌现。全省拥有"湖南茶油"公用品牌及地理标志保护产品4个、中国驰名商标9个，初步形成以"湖南茶油"公用品牌为引领，地方区域特色品牌、企业知名品牌融为一体的茶油品牌体系。①

（四）产业集聚效应日益凸显

湖南高度重视油茶产业，编制了《湖南省油茶千亿产业发展规划（2018—2025年)》，对油茶产业发展作出战略部署，重点打造衡阳、常德、怀化3条百里油茶产业带，湘中、湘南、湘东、湘西四大油茶产业集群，形成"两个中心、三大产业带、四大产业集群"。依托油茶产业发展专项资金项目，重点支持全省24个油茶产业发展核心县，着力打造油茶新造、低产林改造标准化示范样板基地，打造了52个现代油茶综合产

---

① 严鸠祖：《让"世界油茶看中国，中国油茶看湖南"叫得更响》，http://www.hnzy.gov.cn/content/2022/08/09/11705526.html。

业园和特色产业园,并以此辐射带动,形成了衡阳、永州等7个区域油茶产业集群,带动全省油茶基地建设实现"标准化、集约化、机械化、规模化"。如永州市的油茶加工产业集群突出,全市拥有各类油茶加工企业 280 家,年加工能力 15 万吨左右,约占全省茶油总加工能力的 25%,居全省首位。其中,年加工能力 5000 吨以上的大型企业 4 家、1000—5000 吨的企业 4 家、100—1000 吨的企业 6 家。湖南新金浩茶油股份有限公司以每年 1.5 万吨的茶油产销量居全国第一,是目前全国规模最大的油茶加工企业,年销售收入超过 11 亿元。

从全省油茶种植区域分布上来看,全省 122 个县(市、区)中,117 个县(市、区)有规模油茶林分布,其中油茶林面积 5 万亩以上的有 78 个,10 万亩以上的有 55 个。[1] 衡阳、永州、郴州、株洲和怀化等是油茶种植重点区域。衡阳市有"湘南油海""全国油茶之乡"之称,其油茶种植面积和茶油产量均居全国地级市之首。2021 年,衡阳市油茶种植面积为 477 万亩,占全省油茶种植面积的 19.44%;永州市油茶种植面积为 350 万亩,占全省油茶种植面积的 15.22%;怀化市油茶种植面积为 245 万亩,占全省油茶种植面积的 10.65%;邵阳市油茶种植面积为 205.82 万亩,占全省油茶种植面积的 8.95%。[2] 邵阳、衡阳跻身全国油茶产业发展优势区。衡阳市、永州市成为全国油茶产业发展示范市(全国仅 5 个)。油茶产业融合步伐不断加快,长沙浏阳市镇头镇、衡阳常宁市西岭镇等地建设了油茶特色小镇。

(五)政策引领与支持力度逐渐加大

一方面,省级密集出台系列支持政策。湖南高度注重油茶产业发展,近年来,全省各级各部门制定了系列政策措施,支持油茶产业高质量发展。2008 年,省政府出台《关于发展油茶产业的意见》;2015 年出台《关于进一步推动油茶产业发展的意见》;2018 年出台《关于深入推进农

---

[1] 严鸠祖:《让"世界油茶看中国,中国油茶看湖南"叫得更响》,http://www.hnzy.gov.cn/content/2022/08/09/11705526.html。

[2] 《2021 年湖南省油茶产量、种植面积及发展趋势》,https://www.163.com/dy/article/HBJKKRO50552YGNW.html。

业"百千万"工程促进产业兴旺的意见》，将油茶确定为十大优势特色千亿产业之一；2019年省林业局编制了《湖南省油茶千亿产业发展规划（2018—2025年）》，详细绘制了油茶千亿产业的发展路线图，明确用3年至5年时间实现千亿级产业目标；2021年7月，省政府办公厅印发《湖南省财政支持油茶产业高质量发展若干政策措施》，出台18条具体措施全方位支持油茶产业，明确将充分发挥财政资金引导作用，从油茶种植提质改造、产业研发投入、"湖南茶油"公共品牌建设、人才队伍培养等方面给予支持，促进湖南省油茶产业高质量发展，打造油茶产业发展"湖南样本"。

另一方面，重点市县对油茶产业重点支持。全省油茶主产市（州）、县（市、区）把油茶产业作为发展县域经济的支柱产业和推进乡村振兴的重要抓手，如衡阳市、永州市和常宁市、邵阳市等市（县），都把油茶产业作为"一把手"工程来抓，结合实际制定具体政策举措。衡阳市出台《关于加快油茶产业发展的决定》《关于做大做强油茶产业的九条意见》等一系列文件，成立市油茶产业发展局，每年筹措1亿元专项资金，支持油茶产业加快发展；永州市出台《关于加快油茶产业发展若干意见》，健全油茶林权林地流转机制，大力扶持油茶种植大户，建立发展激励机制；长沙市出台《"一县一特"油茶产业发展扶持办法》，每年安排4000万元专项资金；湘西州发布《支持油茶产业高质量发展奖补措施》，明确连续5年每年投入3000万元支持油茶产业发展，这些为地方油茶产业发展提供了强有力的支持。

二 湖南油茶产业发展中存在的突出问题

尽管湖南油茶产业呈现良好的发展态势和巨大的发展潜力，但整体来看，离产业高质量发展的要求还有一定的差距，一些长期困扰产业发展的问题也未从根本上得到解决。

（一）油茶林经营管理精细化不足

一方面，低产低效油茶林占比较大，改造任务重。2021年湖南油茶林面积达2300万亩，按照规划，到2025年，湖南油茶林总面积稳定在

2200万亩以上,这说明,全省油茶林面积进一步扩大的空间十分有限。2021年湖南茶油产量为32.5万吨,按照规划,到2025年,茶油年产量达到50万吨,这也表明,在油茶林总面积变动不大的前提下需要实现产量大幅提升。这在很大程度上需要依赖于提高油茶林的经营管理水平。湖南是油茶林面积第一大省,但在全省现有油茶林中,需要更新改造的树势差、产量低的老油茶林低产林还有很大占比。这些老油茶林树龄基本在50年以上,很多是新中国成立初期培育栽种的,甚至存在上百年的老林地,树龄老化、品种混杂、良莠不齐。加上缺乏科学的经营,疏于管理,不少处于"人种天养,广种薄收"的自生自长状态。如永州市的低产油茶林(即树龄超过50年、亩产鲜果低于300斤、产油低于20斤的油茶林)约200万亩,占总面积的58.8%;中产油茶林(即亩产鲜果300—800斤、产油20—50斤的一般油茶林)有110万亩,占比为32.4%;而高产油茶林(即亩产鲜果超过800斤、产油超过50斤的油茶林)仅30万亩,仅占14.7%。湘乡市油茶种植面积13.2万亩,其中老油茶林7.5万亩,占比56.8%。[①] 辰溪有32万亩油茶林,其中老油茶林就有24.3万亩,占比竟高达75.9%。[②] 低产低效油茶林多,进入衰退期的茶树比例接近一半,油茶低产林改造任务较重。2020年湖南省林业局启动实施了"低产林改造三年行动",但由于湖南油茶林面积总量大,低产林基数大、改造难度大,尚需要对低产林改造持续快速推进以不断提高油茶供给。

另一方面,小规模经营弊端明显,产业发展受限。由于历史原因,油茶产业长期以小规模家庭经营方式为主,造成经营面积小而散,产业发展的规模效益受限。小规模经营也不利于基础设施的完善。全省还有很多油茶基地的车道没有修好,导致肥料难上山、茶果难下山。一些地方前期论证和科学规划不足,缺乏先进适用的新造林基地建设理念,配套建设茶果处理、杀虫施肥、排灌排污、仓储冷链等管护基础设施不足。这反过来也会影响油茶种植户的积极性,造成其后期修剪、施肥、抚育

---

① 陈长根:《关于油茶产业发展的几点思考》,http://lyj.hunan.gov.cn/lyj/ztzl/jzlt/202205/t20220524_24629633.html。

② 李永海:《辰溪县油茶产业调查报告》,http://lyj.hunan.gov.cn。

等措施不到位，形成事实上的粗放式经营与管理。

（二）精深加工和综合利用水平低

由于推动油茶产业转型发展的时间还不长，以企业为主体的产业自主创新能力不足，没有研发能力的小型企业较多，加工工艺和技术落后、单一，有研发能力、生产精制茶油的企业较少，长期以来没有形成真正适合于油茶特点的精深加工技术，难以满足国内外对精品山茶油的需求。油茶除烹调食用的价值外，还可用于医药和化工行业，特别是油茶饼里含有的茶皂素不仅具有优良的表面活性，还具有灭菌、杀虫和消炎作用，被广泛应用在日用化学、医药、生物农药、建材化工等行业。虽然湖南当前油茶加工产业链、产品结构方面有了长足进步，茶油加工企业在茶油精深加工方面能力逐步提高，在食用基础上，重点开发了药用、保健、日化用品、工艺品、活性炭、生物有机肥等系列产品，但仍停留在初级阶段，体量不大，附加值不高，品种、质量和市场占有率远不高，经济效益十分有限。总体来看，现有的油茶加工产品主要还是以茶油为主，而茶油仅占茶果生物量的15%左右，其余部分还未能充分开发利用起来。[①] 尤其是大量存在的茶油加工小作坊，不仅规模小、技术含量低，而且茶壳、茶枯饼等副产物未得以充分利用，形成很大的浪费。

（三）油茶产品销售市场开拓不足

茶油是当前油茶产业的主要加工产品。茶油是一种优质食用油，以油酸、亚油酸为主的不饱和脂肪酸储量在90%以上，人体消化吸收率高达97%，具有极高的营养价值和经济价值，但当前有不少农户对于油茶认知不足，对油茶茶籽油及其副产品的营养价值及保健功能了解不够，认为油茶是"低产、低效"树种，对油茶产业的潜力缺乏认识，看不到油茶深加工、综合利用的巨大产业链和广阔市场空间，加上新造油茶投入大、周期长、见效慢，导致许多农户经营还停留在自用油阶段。消费者的认知度更为不足，尤其是北方地区对茶油认可度不高，具体表现在

---

① 严鸠祖：《让"世界油茶看中国，中国油茶看湖南"叫得更响》，http://www.hnzy.gov.cn/content/2022/08/09/11705526.html。

茶油的市场份额占有率低，目前，茶油占我国植物食用油消费量比重不足2%，与菜籽油、大豆油、花生油等传统大宗食用油消费相比存在明显差距，其知名度与同为高端植物油的橄榄油相比也有较大差距。从湖南自身来看，虽然近年来在茶油品牌建设方面颇有成效，涌现了很多知名茶油品牌，如金浩茶油、山润山茶油、贵太太、大三湘等，但是还未出现像金龙鱼、鲁花、福临门这种具有全国影响力和市场拉动力的驰名品牌，品牌效应还不够突出，油茶产品销售市场还有待进一步开拓。

（四）科技创新还存在不足

作为油茶资源大省、油茶产业强省，湖南油茶科技水平领先于全国，但装备研发、工艺升级、资源全值化利用、茶油质量检测技术等方面创新研发不够[1]，以至于油茶抚育、施肥和采摘等环节机械化的普及程度不够，机械化智能化水平不高。如受树形随机多变、作业环境复杂等因素影响，油茶果机械化采摘还处于探索阶段，没有进入产业化。因此大多数经营主体仍采用原始的人工操作方式，效率低，成本高，没有充分发挥出油茶的经济价值。同时，油茶林经营管理过程中科技成果的推广应用较滞后，表现为良种推广不力、油茶林种植管理方面的科技培训和指导服务不足，导致很多油茶林仍沿用传统管理模式，油茶产量普遍不高。如当前湘乡市老油茶林亩产都在10公斤以下，有的只有两三公斤；新造10年的油茶林产量最高的有15公斤，一般为10公斤左右，与目标产量的差距较大。[2]

（五）油茶产品市场监管不到位

一方面，小农经营模式不利于质量监管。尽管湖南油茶产业发展迅速较快，但目前尚处于初级发展阶段，整体上仍是"大而不强"，加工企业多而散，低产林、低端油、小作坊较多，生产经营市场化、专业化程

---

[1] 严鸠祖：《让"世界油茶看中国，中国油茶看湖南"叫得更响》，http://www.hnzy.gov.cn/content/2022/08/09/11705526.html。

[2] 陈长根：《关于油茶产业发展的几点思考》，http://lyj.hunan.gov.cn/lyj/ztzl/jzlt/202205/t20220524_24629633.html。

度不够，质量效益亟待提升。特别是油茶加工的农户家庭式作坊或作坊式小企业占比多，如湘乡市现有油茶相关企业、个体户466家，精深茶油加工企业仅3家，小作坊加工厂达80余家。① 传统小作坊式数量多，且大多停留在初级加工阶段，加工规模小，生产分散，技术粗放，综合利用率低，加工产品品质不高，质量缺乏保障，对其质量控制难度较大，不利于市场监管，尤其是小加工作坊跟一些大型的加工企业抢夺茶籽原料资源，影响油茶产业化、市场化的进程。

另一方面，质量标准和产品市场不规范。因全国食用油卫生标准（GB2716—1988）较低，并未对食用油标准进行细分，市场上茶油产品标注不清，各类打着"压榨一级茶油"旗号的产品充斥市场，茶油标准不规范、产品市场混乱，消费者难以对产品的优劣进行辨别，加之小作坊生产的茶油具有显著的价格优势，消费者更愿意选择去小作坊购买未经过质量检测的土茶油，导致市场上生产加工的"土茶油"占茶油总产量比重居高不下，这无疑会影响到真正优质的茶油产品的销售，造成油茶产业整体效益偏低及"劣币驱逐良币"现象发生，不仅削弱了消费者对茶油的依赖程度，也不利于高品质茶油产品市场占有率的提升，影响这一产业的整体生态和发展后劲。

三 推进湖南油茶产业高质量发展的政策建议

油茶产业是湖南区域性优势产业和特色产业，也是推进乡村振兴，实现富民强省的重点产业。随着人们生活水平不断提高，油茶的经济价值与社会价值正在不断凸显，推进油茶产业高质量发展面临着良好的机遇，应坚持打造油茶千亿产业这一目标，加快油茶低产林改造，加强科技攻关，不断发展壮大龙头企业，进一步提升湖南油茶产业发展的质量与水平，真正奠定湖南油茶强省的地位。

---

① 陈长根：《关于油茶产业发展的几点思考》，http://lyj.hunan.gov.cn/lyj/ztzl/jzlt/202205/t20220524_24629633.html。

(一) 加快低产林改造,提升油茶种植效益

1. 加快低产林提质改造

把低产低效油茶林提质改造作为油茶基地建设的重点,加大更新改造、品种改造和抚育改造力度。落实《湖南省财政支持油茶产业高质量发展若干政策措施》,在油茶低产林改造三年行动计划完成后,继续实施一轮提升计划,继续实施对油茶种植提质改造的财政支持政策,采取竞争性方式和后奖补形式,继续对有潜力的老林和低产林实施综合改造,进一步盘活林地资源,提高单产水平,推动油茶提质增效。

2. 推进油茶规模化种植

进一步推进林地的合理流转,在明晰产权的基础上,积极引导油茶林和宜种油茶林地使用权的流转集中,重点是加快示范基地培育,培育集中连片面积较大的油茶林标准化示范基地,促进油茶规模化种植和油茶产业化开发,充分发挥油茶的资源优势、绿色产品优势,促进油茶绿色产业链的形成,将其转化成企业的产业优势和经济优势。对于现有的油茶林地要坚持"依法、自愿、有偿"的原则,鼓励林地向有实力、懂技术、会经营的油茶种植大户流转,着力培育出一批职业化、专业化的油茶农户。充分利用土地资源和产业优势,加大政策优惠力度,吸引有实力、懂技术、善经营的企业和种植大户投身油茶产业开发。对于宜种茶油的集体荒山林地坚持"谁改造谁经营、谁投资谁受益"的原则,鼓励各种市场主体通过承包、租赁、转让、股份合作经营等形式参与新的油茶林基地建设,进一步扩大规模种植。

3. 强化油茶林造管并重

针对不少地方新造油茶林和老油茶林经营管理粗放的情况,把抚育管护作为工作重点,制定管护措施,落实管护责任,对新造油茶幼林和老油茶林抚育工作加强检查、监督、管理,扭转低产低效的局面,提高油茶总体产量。建立健全油茶产业技术体系,严格执行技术标准,积极宣传贯彻《油茶丰产栽培技术规程》等技术标准,推动标准化油茶种植基地建设,促进水肥一体化,提升油茶基地设施化、精细化水平,确保新造林生长快、产量高、品质优和效益好。大力支持"企业+基地+农户""企业+村委实体+农户""企业+合作社+基地+农户"等复合经

营模式,着力培育专业合作社、专业大户、家庭林场等新型经营主体。加大政策扶持和财政资金引导力度,撬动金融资本、社会资本投入,创新种植环节经营模式。将油茶林全部纳入农业政策性保险范畴,以增强其抗风险的能力。

(二)聚力科技攻关与应用,提升油茶综合利用率

1. 加大科技研发投入

支持"省部共建木本油料资源利用国家重点实验室""国家油茶工程技术研究中心""中国油茶科创谷"等重点科研平台建设,纳入创新型省份建设财政支持范围。支持科研院所及企事业单位加大对油茶新产品的研发投入,加快研制高产、高油、高抗"新一代"油茶新品种,加强油茶高产林培育技术、茶油精深加工工艺、系列产品开发等科研攻关。扶持有研发能力的企业开展科技攻关,加大油茶全产业链新产品、新技术、新工艺等研发力度,有效利用油茶加工附加产品,不断提高油茶产品附加值和综合利用率。

2. 实施油茶精深加工工程

聚焦精深加工和综合利用,引导与支持企业推进油茶加工副产品循环综合利用。加快完善多级化、高值化的油茶加工体系,实施对茶油、茶饼、茶壳等的综合利用,加强茶油系列衍生品研发,开展对茶皂素、多酚、多糖物质、蛋白质、单宁和生物碱等高级化工原料的提取与精制,推进医用及洗护类产品的研发与推广,研制生产高端精品茶油,茶油护肤品、保健品、日化用品等新型产品,加强对有机肥、生物农药、抛光粉、高蛋白饲料和活性炭等的研发与推广,进一步提升油茶的附加值。着力培育一批油茶专用配套设备和生产资料生产企业,为实现研发创新及现代化生产提供良好装备支撑。

3. 加快油茶林作业机械的推广应用

积极开展油茶生产垦复机、采果机、脱壳机、烘干机等机械设备推广应用。积极推广适宜于机械化与低成本作业的油茶良种整地技术、密度设置、品种配置、水肥一体化与轻简节约栽培技术,以及机械化的油茶采摘技术,减轻劳动强度,提高工作效率及油茶整体经济效益。

4. 加强先进技术推广服务

根据各地实际情况创建油茶高标准示范园区，创办油茶新造、低改、有害生物防治等油茶科技示范基地，引进推进一批先进适用的应用技术，重点推广机械化、水肥一体化、智能化管理等先进技术，实施油茶科技示范推广项目，不断提升油茶经营科技含量和油茶生产管理水平。开展油茶科学种植、生产加工、品质检验、经营管理等专业基本理论知识和实用技能培训，积极开展一线油茶技术能手培育。鼓励省内农林高等院校、研发机构和培训中心等单位积极开展油茶技术人才的培养，满足油茶基础研究、种业创新、油茶种植、精深加工的需要。配备充足的技术人才，压实技术责任，实行技术分片负责制，加强技术人员与种植户的结对联系，定期深入基层，实现面对面的指导服务，解决产业发展中的技术缺乏短板。

（三）培育龙头企业，提升三产融合度

1. 加大龙头企业扶持力度

通过政策引导、强强联合、优势互补等一系列兼并行为，加速整合全省油茶资源。对通过兼并整合，在领域成为省内、国内龙头的企业，根据影响程度及发展潜力给予相应的奖励支持。鼓励省内龙头企业或国有企业牵头共同投资设立并购基金，做大优势企业，对油茶产业内具有内生增长潜力的企业进行投资，或整合各企业优势资源，推动企业快速发展。按照"政府引导、市场主导、社会参与"的原则，发起设立油茶产业基金，以股权投资形式支持行业龙头企业扩大生产、资源收储、行业整合等，支持头部企业发挥带动作用促进油茶产业链高质量发展，扶持和引导一批龙头企业成为油茶技术创新主体。积极引入国内外知名大型食用油龙头企业来湘投资，鼓励与本地龙头企业合作建设油茶种苗基地、示范林基地，开展精深加工，培育高端品牌。

2. 支持三产融合发展

充分发挥油茶花、油茶树、油茶果的优势，把油茶种植基地建设成旅游景区，打造成集油茶种植、茶油精深加工、油茶文化博览、森林康养、休闲旅游等多功能产业基地。支持油茶龙头企业与其他经营主体合作，建设油茶庄园、油茶小镇、油茶博物馆、油茶主题公园，开展以观

花、摘果、榨油、品茶油美食、用油茶产品等为主的特色体验式旅游项目。选择油茶资源丰富、交通方便且油茶文化底蕴丰富的乡镇,规划建设以"油茶文化"为主题的油茶特色小镇。选择油茶资源丰富、环境优美且生态旅游条件好的区域,每个油茶重点县规划建设 1—2 个油茶庄园,打造集油茶丰产栽培、文化体验、生态康养、休闲观光等于一体的旅"油"庄园,促进油茶一二三产业融合发展。

(四)加大宣传推广,提升油茶品牌影响力

1. 加强舆论引导提高认知

通过广播、电视、网络等主流媒体宣传报道,发放宣传材料、召开专题会、现场会等方式,加大对油茶产业的发展前景和各级政府对油茶产业支持政策的宣传,提升油茶种植户和经营者的政策知晓度,强化其对油茶产业发展的信心,营造发展的良好氛围。

2. 持续开展油茶营销推广

支持油茶企业积极参加国内大型农博会、品牌推介和展览文化活动,支持油茶主产区举办油茶产品博览会、油茶文化节、油茶花节、油茶产业高峰论坛各类油茶文化主题活动等品牌推介活动,通过多种形式树立油茶的高端定位,扩大国内国外对油茶的知晓度和接受度,增强油茶产业影响和市场竞争力,推动油茶产业向更高层次发展。

3. 继续拓宽销售渠道

鼓励茶油生产、加工、销售企业开展电子商务应用,打造适合电商销售的茶油系列产品,积极对接各类大型电商平台、社区团购、社交电商等开展线上线下促销活动,充分运用电商新技术、新模式,开展直播带货、小视频等大力宣传推介茶油系列产品,不断拓宽茶油及系列产品销售渠道,提高市场占有率。

4. 持续提升品牌影响力

积极宣传和打造"湖南茶油"区域公用品牌,推动"湘品出湘",全面提升公用品牌价值和市场认知度。实施油茶企业品牌提升计划,建立健全发展名牌、宣传名牌、保护名牌的有效机制,推进油茶"两品一标"认证及商标、质量建设,积极培育油茶新品牌,努力把新金浩、大三湘、贵太太、山润等茶油品牌打造成全国乃至全世界的知名品牌,全面提升品牌竞争力，不断提高油茶产品的市场占有率和知名度。

（五）加强监管规范，提升油茶产业质量安全水平

1. 加快提质改造

开展油茶加工中小企业和小作坊提质改造，规范茶油加工许可和市场准入机制，督促经营主体提高加工水平和质量。深入实施茶油生产加工作坊升级改造三年行动计划，鼓励和支持有条件的小作坊开展设备改造和工艺升级，支持油茶果初加工、仓储物流及产品质量检测平台等配套设施建设，逐步降低"土茶油"产量占比，全面改善茶油品质和口感，维护市场经济秩序。

2. 加强品牌监管

加强对公用品牌和地理标志产品的市场保护和监督管理工作，重点对公用品牌和地理标志产品的产地范围、产品名称、原材料、生产技术工艺、质量特色、质量等级、数量、包装、标识、产品专用标识的印刷、发放、数量、使用情况、产品生产环境、产品标准的合规性等方面进行日常监督管理。引进第三方权威检测检验评价机构，加强检验、检测能力建设，使对产地环境和产品质量的检查结果公开透明。对抽检不合格的企业，责令改正，并按次给予相应惩处，并纳入企业诚信档案，以规范企业经营，树立湖南茶油形象。建立和加强公用品牌和地理标志产品产业风险危机防范体制，维护生产者、经营者、消费者的合法权益，防范对公用品牌产品和地理标志产品产生的质量安全隐患。

3. 完善质量标准

制定和完善油茶产业良种、良法、良油、包装储藏等标准体系和质量检测标准体系，推荐油茶相关标准上升为国家标准、国际标准，对主导（排名第一）制定国家标准、国际标准的企业、科研院所、高校等，加大奖励力度，进一步规范整个茶油行业的标准化生产，不断抢占茶油行业发展的制高点，掌握市场主导权。

湖南水产养殖业高质量发展报告

湖南水系发达，江河湖泊等各类水域资源十分丰富，具有发展水产养殖业的良好条件。近年来，湖南立足区位和资源优势，以促进水产养殖业提质增效为着力点，不断创新渔业发展机制，促进养殖方式科学化，推进水产结构调整，提高水产品供给水平，为丰富老百姓"菜篮子"、满足群众日益增长的优质蛋白需求作出了重要贡献。但也存在水产养殖结构不优、环境污染过大、产业链较短等突出问题，亟须推进水产养殖业品质优化、绿色转型、产业融合和品牌培育，促进湖南从渔业大省向渔业强省转变。

一 当前湖南水产养殖业发展态势

以丰富的水域滩涂资源为基础，依托日益改善的交通运输条件，近年来湖南不断优化水产养殖业发展的顶层设计，加强基础设施建设，探索发展新兴养殖模式，大力发展特色养殖，取得了良好的发展成效。

（一）水产养殖业发展布局进一步科学化、规范化

湖南水域资源十分丰富，洞庭湖及湘江、资江、沅江、澧水造就的"一湖四水"及大小上千条支流等密织的水网构成了全省水域面积。独特的地理环境及自然禀赋形成的特殊优势为湖南作为渔业大省奠定了优越的物质基础，目前全省有水域滩涂面积145.45万公顷，占全省总面积的6.39%。包括湖泊13.40万公顷、水库18.85万公顷、河流32.41万公顷、坑塘46.72万公顷、沟渠13.47万公顷、内陆滩涂20.60万公顷。除

上述传统水产养殖国土空间外，近年来渔稻综合种养模式方兴未艾，湖南水田面积多达 307.1 万公顷，其中适宜渔稻综合种养的有 70 多万公顷①。为践行新发展理念，贯彻落实生态保护红线制度，为优化水产养殖空间布局，强化水产养殖水域规划管理，近年来湖南积极促进水产养殖业发展科学化、规范化。

一是大力规范水产养殖行业秩序，2021 年 10 月湖南发布并实施《湖南省养殖水域滩涂规划（2021—2030 年）》，该《规划》全面调查分析和盘点清理全省水域滩涂资源的空间结构和利用情况，在科学评价水域滩涂资源禀赋和环境承载力的基础上，将全省水域滩涂划分为养殖区、限制养殖区和禁止养殖区，按《规划》要求，全省河流、大中型水库等水域退出人工养殖，非饮用水源水库、湖泊等水域适当降低产能，限制养殖品种和密度，对养殖区进行升级和生态化改造，推广绿色健康养殖模式。一方面保护水域滩涂生态环境，设定发展底线，改变过去水产养殖业粗放式无序扩张的混乱局面，一方面稳定基本养殖面积，保护好渔民合法权益，有利于加强渔业管理，充分利用各地资源禀赋和环境，优化水产养殖空间布局，形成水产养殖发展新格局，促进产业转型升级和高质量发展。功能分区划分后，目前全省水产养殖可利用水域类型主要为池塘、湖泊、水库、沟港和稻田 5 类，全省养殖水域滩涂总面积 145.45 万公顷（不含宜渔稻田面积），规划禁止养殖区面积 70.92 万公顷、限制养殖区面积 36.33 万公顷、养殖区面积 38.20 万公顷；稻渔综合种养面积 55.52 万公顷。现有各类型水域发展潜力仍有较大的挖掘空间，以池塘为例，全省规划中养殖区的池塘养殖产量最大理论值可达 314 万吨，对照实际产能仍有不小的增长空间，此外，近年来发展迅速的渔稻综合种养模式也为水产产量提升提供了广阔空间。

二是大力加强水产养殖绿色发展基础设施建设。近年来湖南大力支持渔业企业、合作社、家庭渔场以及养殖大户等开展养殖池塘改造及尾水治理、设施渔业建设，大水面生态养鱼、稻渔综合种养基地建设。以国家级水产健康养殖示范场、全国渔业示范基地等主体为重点，支持养

---

① 《湖南省农业厅关于印发〈湖南省养殖水域滩涂规划（2021—2030）〉的通知》（湘农发〔2021〕77 号），2021 年 10 月 28 日。

殖池塘开展池塘改造及尾水治理，包括池塘容积加大、清淤护坡、水电路改造、进排水渠改造与修复、养殖用水预处理和养殖尾水处理设备或设施建设、水质监测仪器设备等，推动水产养殖基础设施不断改善。

三是强化水产养殖水污染治理。2021年2月，湖南省生态环境厅与湖南省市场监督管理局联合发布的《湖南省水产养殖尾水污染物排放标准》正式实施。这也是国内首次发布的强制性水产养殖尾水污染物排放标准。该标准明确了淡水养殖尾水的控制要求、检测方法、结果判定和实施与监督，适用于池塘养殖、工厂化养殖等非天然水域投饵投肥养殖尾水的排放管理。根据水域环境功能和保护目标，该标准分类设置了不同的控制要求，并对养殖尾水和底泥的处理利用提出相关要求。其中，在尾水污染物排放限值方面，总氮和总磷限值严于《淡水池塘养殖水排放要求》（SC/T 9101—2007）的相关要求。该文件的出台，一方面有利于环保部门执法有据和高效监管，另一方面有利于促进产业规范发展和转型升级。

（二）水产养殖业规模、产出、产值发展平稳

湖南丰富的水域资源孕育了极为丰富的水生生物及渔业资源，是天然的水生生物种质"资源库"。洞庭湖尤被誉为"长江鱼类及水生生物栖息地和基因库"，是湖南最重要的"鱼米之乡"。据《湖南鱼类志》（2021年版）记载，全省共有鱼类218种，隶属于13目28科102属，主要分布于洞庭湖、湘江、资江、沅水、澧水、境内珠江及境内赣江等水系。全省经济价值较大的水生动物有40多种[①]。

当前湖南水产养殖品种主要包括鱼类、甲壳、贝类等30余个品种，鱼类养殖品种主要包括青鱼、草鱼、鲢鱼、鳙鱼、鲤鱼、鳊鱼等传统大宗淡水鱼类，以黄颡、鳜鱼、乌鳢、黄鳝、泥鳅、鲇鱼、银鱼等为主的名优淡水鱼类，以鲈鱼、鲷鱼、鲟鱼、罗非鱼、鳟鱼等为主的外来驯化鱼类等，甲壳类主要包括南美对白虾、青虾、克氏原螯虾、罗氏沼虾和河蟹等，贝类主要包括螺、蚬等。

---

① 《湖南省农业厅关于印发〈湖南省养殖水域滩涂规划（2021—2030）〉的通知》（湘农发〔2021〕77号），2021年10月28日。

从养殖水域来上看，当前湖南水产养殖以池塘、湖泊、水库、河沟等水域为主，2021年，湖南水产养殖总面积达43.3万公顷，其中池塘养殖面积为27.04万公顷，约占养殖总面积的62.4%，众多零散的池塘是湖南水产养殖的首要水域资源。养殖总面积比2020年增加6353公顷，同比增长约1.5%，其中池塘养殖面积增加5304公顷，约占增长面积的83.5%。此外，水库养殖面积为93507公顷，约占养殖总面积的21.6%，湖泊养殖面积为58332公顷，约占养殖总面积的13.5%，河沟及其他水域面积10882公顷，约占养殖总面积的2.5%。各类养殖水域结构如图7-1所示[①]。

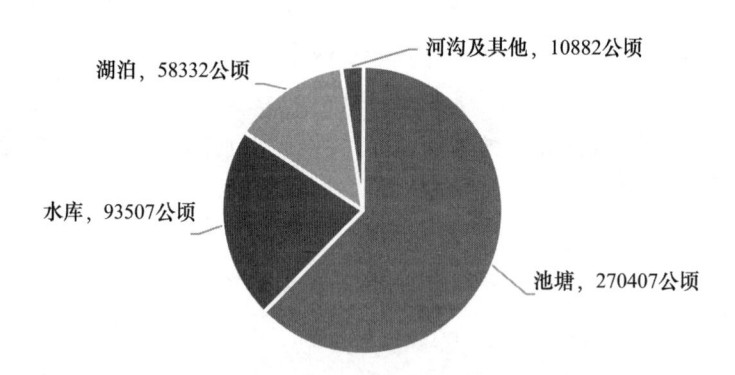

图7-1　2021年湖南各类养殖水域结构

从水产养殖产出来看，2021年，湖南水产养殖总产量达2655449吨，比上年增长约2.8%，其中鱼类2156598吨，约占总产量的81.2%，无疑是湖南水产养殖的绝对主体；甲壳类407758吨，约占总产量的15.4%，贝类11694吨，约占总产量的0.4%，其他类水产79399吨，约占总产量的3.0%，全年主要类别水产产量结构如图7-2所示[②]。

2021年，全省渔业经济总产值高达约945.5亿元，其中渔业产值约605亿元，渔业产值占农业产值比重达7.4%，全省渔民人均纯收入约

[①] 农业农村部渔业渔政管理局、全国水产技术推广总站、中国水产学会编制：《2022中国渔业统计年鉴》，中国农业出版社2022年版。

[②] 农业农村部渔业渔政管理局、全国水产技术推广总站、中国水产学会编制：《2022中国渔业统计年鉴》，中国农业出版社2022年版。

20497元，同比增长11.44%。与此同时，休闲渔业异军突起，休闲垂钓、渔家乐、观赏鱼形成消费热点，2021年全省休闲渔业产值约27.4亿元①。

贝类，11694吨　　其他类，79399吨
甲壳类，407758吨
鱼类，2156598吨

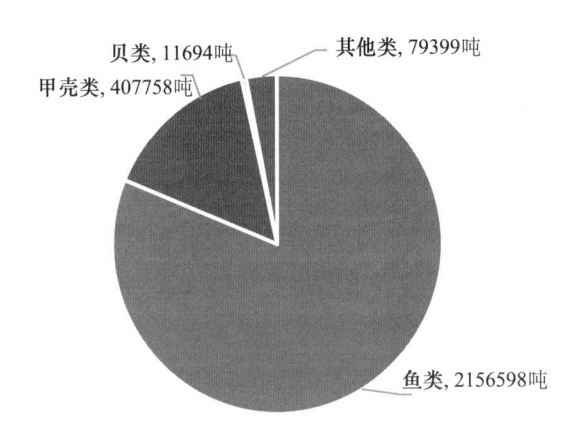

图7-2　湖南2021年主要类别水产产量结构

从全省各市（州）来看，因为自然环境禀赋的差异性，湖南水产养殖规模和产出具有明显的地区差异性和不平衡性，如图7-3、图7-4所示，作为湘、资、沅、澧四水汇入长江的环洞庭湖地区水域滩涂资源丰富，历来是湖南水产养殖业的核心区域和全国知名的鱼米之乡，环洞庭湖地区的常德市、岳阳市、益阳市无疑居于湖南水产养殖业的第一梯队，这三个市水产养殖面积均在5万公顷以上，年产能均在40万吨以上；2021年常德市、岳阳市、益阳市三市合计的水产养殖面积占全省的51%，合计的水产产量占全省的54.8%。显然，无论是养殖面积还是养殖产量，这三市均撑起了全省水产养殖产业的半壁江山。衡阳市、永州市、长沙市、郴州市处于湖南水产养殖产业第二梯队，各市养殖面积为2万—5万公顷，年产能为10万—30万吨。株洲市、湘潭市、邵阳市、娄底市、怀化市、湘西自治州和张家界市处于湖南水产养殖业第三梯队，这7个市（州）的水产养殖业年产能均约为10万吨，且除邵阳市水产养殖面积达2.6万公顷外，其余各市水产养殖面积均少于2万公顷。从单产来看（如

---

① 农业农村部渔业渔政管理局、全国水产技术推广总站、中国水产学会编制：《2022中国渔业统计年鉴》，中国农业出版社2022年版。

图7-5所示），2021年各市（州）单产平均水平为5815吨/千公顷，结合各市（州）水产养殖规模，不少水产养殖较大的市（州）仍蕴含较大的增长潜能，考虑到近年来日益增长的水产品消费增长态势，湖南渔业发展潜力巨大。

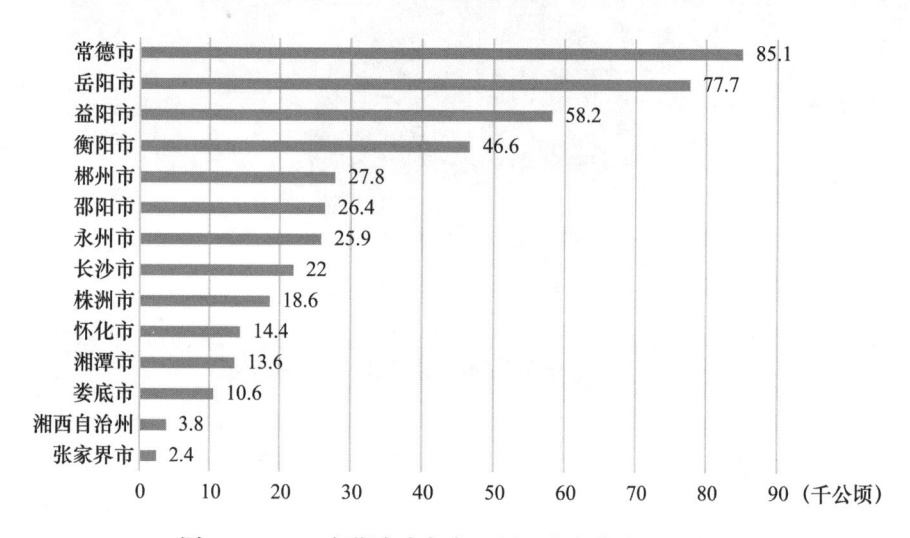

市（州）	水产养殖面积（千公顷）
常德市	85.1
岳阳市	77.7
益阳市	58.2
衡阳市	46.6
郴州市	27.8
邵阳市	26.4
永州市	25.9
长沙市	22
株洲市	18.6
怀化市	14.4
湘潭市	13.6
娄底市	10.6
湘西自治州	3.8
张家界市	2.4

图7-3　2021年湖南省各市（州）水产养殖面积情况

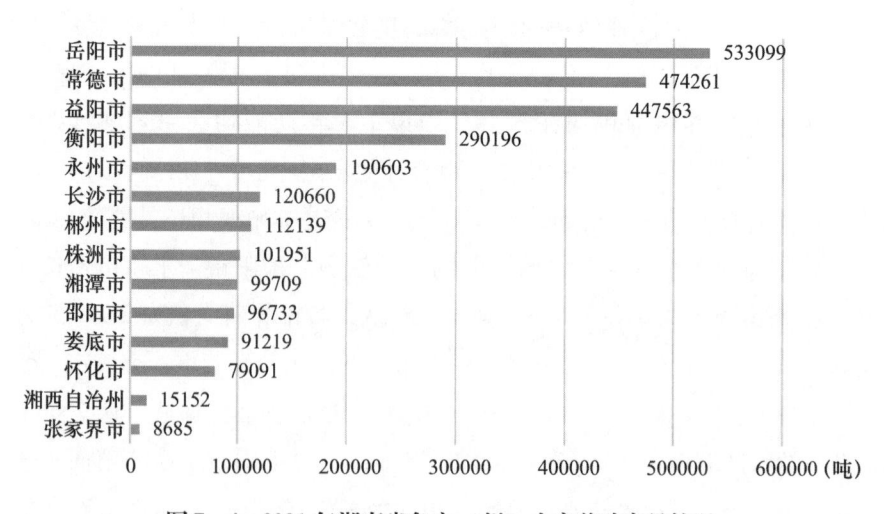

市（州）	水产养殖产量（吨）
岳阳市	533099
常德市	474261
益阳市	447563
衡阳市	290196
永州市	190603
长沙市	120660
郴州市	112139
株洲市	101951
湘潭市	99709
邵阳市	96733
娄底市	91219
怀化市	79091
湘西自治州	15152
张家界市	8685

图7-4　2021年湖南省各市（州）水产养殖产量情况

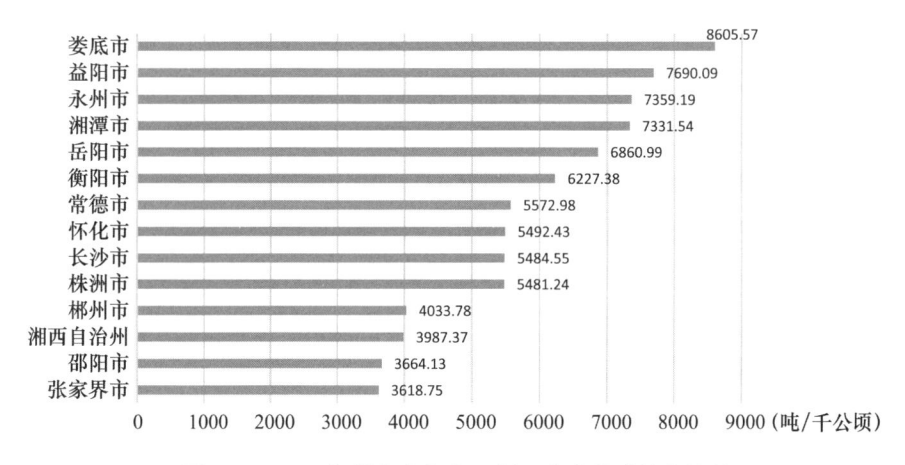

```
娄底市  ████████████████████ 8605.57
益阳市  ██████████████████ 7690.09
永州市  █████████████████ 7359.19
湘潭市  █████████████████ 7331.54
岳阳市  ████████████████ 6860.99
衡阳市  ██████████████ 6227.38
常德市  █████████████ 5572.98
怀化市  █████████████ 5492.43
长沙市  █████████████ 5484.55
株洲市  █████████████ 5481.24
郴州市  █████████ 4033.78
湘西自治州 █████████ 3987.37
邵阳市  ████████ 3664.13
张家界市 ████████ 3618.75
```

图7-5 2021年湖南省各市（州）水产养殖单产情况

（三）稻渔综合种养模式发展迅速

随着资源环境压力持续加大和全省水域滩涂功能分区的划分，伴随长江流域禁渔措施的长期实施，传统粗放发展模式难以为继，渔稻综合种养模式地位更加突出，是湖南水产养殖的重要增长空间。2021年全省渔稻综合种养面积快速增长，总面积达337963公顷[①]，居全国前三位，产量达496427吨[②]。近年来，湖南积极开展渔稻稳粮增收促进行动，支持建设安乡、南县、临湘、大通湖等10个渔稻综合种养示范县（市、区），启动湘东、湘南、湘西高山禾花鱼综合种养优势带建设，推动洞庭湖区稻虾产业升级，在南县、汉寿开展"稻—虾""稻—鳖""稻—鳝"模式示范，在辰溪、通道开展"稻—金背鲤"示范，在长沙开展"稻—瓯江彩鲤""稻—澳洲小龙虾"示范，推动渔稻综合种养迈向规模化、标准化。并顺势进一步壮大产业链，延伸效益链。精细加工稻虾米、稻蛙米、稻鸭米，打响高山禾花鱼品牌，举办禾花鱼节，以一产业带动三产业，通过农旅融合带动农民增收。

渔稻综合种养模式充分发挥了"一田两收、一水两用、渔稻互利、

---

① 农业农村部渔业渔政管理局、全国水产技术推广总站、中国水产学会编制：《2022中国渔业统计年鉴》，中国农业出版社2022年版。

② 农业农村部渔业渔政管理局、全国水产技术推广总站、中国水产学会编制：《2022中国渔业统计年鉴》，中国农业出版社2022年版。

提质增效"的生态优势，产业实践表明，该模式下稻谷挂谷率更高、稻谷更加饱满，相同面积的产谷率反而增加，除去水沟面积，实际上每亩稻谷产量并没有减少；且稻渔、稻虾共生的稻田，化肥、农药使用均有非常严格的限制，除了水产养殖收入外，产出的米作为"生态米"的售价更高，从而获得更好效益。以益阳市为例，该市大力发展稻渔综合种养产业，加强低产田、低湖田的开挖改造，全市2020年稻渔综合种养面积已突破110万亩，其中稻虾养殖面积达104万亩，稻田小龙虾产量14万吨，亩平增收1000元以上①。益阳打造了"大通湖蟹""南县小龙虾"等一批特色农业产业，形成了繁、产、加、销一体的完整产业链，呈现"生产生态协调、产品优质绿色、农旅深度融合"的产业格局，有效带动了农民增收，稻渔产业已成为益阳推进农业绿色发展极具活力、潜力和特色的朝阳产业。

（四）"一县一特"等特色品牌水产成效明显

以各地区独特的地理环境、自然禀赋及区位特征为基础，以市场需求为引领，湖南各地区水产养殖业历经长期探索和发展，形成了一批全省乃至全国公认的水产特色品牌，如汉寿甲鱼、东江鱼、张家界大鲵等。近年来，受益于水产养殖业目光向外和进一步开放发展，紧密结合水产消费需求扩容和消费结构转换升级，不少县域特色规模新兴水产养殖产业迅速崛起。如在渔稻综合种养模式下，岳阳、常德、长沙等地区不少县（市、区）近年来高速增长的小龙虾养殖产业，为湖南同时身居小龙虾生产大省和消费大省作出了巨大贡献。

在立足特色水产发展基础，总结特色水产市场规律的基础上，各地政府按照"一县一特、一特一片、一片一群、一群一策"的思路，推进特色养殖品牌创建，省农委、省林业厅、省粮食局按照一个县或一个片区重点扶持一个主导特色产业的思路，遵循品牌引领、市场导向、龙头带动、集中连片、资源依托的原则，联合编制了湖南省"一县一特"主

---

① 李德辉：《湖南大通湖：共商稻渔发展大计 共谋发展篇章》，https://new.qq.com/rain/a/20201020A02GLT00。

导特色产业发展指导目录，其中包括 10 个水产产业①（见表 7-1），分布在湖南 6 个市（州）的 10 个县（区），其中除小龙虾外，大通湖大闸蟹、南县小龙虾、沅江芦笋、汉寿甲鱼、张家界大鲵、东江鱼均获得农业部、工商总局、质检总局等国家相关部门认定的农产品地理标志称号。

表 7-1　　　　湖南"一县一特"部分特色水产养殖产业

序号	市（州）	县（市、区）	特色产业	农产品地理标志称号（包括：农业部农产品地理标志、工商总局地理标志商标、质检总局地理标志产品）	区域公用品牌
1	长沙市	望城区	小龙虾		洞庭水产
2	岳阳市	大通区管理区	大闸蟹	大通湖大闸蟹（质检总局）	洞庭水产
3	岳阳市	湘阴县	小龙虾		洞庭水产
4	岳阳市	云溪区	小龙虾		洞庭水产
5	益阳市	南县	小龙虾	南县小龙虾（质检总局）	洞庭水产
6	益阳市	沅江市	芦笋	沅江芦笋（农业部、工商总局）	洞庭水产
7	常德市	汉寿县	甲鱼	汉寿甲鱼（农业部）	洞庭水产
8	常德市	安乡县	小龙虾		洞庭水产
9	张家界市	桑植县	大鲵	张家界大鲵（工商总局、质检总局）	张家界大鲵
10	郴州市	资兴市	东江鱼	郴州高山禾花鱼（农业部）、东江鱼（质检总局）	资兴东江鱼

以益阳市南县为例，该县发挥自身水域资源优势，大力发展稻虾产

---

① 《关于发布湖南省"一县一特"主导特色产业发展指导目录的通知》，湘农联〔2018〕94 号文件，2018 年 6 月。

业，打造了集科研示范、苗种繁育、生态种养、加工出口、健康餐饮、冷链物流、精深加工于一体的完整稻虾产业链，稻虾产业规模和影响力跻身全国三强。2021年，全县稻虾种养面积增长到60万亩，占全县耕地面积的68.5%，成为湖南最大的稻虾米生产基地和小龙虾养殖中心；创建全国绿色标准化生产基地30万亩，打造7个高标准集中连片万亩稻虾示范基地，22个千亩稻虾产业示范园，创建南县稻虾现代农业特色产业集聚区。从事稻虾种养的新型农业经营主体数量由2015年的370家快速增长到2021年的2360家，其中稻虾种养专业合作社465家，家庭农场765家，农业大户1120户，农业产业化龙头企业10家（包括国家级农业产业化龙头企业1家，省级龙头企业6家，市级龙头企业3家）。全县从事小龙虾养殖的种养户发展到3.5万户，小龙虾产业从业人员达13.5万人（其中包括产业经纪人2800余人）。稻虾米规模加工企业30家，年加工能力超50万吨，小龙虾年加工量万吨以上龙头企业1家（年加工能力达到12万吨），打造了全国知名的小龙虾交易中心和"中国小龙虾养殖加工研发中心"。稻虾产业已成为南县农村经济发展中最具活力、成就最显著的富民增收主导特色产业。同时稻虾养殖的生态效益十分显著。南县通过实施绿色防控技术，稻虾生态种养较普通稻田每年减少化肥、农药施用量50%以上，既提高了小龙虾和稻虾米品质，又减少了农业面源污染①。

除上述十大主导特色水产外，湖南各市（州）还有不少获得国家相关部门认定的地理标志水产，如常德临澧县黄花鱼、安乡县琥珀湖花鲢、琥珀湖草鱼、琥珀湖黑鲫，岳阳市华容县大湖胖头鱼，怀化市沅陵县五强溪鱼等。此外，不少县（市、区）以出口国际市场为导向，积极引进外来水产新品种、优良品种，效益良好。

二 湖南水产养殖业发展面临的主要问题

当前，生态文明建设进一步加强，传统的水产养殖业面临资源环境的巨大压力。水产养殖业新兴科技日新月异，新品种以及优良品种层出

---

① 夏训武：《南县稻虾全产业链引领乡村振兴成为富民增收主导特色产业》，《益阳日报》2022年2月28日。

不穷，水产市场竞争加剧。应对这一新的形势，当前湖南水产养殖业亟待解决结构性矛盾、养殖污染、同质化竞争、产业链较短等问题。

（一）"四大家鱼"过剩与名特优水产不足并存

在国内，青鱼、草鱼、鲢鱼、鳙鱼构成的"四大家鱼"占据了淡水鱼产业的半壁江山，提供了相当高比例的优质蛋白，堪称"国民功臣"。但是随着"四大家鱼"养殖规模的不断扩大，其面临的常规品种养殖结构性过剩问题日益凸显。

从需求来看，伴随我国人均水产品消费量不断增长的同时，淡水水产消费正在加速升级，消费结构更趋丰富多元，品质要求进一步提升，伴随国民收入的大幅快速增长，淡水养殖产品的消费正在经历从量的增长向质的提升转变，从单一常规品种向多元品种特别是名特优品种倾斜，从"有鱼吃"向"吃好鱼"转变，从水产消费结构实际来看，以"四大家鱼"为主的常规养殖品种，因肉质品质和口感相对稍差，其消费增长速度远低于名特优养殖品种等中高端水产，需求端遇冷导致常规品种养殖价格相对低迷，部分养殖户在市场行情不佳时经常遭遇养得越多、亏得越多的困境。

从生产端来看，湖南与同处中部、养殖水域资源条件总体相似的邻近省份湖北、江西和安徽对比，养殖结构存在明显不足，一是湖南鱼类养殖在淡水养殖总量中的占比相对较高。2021年，湖南淡水养殖总产量中鱼类占比为81%，除稍低于江西省外，显著高于渔业大省湖北的72%，更远高于安徽省的66%，也即湖南水产养殖品种中，甲壳类、贝类及其他类别相对偏少。二是鱼类养殖中，以"四大家鱼"为主的常规品种养殖占比相对偏高。2021年，湖南鱼类养殖总产量中以"四大家鱼"为主的常规品种占比为64%，湖北占比为62%，江西占比为60%，安徽占比为59%。也表明湖南鱼类养殖中名特优等中高端养殖品种相对偏少。

（二）水产养殖污染问题在一定程度上存在

一方面，水产养殖仍不同程度地存在用药不规范问题。作为水产养殖大省，受水产养殖粗放式模式影响，湖南正处传统渔业向生态渔业转型发展阶段，生产规模小，生产和管理都较为分散，抵御风险能力差，特别是小规模养殖散户质量安全意识差，抽查因范围的限制难以做到全面有效监测，因而风险较大。不少水产养殖场所往往以数量规模求效益，采用的是高密度、多品种的集约化养殖方式，病害风险也因此放大，加之养殖主体疾病检测能力不足，为抵御风险，普遍信奉"有病治病，没病防病"，过量用药、用禁用药及低成本的高残留药等养殖滥用药品现象仍不同程度存在。2021年省农业农村厅组织开展的第二次农产品质量安全检测结果显示，全省14个市（州）226个养殖场水产品抽检样品1120批次，检测36个品类中的氯霉素、孔雀石绿等15种参数，有14批次不合格，不合格率为1.25%；常规药物恩诺沙星检出频次高且有8次超标，尤其是鲫鱼、鲤鱼、叉尾鮰、牛蛙等问题较多，质量安全风险大[①]。从销售终端来看，各地市场监管部门也屡屡检出和曝光了不少使用禁用药物的水产品。另一方面，当前养殖用水污染问题仍然存在。各地池塘、水库、湖泊等主要养殖水域仍面临着生活污水、农业污水和工业污水污染等问题。尤其是随着农村生产、生活方式的逐步现代化，生活污水总量大幅增长，但当前湖南各地乡村除集中居住的集镇与城郊村庄外，大部分村庄并未对生活污水进行处理，农村生活污水直排业已成为农村水域污染的重要源头；且当前湖南农业化肥、农药使用量仍较大，农田水排入池塘湖泊造成面源污染，影响到渔业生产。

（三）水产优良品种繁育推广存在短板

目前湖南对本土优质异种资源的遗传基础挖掘不够，尚没有自主知识产权的核心技术，突破性新品种缺乏，水产优良品种研发与商业化种业发展机制有待进一步健全。与需求相比，水产新品种无论是数量还是质量都有待进一步提升，主要表现在新品种覆盖范围小，过度聚焦少数鱼类，大多数水产没有新品种，新品种优良特性单一，主要集中在生长特性上，具有多元复合优良特性的新品种稀少，新品种对产业的贡献率不高。此外，商业化水产育种体系亟待加强，当前水产种业主要以高等院校、科研院所等为主，能开展水产种业研发与推广应用的企业数量很

---

① 湖南省农业农村厅：《关于2021年湖南省农产品质量安全第二次监督抽查结果的通报》，http://agri.hunan.gov.cn/agri/xxgk/tzgg/202112/t20211202_21217440.html。

少，制约着湖南水产品种的高端化发展。

（四）水产养殖加工能力弱，产业链亟待延伸

水产品加工包括：以鱼、虾、蟹、贝、藻等的可食用部分制成冷冻品、腌制品、干制品、罐头制品和熟食品等的食品加工业，以食用价值较低或不能食用的水产动植物以及食品加工的废弃物等为原料，加工成鱼粉、鱼油、鱼肝油、水解蛋白、鱼胶、藻胶、碘、甲壳质等的非食品加工业。水产品加工和综合利用是渔业生产的延续，对于整个渔业的发展起着桥梁纽带的作用，不仅是我国当前加快发展现代渔业的重要内容，而且是优化渔业结构、实现产业增值增效的有效途径。但湖南在这方面还较薄弱。

从对湖北、江西、安徽的横向对比来看，2021年湖南水产品加工企业204家，规模以上水产品加工企业68家，水产品加工企业总量及规模以上水产品加工企业总量均比湖北少，但比江西和安徽多，冷冻加工能力也是如此（见表7-2），反映出湖南拥有相对较强的冷冻初加工能力。从水产品加工情况来看，2021年湖南淡水养殖产量为2655449吨，其中用于加工的淡水产品量为339969吨，加工产品占比为12.8%，与安徽的12.2%接近，但远低于湖北的40.2%和江西的25.4%（见表7-3）。从各省占水产品深加工大头的鱼糜制品及干腌制品来看，湖南生产加工鱼糜制品及干腌制品66177吨，占淡水水产产品加工总量的20.6%，与安徽的19.2%相近，但与湖北的33.8%和江西的55.2%相比有不小的差距①（见表7-4）。总体来看当前，湖南水产加工以冷冻初加工为主，深加工能力相对偏弱，这是影响湖南水产业发展的弱项和短板。

表7-2　　湖南及相邻中部省份水产加工企业及冷冻加工情况

地区	水产品加工企业（个）	规模以上水产品加工企业（个）	水产品加工能力（吨/年）	水产品冷库数量（座）	冷冻加工能力（吨/日）
湖北	269	117	2053853	447	78316
湖南	204	68	493528	269	47149

---

① 农业农村部渔业渔政管理局、全国水产技术推广总站、中国水产学会编制：《2022中国渔业统计年鉴》，中国农业出版社2022年版。

续表

地区	水产品加工企业（个）	规模以上水产品加工企业（个）	水产品加工能力（吨/年）	水产品冷库数量（座）	冷冻加工能力（吨/日）
江西	162	43	290492	194	2227
安徽	181	94	291208	606	14882

表7-3　　湖南及相邻中部省份水产品加工总量情况

地区	淡水养殖产量（吨）	用于加工的淡水产品量（吨）	加工产品占比（%）
湖北	4806257	1931818	40.2
湖南	2655449	339969	12.8
江西	2661004	675840	25.4
安徽	2242195	273752	12.2

表7-4　　湖南及相邻中部省份水产品深加工情况

地区	淡水水产品深加工总量（吨）	冷冻加工		鱼糜制品及干腌制品	
		总量（吨）	在淡水水产品深加工总量中占比（%）	总量（吨）	在淡水水产品加工总量中占比（%）
湖北	1357937	825226	60.8	459250	33.8
湖南	321162	215975	67.2	66177	20.6
江西	374999	137381	36.6	207109	55.2
安徽	212063	166194	78.4	40755	19.2

三　促进湖南水产养殖业高质量发展的对策建议

水产养殖业是关系国计民生的重要产业。湖南作为水产养殖大省，要加强渔业资源保护，着力构建新型经营体系、产业体系，推动形成绿色高效、安全规范、融合开放、资源节约、环境友好的现代水产养殖发展新格局。

（一）加快发展高品质现代水产养殖业

一是加大大宗淡水鱼优良品种培育力度。自 2021 年以来，湖南开展了水产养殖种质资源基本情况普查工作，全省共录入普查主体 5.7 万个、资源信息 16 万余条，建成了湖南水产种业和水产养殖业有史以来最基础、最全面的数据库。并建立起了规模较大的农作物种质资源库，从水产来看，目前建成了 4 个国家级水产原良种场、42 个省级水产良种场；以刘少军院士领衔的科研技术团队，成功培育了湘云鲤等多个国家水产新品种[1]，未来要把种源安全提升到战略高度，建立和完善水产种质资源普查机制，全面摸清湖南水产种类、数量、水域分布和保护利用情况，依托丰富的本土特色资源，以淡水鱼为重点，加大其重要基因功能分析和挖掘利用研究，发掘与产量、品质、适应性等形状相关联的新基因，创制产量高、品质好、效益佳、适应性强的大宗淡水鱼优良新品种，并加大优良品种的推广力度。

二是加大名优水产养殖力度，推进水产供给侧结构性改革。近年来大宗淡水鱼价格相对低迷，而小龙虾、黄颡鱼、鳜鱼、乌鳢等名优水产价格高企，获得市场青睐，大闸蟹等虾蟹类水产一直保持高位运行态势，特别是小龙虾呈现爆发式增长态势，养殖户养殖效益也因此大幅提升。因此要以市场需求为导向，加大名优水产养殖技术的推广力度，重点推广和加大引进具有生长速度快、肌间刺数量少、肉质鲜美、蛋白饵料系数要求低、抗病能力较强、成活率高等特点的名优水产新品种，促进增产增效。在稳定大宗淡水鱼养殖的基础上，积极调整和优化养殖品种结构，增加名优水产市场供给，提升水产养殖效益和增加渔民收入。

三是大力发展地方特色水产。特色水产是湖南水产养殖业的重要组成部分，近年来特色水产市场发展前景极为广阔，特别是特色水产有利于促进水产与二三产业融合发展。进一步发展地方特色水产，首先要加强特色水产顶层设计，对本土水域滩涂资源进行摸排和规划，积极布局本地特色养殖空间布局、养殖品种、规模等；其次要积极培育本地品牌，

---

[1] 湖南省农业农村厅：《全省水产养殖种质资源普查工作取得阶段性成效》，http://nyncj.hnloudi.gov.cn/ldncj/0701/202205/c2ff5e61a21d43e98d0534a73c992d3a.shtml。

以发展特色水产为抓手，引入优质企业，以县、乡镇、村专业基地渔场和养殖公司为龙头，以养殖协会为纽带，以养殖大户为主体，拓展特色休闲渔业，加大科技投入力度，与相关高校和科研院所积极联合开展特色水产综合种养项目试验研究与示范，完善农技推广服务体系。

（二）推进湖南水产养殖业绿色发展

一是大力发展生态健康养殖。继续大力开展水产健康养殖示范创建，全面推广生态健康养殖模式。为减少水产兽药使用，要着力提高养殖主体疫病防范意识，以疫苗推广、生态防控等措施推动水产提质增效。推进水产养殖用水循环使用，如推广池塘内循环微流水养殖，将传统池塘"开放式散养"模式创新为"池塘内循环微流水圈养"模式，有效保障池塘本身的良性循环，改善水体环境。

二是引导发展多种形式的适度规模经营。湖南水产养殖业市场主体众多，产业发展活力大，但产业小弱散特征明显，补好这一短板，必须培育和壮大养殖大户、专业合作社、水产养殖龙头企业等新型经营主体，按照水产养殖产业战略布局和产业升级的发展需要，进一步优化养殖水域资源配置，促进和引导水域滩涂经营权向新型经营主体流转。同时鼓励发展渔业产业化经营联合体，将生产、加工、销售有机结合起来，实行一体化经营，让生产与市场更有效衔接，同时更好地解决销售问题，提高养殖户的组织化程度。

三是大力促进养殖水域环境优化。大力推进养殖尾水治理，省生态环境厅与省市场监督管理局于2021年2月27日联合发布了《湖南省水产养殖尾水污染物排放标准》并正式实施。地方执法部门已经据此对违法排放养殖户作出处罚决定。要严格执行标准，加大养殖尾水治理和执法力度，规范设置养殖尾水排放口，加强养殖尾水监测，实现有法必依。加快推进养殖节水减排，加大对养殖场进排水改造、生物净化、人工湿地、种植水生蔬菜花卉等技术的推广使用力度，促进养殖尾水资源化利用的同时促进排放合规。鼓励在湖泊水库发展不投饵滤食性、草食性鱼类等增养殖，实现以渔净水。构建立体生态养殖系统。继续大力推广渔稻综合种养等生态养殖模式，实现养鱼不换水或少换水、种菜不施肥的资源循环利用和"一地两用、一水双收"的效果。

四是加快水产品质量体系建设。加快推动养殖生产经营者建立健全养殖水产品追溯体系，鼓励采用信息化手段采集、留存生产经营信息。建立覆盖生产、加工、储藏、销售全过程和操作环境、安全控制等方面的标准体系，逐步与国际公认检测标准接轨，完善检测技术，加强水产品质量管控。加快养殖水产品质量安全标准制订，推进标准化生产和优质水产品认证。

（三）以休闲渔业为重点推进水产养殖业与二三产业融合发展

休闲渔业以渔业生产为载体，通过资源优化配置，将渔业生产加工与休闲娱乐、观赏旅游、生态建设、文化传承、科学普及以及餐饮美食住宿服务等有机结合，实现一二三产业融合，是现代渔业五大产业之一。要通过推进渔业生产加工与休闲、旅游、观光、度假、娱乐的有机结合，促进湖南休闲渔业快速发展。

一是加强休闲渔业基础设施建设。强化乡村休闲渔业发展用地支持，破除休闲渔业发展的堵点。实施休闲渔业质量提升工程，支持水域资源较丰富的地区把乡村基础设施建设提升与休闲渔业发展有机结合起来，加强水产养殖场所交通、物流、网络、水电、安全、卫生等基础设施建设，全面大幅提升休闲渔业的住宿、停车场、交通指引、旅游导览、通信、综合服务等基础设施配套。重点突破渔场码头、船舶设备、观光游艇等渔业基础设施，并在一些重要渔业领域初步实现智能化应用，为休闲渔业的发展奠定物质基础。

二是培育和发挥休闲渔业龙头带动作用。培育和扶持一批发展潜力大、带动能力强、品牌优势明显的休闲渔业运营和服务组织，例如渔业生态观光园、渔村风情园、渔文化创意园等，形成核心辐射力，推动渔业产业与餐饮、旅游、科技、文化、生态等的深度融合，形成休闲渔业吃、住、行、游、教的多业态链式发展格局。要重视和加强对休闲渔业的科学研究和技术推广服务，重点开展休闲渔业配套设备如雷达、救生艇、多功能娱乐设备等的研究和开发、优质钓饵研究和开发、观赏鱼养殖技术研究和新品种开发，全面开展水产技术推广服务，从而为休闲渔业从养殖为主向休闲垂钓、观赏旅游、参观博览等为主的二三产业发展提供技术支持。

三是加强休闲渔业营销攻势。策划举办赛事活动、风情展览等营销活动，如"五一""十一"黄金周举办大型生态捕鱼节、美食节等，不断提高休闲渔业的关注度。挖掘传统渔业文化的文化内涵，发挥其文化教育功能，推进休闲渔业与文化、科技、生态旅游、科普资讯等的深度融合，拓宽休闲渔业的产业链和价值链，以此衍生出休闲渔业新的经济增长点和消费热点，形成休闲渔业吃、住、行、游、教、购多业态链式发展、融合发展的综合发展格局。重视休闲渔业互动性、体验性，提高游客参与度，提高游客的购买意愿，带动地方经济社会发展和农民共同致富。

（四）加大渔业品牌培育力度

一是大力维护和强化区域共用品牌。要加强区域水产地理标志产品和区域公用品牌管理维护，通过制度化促进水产产业标准化，制定并发布区域公用品牌和地理标志产品使用管理、产品养殖操作、质量管理等规程办法。突出将"安全、健康、生态"落实到养殖、加工生产等各个环节，制定完善监控、预警、纠偏及评估与应急管理控制，疫情疫病检验监测控制，安全追溯控制，网围养殖管理，标准化基地建设等相关制度。坚持常态化检查，加大检测力度，加大对苗种购买、投入品使用、生产记录、产品流通、药残管理等重点环节的执法力度，确保授权产品生产单位全过程严格对标生产。地标授权企业产品严格实行"带证上网""带码上线""带标上市"，让"舌尖上的安全"获得切实保障。

二是大力培育企业与产品品牌。加大水产养殖产业品牌建设扶持力度，强化龙头企业的领头羊作用，鼓励相关龙头企业加大研发力度，大力改进水产养殖技术，严把质量标准，推进自身企业品牌建设，打造区域乃至全国知名品牌。推动有能力的企业积极向国际标准看齐，获取第三方国际权威机构认证。如BAP（最佳水产养殖规范）认证，这一认证由全球水产联盟制定实施，覆盖整个上下游产业链，涉及水产品养殖、食品安全、企业设施、产业可溯源、环境可持续发展等，获得此类国际认证，有利于优先进入国内国际优质销售渠道和平台，成为竞争力强的品牌。适当鼓励地域特色高品质水产品种开展优质水产品评比评选活动，组织和鼓励企业申报全国驰名商标评选活动,积极参与中国国际农产品交易会等各类展会活动,着力培育打造一批具有竞争力和影响力的明星水产品品牌。

湖南水果产业高质量发展报告

湖南水果栽培历史悠久，品种资源丰富，特色优势明显，是全国重要的水果生产基地，栽培的果树有柑橘、梨、桃、猕猴桃、杨梅、葡萄等 10 余种，其中柑橘的种植面积和产量排名居全国前列。水果产业作为湖南农业优势特色产业之一，在全省农业农村发展中具有举足轻重的地位，推动全省水果产业高质量发展，是湖南推进农业现代化发展的重要任务。

一　湖南水果产业发展的主要成效

近年来，湖南在稳住柑橘生产的同时，大力发展特色水果种植，积极调整生产结构，加快品牌建设步伐，推动水果产业发展取得明显成效。

（一）种植规模总体扩张，面积产量稳步增加

湖南地处亚热带季风气候区，具有大陆性特点的亚热带季风湿润气候，既有大陆性气候的光温丰富特点，又有海洋性气候的雨水充沛、空气湿润特征。地势北面低平，东、南、西三面环山，多丘陵山地，以红、黄壤为主。年平均气温 16℃—18℃，绝对最高气温 41.9℃，绝对最低气温 -11℃。从全国果树带的划分方面看，湖南属亚热带常绿、落叶果树混交带，植被种类繁多，比较适合发展水果产业。

湖南适栽的果树种类有柑橘、葡萄、梨、杨梅、桃、枣、板栗、核桃、柿、猕猴桃、石榴、蓝莓、草莓、无花果等，其中柑橘是主产水果，栽培面积与产量均较大。湖南水果种植面积从 2011 年的 805.7 万亩增加

到 2020 年的 834.21 万亩，增长近 30 万亩。水果产量快速稳步增长，由 2011 年的 529.89 万吨增长到 2021 年的 1193.64 万吨，① 翻了一番多。

表 8-1　　　　　2011—2021 年湖南水果生产概况　　（单位：万亩、万吨）

年份	2011	2012	2013	2014	2015	2016	2017	2018	2019	2020	2021
面积	805.7	818.9	845.8	875.8	799.6	742	751.1	775.4	797.8	834.21	—
产量	529.89	553.9	879.44	920.05	981.04	1048.18	956.38	1010.77	1062	1164.7	1193.64

资料来源：根据历年《湖南农村统计年鉴》和《湖南省国民经济和社会发展统计公报》整理。

（二）以市场需求为导向，品种结构逐步多样化

随着我国经济的飞速发展，人民生活水平不断提高，对水果的需求日益增加，对果品要求也趋向多元化、优质化，市场需求的升级促使全省水果品种结构不断优化。

以柑橘生产为主。湖南是以柑橘为主的多水果产区，20 世纪 80 年代以前，柑橘栽种占全省水果栽种总面积的九成以上。2009—2016 年湖南柑橘面积和产量都稳居全国第一，但从 2017 年以后，发展速度与国内柑橘主栽省份相比有所滞后，产量排名落后于广西，位居全国第二。湖南柑橘以宽皮柑橘为主要种植类型，占全省柑橘种植面积的 60% 以上，温州蜜柑、脐橙、椪柑、冰糖橙是柑橘的四大主要品种。

时鲜水果比重不断攀升。国家近年来在宏观层面加大了对种植业的结构调整并出台了相关支持水果产业发展的政策，湖南水果产业也随之迅速发展，品种结构不断优化，特色时鲜水果比重不断攀升。目前，柑橘栽种面积在全省总面积的占比下降到 74% 左右，时鲜水果面积逐步上升到 26% 左右。柑橘产量在全省总产量的占比下降到 84% 左右，时鲜水果则提升到 16% 左右。时鲜水果初步形成了以梨、桃、葡萄、猕猴桃、杨梅、李为主，枣、石榴、柿、板栗为辅的格局，其中六大主要时鲜水

---

① 数据根据湖南省统计局、国家统计局湖南调查总队发布的历年《湖南省国民经济和社会发展统计公报》《湖南农村统计年鉴》整理，其中，自 2013 年起，水果产量的统计口径有调整。

果占全省时鲜水果总栽种面积的70%以上。[①]

表8-2　　　　2011—2020年湖南省主要水果生产情况　（单位：万亩、万吨）

种类	项目	2011年	2012年	2013年	2014年	2015年	2016年	2017年	2018年	2019年	2020年
柑橘	栽种面积	586.2	600	621	631.7	573.4	540.2	554.1	576.4	600	624
	产量	458.9	479.9	417.3	453.2	473.2	476.4	500.9	528.6	560.5	626.7
梨	栽种面积	49.6	50	51.8	52.2	53.9	49.8	50.4	50.4	50.5	51.4
	产量	15.1	15.4	16.5	17.1	17.8	17.1	16.7	19.7	19.5	20.1
桃	栽种面积	45.2	43.4	43.1	45.2	42	39.1	41.7	44.2	45.7	46.8
	产量	12.4	12.8	13.1	14.9	16.1	16.3	17.7	17.6	20.9	23.2
葡萄	栽种面积	30.2	33.5	38.3	35.2	37.7	37.2	38.9	39	39.9	41.3
	产量	11.9	13.2	13.9	15.9	17.6	16.8	17.6	18.5	20.7	24.4
猕猴桃	栽种面积	14.6	14.6	19.5	20.6	20.2	19.9	19.8	21.6	23	24.9
	产量	4.6	4.9	6.1	7.3	7.4	7.3	7.9	9.6	12	13.7
李	栽种面积	—	—	—	—	—	—	—	—	—	—
	产量	10.8	11.7	12	11.8	12.1	11.3	9.7	7.4	8	8.9
枣	栽种面积	—	—	—	—	—	—	—	—	—	—
	产量	2.6	2.6	2.8	2.9	3.1	3.2	3.2	3.3	3.4	3.2

注：李、枣的栽种面积数据在《湖南农村统计年鉴》中未有收录。
资料来源：根据历年《湖南农村统计年鉴》整理。

（三）以水果加工为抓手，产业化水平持续提高

湖南水果产业经过多年来的蓬勃发展，目前已有2000多家企业，规模以上超过250家，形成了国家级龙头企业、省级龙头企业、市级龙头企

[①] 根据历年《湖南农村统计年鉴》及湖南省农业农村厅相关数据整理。

业三级梯队矩阵，超过 20 家企业年加工量过 5000 吨、年产值超千万元，[①] 熙可和李文公司 2 家企业年产值过亿元。湖南是全国最重要的柑橘罐头加工出口基地，全省柑橘罐头加工出口量约占全国的 1/4。永州熙可、邵阳李文、辣妹子等罐头加工企业是国内外竞争力较强的柑橘罐头加工生产企业。

加工自动化水平不断提高。湖南水果加工技术设备由过去的手工家庭作坊、半机械化、机械化逐步向自动化方向发展。全省水果加工设备主要以国产设备为主，适当引进了国外的先进技术设备。在水果的外部品质检测方面，有尺寸分选机、重量分选机、颜色分选机等；在表面保鲜与美观处理方面，有我国自主研制的系列球形水果洗涤打蜡保鲜加工设备，该类设备可组装成线，一次性完成鲜果的洗涤、保鲜、打蜡、烘干及分级流水作业，也可选择进行单机作业；在果实内部品质无损伤检测分级方面，实现了甜橙的无损伤糖度和酸度的检测分级处理。目前永兴华大、宜章展翔公司和脐橙协会等多家公司（协会）已经配置了冰糖橙和脐橙的无损伤糖酸检测分级线，年检测能力超过 1 万吨；在自动化包装处理方面，部分企业自主研发了系列适应生产的自动化包装线；在削皮方面，有针对不同水果的削皮机。除此之外，随着一些水果深加工技术的应用和加工工艺的提高，相应的配套设备也研发出来，湖南熙可食品有限公司具有目前国际先进的塑料杯罐头生产线 8 条，国内一流的铁罐罐头生产线 10 条。湖南李文食品有限公司拥有"塑料袋包装"生产线和"罐装食品"生产线，主要设备全部从日本进口，年生产能力 10000吨。怀化汇源果汁公司引进了世界上最先进的浓缩汁生产线，是目前我国乃至亚洲最大的浓缩汁生产基地。

产业链条不断延伸。目前省内进行加工的水果种类主要有柑橘、梨、桃、李、葡萄、猕猴桃、杨梅、枇杷、枣等 50 余种，其中以柑橘、桃、猕猴桃、杨梅等加工为主，占比 70% 左右。水果加工产品主要有鲜果罐头、果汁、饮料、果酱、果浆、果脯蜜饯和脱水果品七大类。在水果加工过程中，往往产生大量废弃物，如皮渣、果核、种子等副产物，随着加工企业快速发展和深加工技术的应用，这些副产物也得到利用，开发

---

① 根据湖南省农业农村厅相关数据整理。

出果胶、类黄酮、香精油等系列高附加值产品，产后加工增值率有了较大提高。与此同时，水果加工产品在质量、档次、品种、功能以及包装等各方面已能满足各种消费群体和不同消费层次的需求。

（四）以龙头企业为带动，品牌影响力不断提升

全省现有龙头企业 40 余家，主要涉及柑橘、葡萄、猕猴桃、黄桃和梨加工，分布在郴州、怀化、娄底、邵阳、湘西、益阳、永州、张家界、株洲、衡阳、长沙、岳阳和常德等市（州）。其中，5 家为国家级龙头企业，分别为新宁家家红食品饮料有限公司、湖南李文食品有限公司、湖南鑫洋食品工业有限公司、湖南熙可食品有限公司和湖南老爹农业科技开发公司。

通过龙头企业的带动作用，果品品牌已在市场上形成一定影响力，如"永兴冰糖橙""雪峰""李文""辣妹子""果秀""老爹"已获得中国驰名商标认可。此外，地方政府通过农产品地理标志认证加强区域品牌建设，截至 2021 年上半年，全省已获得农产品地理标志登记保护产品的果品有 26 个，[①] 涵盖柑橘、杨梅、梨、黑老虎、梅、桃和猕猴桃 7 个水果种类，分布在永州、郴州、邵阳、湘西、怀化、张家界、常德、岳阳、长沙和衡阳等 10 个市（州）。其中，柑橘类水果获得农产品地理标志登记保护的数量最多，共计 14 个。[②]

二 湖南水果产业发展存在的主要问题

虽然近年来湖南水果产业实现了较大发展，但从总体看，水果生产、经营、销售、加工等环节仍以传统模式为主，现代化水平还有待进一步提高。

（一）重复跟风现象突出，水果品种结构有待进一步优化

湖南水果产业发展还具有较大的盲目性和随意性，缺乏细致统一的

[①] 张尚武：《湖南新增 10 个农产品地理标志》，《湖南日报》2021 年 6 月 16 日。
[②] 李玉萍、叶露等：《我国柑橘类地理标志产品发展现状与路径》，《中国果树》2021 年第 12 期，第 94 页。

产业规划和产业指导，省内许多地区果树种植布局较为混乱，对市场把握不准，市场供需信息不对称，往往出现某一品种市场销售好，其他地区就一拥而上。导致很大的种植销售风险，常常出现丰收不增收的现象。同时，水果品种结构不优。中早熟品种优势没有充分发挥，晚熟品种特色不够鲜明。比如柑橘栽培仍以宽皮柑橘为主，橙、柚等优质、特色品种不多。中熟水果品种栽种比例占70%，名、特、新、优时鲜水果总量偏少且熟期集中在7—9月，导致全省水果成熟上市的时间很不均衡，1—6月上市鲜果仅仅占到全省水果生产总量的三成，而第四季度上市水果占全省总量的六成以上，果品结构性、季节性、地域性相对过剩，产业优势总体不强。

（二）良繁体系建设有待完善，危险性病虫灾害防治待加强

湖南目前已经建立起比较完善的柑橘无病毒良种繁育体系，但是时鲜水果的良繁体系建设还有待完善。由于管理和生产不规范等方面的一些因素，苗木防病抗病方面也还存在短板。湖南当前有20余家柑橘无病毒良种繁育基地，年繁育能力达500万株，有基础条件较好的国家柑橘无病毒原原种苗培育基地、湖南省柑橘脱毒中心、湖南省无病毒良种繁育中心可以提供柑橘的脱毒、检测和无病毒接穗的生产。但是，一些无病毒繁育基地存在管理不善、生产不规范等问题，有相当多的露地苗圃在生产劣质裸根苗，无病毒的优质种苗生产无法满足产业高质量发展的需要。同时，湖南时鲜水果尚未建立无病毒良种繁育体系，基本上是采用传统露天裸根苗木繁育方式，导致一些危险性病虫害如猕猴桃溃疡病、葡萄根瘤蚜等在全省蔓延，同时，苗木流通环节把控不严，到外地甚至是疫区调苗现象还较为普遍，妨碍了危险性病虫害的防控，这些危险性病虫毒害会影响产业的健康发展。

（三）配套基础设施薄弱，生产成本高企

企业盈利能力不强、配套基础设施投入不足是制约湖南水果产业高质量发展的关键因素之一。

一是果园建设较为老旧。湖南果园大部分是在20世纪八九十年代至21世纪初建立起来的，受当时的环境和条件限制，果园建设标准不高，

配套基础设施比较薄弱，果园管理方式较为粗放和传统，果树施肥多以无机肥为主，机械化作业水平不高，由此导致水果产量不高，品质较低。

二是栽培管理新技术示范推广慢。湖南虽为水果生产大省，但是现代高效精确栽培技术示范推广较慢，水果的栽培技术还比较落后。另外，全省地形以山地丘陵为主，水果果园难以进行大规模机械化作业，随着近年来人工劳动力成本的大幅上升，果园的生产成本也随之不断抬高，效益有所下降。

三是采后处理装备和技术水平不高。湖南水果采后处理设施简陋、产地贮藏、保鲜、烘干、分级等初加工设施存在一定短板，通风库、冷藏库设施近年新建不少，采后贮藏能力得到了一定提升，但离全省水果产业需求还有较大差距，采后设施贮藏普及率依然较低，采后损失较严重，无形中增加了水果生产企业的损耗产本。在水果采后保鲜方面，仍以化学保鲜为主，缺乏绿色保鲜技术，导致产品市场竞争力不强。

（四）科技支撑力弱，水果精深加工水平有待进一步增强

全省水果产业相关研究团队数量不少，但原创研究较少，自主创新能力有待提高，前瞻性研究也有待加强。全省果业科技投入也缺乏长效机制，专业技术人员缺口较大，水果产业的精深加工能力还不够强。

一是副产物资源综合利用率偏低。省内相关科研单位开展了大量柑橘副产物资源综合利用方面的研究，部分企业也建成了柑橘果胶、类黄酮、香精油和辛弗林等的规模化生产线。如涟源康麓生物科技有限公司通过与湖南省农业科学院等单位进行产学研合作，生产出的新橙皮苷二氢查耳酮，已占据国内50%的市场份额，并以70%的出口额居全国榜首。然而，由于柑橘加工产业集聚度不高，目前多数柑橘副产物资源利用主要集中于单一成分，缺乏对其全组分的梯次链式转化利用，直接导致综合利用率不高和资源浪费，制约产业的可持续健康发展。

二是高附加值功能型产品开发不足。目前，虽然利用柑橘副产物资源提取制备了果胶、类黄酮、香精油、色素等多种成分，并开发了相应的产品。但是，这些产品大多是一些中间体或中间产品，全国也只有极少数公司掌握了酰胺化果胶产品改性关键技术，因此生产所需的酰胺化果胶仍须从斯比凯可（Kelco，美国）等国外公司大量进口。此外，现阶段利用柑橘副产物资源制备的产品,其功能特性还有待进一步挖掘,尤其对人体的健康功效需开展更深入的研究。①

三是新技术新工艺在省内企业里应用偏少。近年来,水果加工工业中的高温瞬时杀菌技术、膜分离技术、储存及运输技术、气调保鲜包装技术、降酸技术、指纹图谱技术等在国内水果龙头企业中应用广泛,但省内多数水果加工企业受规模和实力限制,新技术新工艺的应用率并不高,如柑橘加工过程中的生物酶法脱囊衣技术在山东、广东、浙江、四川等省有广泛应用,而在湖南柑橘加工企业中应用不多。

(五)社会化服务供给不足,粗放经营较普遍

随着水果产业标准化生产的发展和全省农村劳动力的老龄化加剧,今后果园专业化生产的要求也不断提高,湖南劳动力短缺的问题将更加突出,这对社会化服务供给提出了更高要求,湖南在这方面还存在短板。

一是综合性社会化服务组织较为稀缺。现有社会化服务组织多在果业生产的某个环节开展服务,比如有的只提供农机作业服务,有的仅承担劳务作业服务,有的单纯开展农资供应服务,可同时提供农机、劳务、农资供应,以及病虫防治和果品销售一条龙服务的综合性服务组织数量稀少。果品经销商常常利用其在市场销售上的主导地位对种植者的果品压级压价现象屡见不鲜,种植者在果品流通环节话语权较弱。

二是产业信息化程度偏低。水果产业作为一种高投入高产出的产业,其受信息因素影响较其他产业要深,但湖南水果产业的信息化水平较低,导致生产环节的技术、资本、果农间信息流通不顺畅,产供销脱节问题较突出。

三是生产资料供应无法满足优质高效生产的需求。水果生产所需的农药、肥料、生长调节剂、农用塑料等物资的供应无法科学合理匹配水果生产需求,社会化服务组织缺位使得一些并不适宜湖南土壤条件的生产资料被相关生产厂家无序引入,给水果产业带来不利,比如一些酸性肥料施用后给果园土壤带来严重酸化,影响行业的可持续发展。

---

① 单杨、丁胜华、苏东林、刘伟、张菊华:《柑橘副产物资源综合利用现状及发展趋势》,《食品科学技术学报》2021年第4期。

（六）经营主体带动力不强，市场流通渠道不畅

当前全省果业生产经营组织化程度还有待提高，果业产业化水平偏低，水果产业链条短，科技创新转化能力不强，果业经营主体发展存在不平衡、不充分的现象。

一是生产经营组织化程度有待提高。长期以来，湖南传统水果生产经营模式主要是以一家一户一园为单位的小农生产模式，这种模式不利于水果产业做大做强。一是因为小农生产模式下的生产者处于分散经营的相对孤立地位，对市场需求及变化的把握能力不强，面临一些未知风险；二是小农生产模式下的生产集中程度低，阻碍了水果产业的规模化发展，分散生产与集中加工的矛盾始终存在，加大了小生产和大市场的对接难度。近年来"合作社+公司+农户"的模式发展比较缓慢，并且缺乏规模大、竞争能力强的龙头企业的有效带动，水果生产经营组织化水平始终不高。

二是产业化水平有待进一步提高。当前，湖南果品销售主要是果农在家等客，处于销售的被动地位，果农普遍存在只管生产、轻视销售的现象，各自为政，缺乏竞争力，"果贱伤农"的现象时有发生。销售企业和地方组织功能未发挥，行业协会缺位，对于水果营销的带动作用不强，加之流通领域不发达，使得市场开拓阻力不小。另外，水果采后商品化处理程度不高，大部分果品以原始状态上市，分等级少，缺乏采后贮前处理措施，产业链不完善，商品档次低，高档果品偏少，销售价格一直上不去，外贸竞争力也不强。

三是品牌知名度有待提高。当前，湖南水果品牌数量偏少，在全国叫得响的区域品牌与知名品牌缺乏。省级品牌与市县公共品牌难以整合，受行政区划影响，市县各自为政，努力打造本区域的公用品牌，缺乏统一协调的品牌策略，如湖南冰糖橙、雪峰蜜橘、湘西椪柑、湘南脐橙四个柑橘公共区域品牌各自为政，存在内耗现象。省内多数企业品牌成长缓慢，由于水果龙头企业较少，一般小型企业在品牌宣传运营方面投入不足，制约了企业品牌的培育，目前只有少数企业品牌运营较为成功。

三 推进湖南水果产业高质量发展的对策建议

水果产业是满足人民生活需要的重要产业，关系到农民增收致富和乡村产业振兴大局。湖南水果产业发展已经具备良好基础，未来要坚持以农业供给侧结构性改革为主线，立足区位优势和资源禀赋，通过优结构、畅销售、创品牌等关键途径，推动全省水果产业高质量发展。

（一）调整优化水果生产布局和品种结构

依据湖南农业发展的新形势，明确水果业发展的总体目标，以市场需求为指引，因地制宜，分析全省不同区域的有利条件和不利因素，采用各具针对性的水果产业发展规划，打造布局合理、各有特色的水果产业带。

一是科学制定水果发展区划。针对全省各区域气候迥异，资源禀赋、自然地理环境、市场情况的不同，对全省果业发展进行科学区划，制定优势果品发展区划方案，并指导市、县两级因地制宜、因时制宜细化方案，形成湖南水果发展区划方案。

二是优化种植结构。结合地区生态气候和区位优势，根据市场需求调整品种结构，种植面积，提高水果质量和效益，积极选育推广有自主知识产权的水果优良品种，突出特色，开拓国内外市场。突出品种品质的提升，适应市场需求，着重加强无核、优质、抗病、耐贮运品种选育推广。科学控制水果熟期早、中、晚品种比例，时鲜水果重点是扩种早、晚熟及名、特、新、优品种栽培；柑橘重点是增加特早熟、早熟温州蜜柑，鲜食和加工的早、晚熟甜橙等优质品种栽培。

三是打造优势特色区域。综合考虑全省范围内果树种类的自然分布、资源优势和区位技术优势，不断强化柑橘、梨、桃、葡萄、猕猴桃、杨梅六大水果产品的优势，建设优势特色产业区。宽皮柑橘最适宜优势特色产区主要包括永州、衡阳、郴州和湘潭下属区县；适宜优势特色产区包括湘西自治州、邵阳、怀化、涟源、益阳、常德、永州下属县域。甜橙最适宜优势特色产区位于道县与宁远县。梨的优势特色主产区主要包括湘西自治州、怀化、郴州、邵阳、娄底和永州下属县域。桃的优势特色主产区主要包括永州、怀化、郴州、常德、邵阳、株洲下属县域。湖南省内葡萄划分为优质欧亚种葡萄、巨峰系列鲜食葡萄和优质特色刺葡萄三大品类，第一类特色产区主要包括常德、益阳、岳阳、张家界、湘西自治州；第二类特色产区主要包括衡阳、郴州、邵阳、娄底、永州；第三类特色产区主要包括湘西自治州和怀化。猕猴桃优势特色主产区包括浏阳、宁乡、平江、隆回、绥宁、桂阳、双牌、溆浦、炎陵、新化、吉首、凤凰、花垣、保靖、永顺共15个县（市）。杨梅优势特色主产区主要包括怀化市及其下属的靖州县、洪江市、永州市、娄底下属的冷水江市。

（二）加快优新品种选育与良繁体系建设

为适应现代水果产业对优质苗木的需求，应不断推动水果种苗有序生产，促进种苗生产的规范化和规模化。

一是加快优新品种选育。围绕优势特色水果生产，加强种质资源收集和种质资源圃建设，建成一批省级种质资源圃。充分利用现有资源和优势，强化与国内科研院校所协作攻关，尽快选育一批适销对路、熟期合理、品质优良、具有自主知识产权的水果品种。加大现代生物育种技术研发，采取远缘杂交等常规育种和现代生物育种技术结合的方法，选育优质丰产、熟期配套、高抗、宜机宜设施生产的新品种，巩固柑橘、猕猴桃、葡萄等育种优势，提高有价值的优良新株系数量，加强培育优质新品种。

二是加快果树良种繁育体系建设。建立完善省、市、县三级良种繁育体系，切实做好种苗管理工作，严防检疫性病虫害进入。加强水果种质资源保护体系与新品种区试体系建设，加强果树苗木病毒检测、脱毒技术和无病毒苗木繁育技术研发，提升优质种苗生产能力，提高柑橘、猕猴桃、黄桃等树种省内品种占有率，实现优良品种育繁推一体化。建立以现代化定点生产企业为主体、以国家和省级果树科研和技术推广机构为依托的水果苗木繁育体系。开展全产业链科技攻关，以良种育繁、绿色生产、设施装备、果品保鲜加工等为重点，突破一批关键技术，加强柑橘黄龙病、桃（李）细菌性穿孔病和葡萄根瘤蚜、橘小实蝇等重大病虫害防控。

（三）聚力精深加工打造水果全产业链

积极推进果业供给侧结构性改革，聚力精深加工，提高果业现代化加工水平，打造水果全产业链，提高市场竞争力，为湖南果业发展注入新活力。

一是提高深加工水平。重点研究湖南水果的成分特性与加工特性，挖掘其特色优势，发展适宜的加工技术及装备；扩大加工专用水果原料基地规模，筛选加工专用品种，重点加强水果产地商品化处理技术装备研发及冷链物流设施建设。发展果干、凉果蜜饯、原汁原浆生产和果酒加工，发展葡萄、猕猴桃、黄桃等干制产品，促进烘干设备向先进、高效、节能方向发展。果汁加工重点提升原料预处理、高效榨汁、低温杀菌等技术，发展浓缩汁、非浓缩还原果汁、复合汁、发酵果汁等产品。水果罐头加工重点发展柑橘、猕猴桃、黄桃、杨梅罐头等，促进水果罐头加工装备向连续化、机械化、智能化方向发展。提升传统凉果蜜饯生产精深加工技术和绿色安全生产水平，提高生产设施设备的机械化水平。开展桃、葡萄、李、石榴、柿、板栗等特色水果精深加工。积极推进湖南特色水果加工副产物的综合利用，重点攻克皮渣核中功能活性成分的高效绿色提取、生物转化、饲料化利用等关键技术，大幅提升原料高质化全果利用水平。

二是延伸果业链条。普及果品分选、清洗、包装等初级加工，建立专用原料与分选原料相统一的原料供应体系。适应新茶饮消费趋势，推广"气调包装+鲜切"和"速冻+鲜榨+果茶快递"等果品加工模式，推广非热干燥等工艺设备，提高应急加工能力和果干的质量档次。推进水果精深加工，引进冷榨灭菌、速冻粉碎等新工艺，推动果汁、果粉终端产品生产，开发适应主流消费需求的休闲果制品和适合特殊群体的健康食品。结合花青素、酵素等功能物提取，加强果皮、果核等废弃物的综合利用，开发饲料、肥料等副产品，实现"吃干榨尽"。

三是打造水果文旅新业态。拓展果业休闲观光、生态保护、文化传承新功能，大力开发水果产业文化、果园观光、采摘体验、文创科普等新业态，在城市近郊发展旅游观光型、庭院型、水果庄园（例如葡萄酒庄）式等模式，建设水果产业田园综合体，推进一二三产业融合发展。

（四）培育壮大果业龙头企业

积极扶持果品龙头企业上规模、上水平，重点培育起点高、规模大、有自主知识产权、产业关联度大、带动力强、效益好的果品加工企业或企业集团，形成一批果品产业化龙头企业集群，提高联农带农能力，不断推动全省水果产业化水平迈向新台阶。

一是发展壮大果业龙头企业队伍。鼓励果业龙头企业进行资产重组，通过兼并、重组、参股、联合等方式开展合作，扩大规模，增强实力及带动能力。支持龙头企业升格晋级，鼓励果业龙头企业申报农业产业化国家重点龙头企业。支持符合条件的果业龙头企业融资上市，争取更多果业龙头企业列入全省重点拟上市企业和上市后备企业精选库。鼓励果业龙头企业开展科技创新，引导其在优新品种选育与良繁体系建设、现代设施装备、信息技术、生物技术、果品精深加工、农业农村生态环境安全等方面加大研发投入，提升创新主体地位。支持果业龙头企业与省内外科研院所共建产学研联合平台，形成较强的科技和人才支撑。建立健全面向企业的科技成果转化机制，鼓励科研院所或农业科技人员采取技术承包、入股、转让等形式，与果业龙头企业合作经营，促进高新技术成果转化。支持果业龙头企业深入参与种业提升工程，选育一批具有自主知识产权的水果新品种。

二是促进果业龙头企业融合发展。支持果业龙头企业发展果品精深加工，延长产业链，提升果品加工转化增值空间。支持果品加工企业升级加工装备、提升工艺技术、优化生产流程，扶持果业龙头企业构建保鲜、储藏、分级、包装等加工设备设施，因地制宜建设一批果品初加工及精深加工示范基地。鼓励和引导果业龙头企业拓展农业多种功能，参与湖南现代特色农业示范区、湖南休闲农业与乡村旅游示范点、田园综合体等示范创建。

三是强化果业龙头企业联农带农能力。支持果业龙头企业联合农民合作社、家庭农场、农户以及从事农业技术研发、储运销售、品牌流通、综合服务等主体，共同开发优势特色资源，形成发展合力，组建果业产业化联合体。鼓励农民、农民合作社以劳动力、资金、设施和土地经营权等生产要素入股果业龙头企业，探索"保底+分红""优先股""先租后股"等多种形式的利益分配方式,让果农参与生产各环节利润分享。

(五) 推动全省水果产业的数字化改造

加快推进大数据、物联网、云计算等新一代信息技术与水果产业深度融合应用,培育发展网络化、智能化、精细化的现代水果加工新模式,构建起数字化的"农—工—贸"闭环产业链服务平台。

一是加快果业大数据平台建设。针对水果企业、科研单位、农户等主体的切实需求,开发建设全省水果产业大数据平台,整合分散的果业数据资源,全面提升水果产业数字化生产能力,增强智慧管理水平。构建集水果种植生产、动态管理、供销服务为一体的数字化管理服务平台,开展各领域发展动态的分析研判和实时监控。打通各级各类种业数据,建设全省果业数据仓,加强基础数据归集分析应用和开放安全管理,优化数据共享共用办法。

二是推进水果生产经营数字化改造。推进水果生产、加工、仓储、市场流通等果业全产业链智能化改造,推动生产经营企业及生产基地的数字化升级;建设水果加工包装自动化系统,提高水果加工的生产效率和质量;加强水果生产经营信息化备案,搭建数字化管理服务体系。拓展数字化智能化技术在水果基地管理、育种检测分析、良繁体系建设、果业专家咨询等方面的应用场景。优化水果经营流通模式,引导水果企业建立电商平台,提升水果博览会等线上办会水平,不断提升市场流通的信息服务能力和运作效率。

三是推广二维码追溯管理系统。建立完善水果产销追溯系统,利用二维码等信息技术加强果品质量管理。通过数据信息的自动录入和采集,实现水果生产、仓储、流通全程的追溯记录。利用二维码追溯管理系统进一步建立水果生产和销售信息数据库,实时监控水果库存,提高管理效率。推进企业生产经营质量信用体系建设,引导水果企业优化产品品质,推动产业良性竞争。

(六) 加强水果品牌建设与市场拓展

在国内水果品种日趋丰富,消费者对高品质水果消费欲望快速提升的背景下,要按照"人无我有,人有我优,人优我名"的原则,找准市场定位，积极培育区域特色优势品牌。品牌市场培育上，加大品牌打造力度，以地理标志产品为基础，从"石门柑橘""永兴冰糖橙"等市、县域地理标志产品中培育一批知名企业品牌和产品品牌。根据优势区域布局，建设好脐橙、冰糖橙、葡萄、猕猴桃、黄桃、杨梅、温州蜜柑、椪柑等省级品牌。通过"龙头公司+合作组织+种植大户+营销体系"的水果品牌运营链，组建统一的果品品牌销售平台，强化区域品牌授权管理，提高市场占有率。根据不同的市场需求，分级、包装销售。加强品牌宣传推介，每年组织到销售区市场宣传推介湖南水果品牌，讲好湖南水果故事，提升湖南水果品牌形象。在条件优越的产区引导推动企业积极申请国际质量认证，扩大 GAP、GMP 等水果认证面积，提高水果出口能力。积极对标 RCEP 标准规则，培育和引进综合竞争力强的农业国际贸易经营主体，做大做强特色优势农产品，力争湖南水果在出口数量上更上一个台阶。

湖南中药材产业高质量发展报告

中药材产业作为战略性新兴产业，具有绿色环保、产业链附加值高、原创性强等特点，潜力巨大，前景广阔。湖南是中药材资源大省，已将中药村产业确定为建设制造强省的新兴优势产业。推进中药材产业高质量发展，加快将中药材资源优势转化经济优势，对于推进乡村产业振兴和农民增收致富具有重要意义。

一 湖南中药材产业发展现状

湖南地处长江中游江南地带，以山地、丘陵为主，河网湖泊遍布，气候温和，雨量充沛，植被繁茂，非常适合中药材种植。近年来，湖南充分利用得天独厚的地脉优势、种源优势、技术优势，推动中药材生产加工能力逐渐增强，产业体系不断完善。

（一）种植面积与产量稳步增长

据全国第四次中药材资源普查，湖南有中药材种类4123种，其中，植物药3604种，占比87%，动物药450种和药用矿物69种，占比分别是11%和2%[①]（见图9-1）。在全国361个常用重点中药材品种中，湖南拥有241个，占比66.8%。其中，常年种植的中药材品种有200多个，包括大宗品种50个（20个重点品种），其中9个"湘九味"优势品牌品

[①]《湖南省中药材保护和发展规划（2016—2025年）》，http://www.hunan.gov.cn/hnszf/szf/hnzb/2016/2016nd12q/szfbgtwj_98876//201607/t20160704_4701838.html。

种是湖南中药材发展的重点。

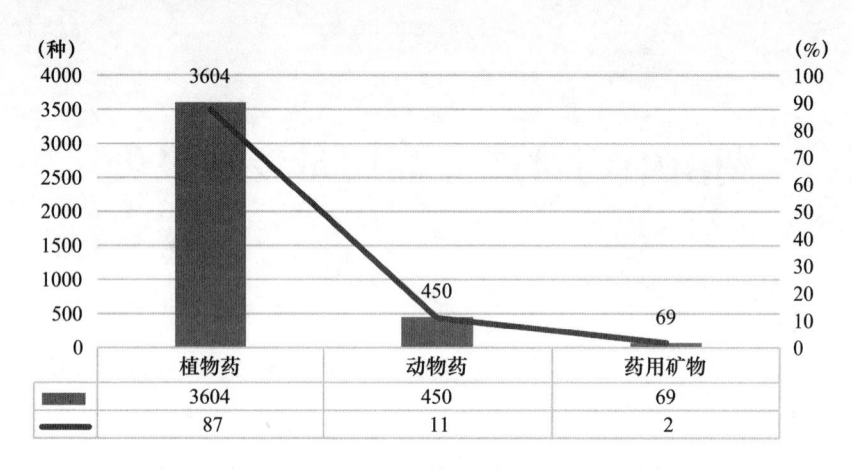

	植物药	动物药	药用矿物
种	3604	450	69
%	87	11	2

图 9-1 湖南中药材种类构成情况

资料来源：根据湖南省人民政府网相关材料整理。

目前，湖南多数中药材品种、野生资源是以山区、丘陵为主，部分地区发展大田种植，初步形成了以湘西北武陵山区、湘西南雪峰山地、湘中长衡岗地丘陵、湘东罗霄山地丘陵、湘北洞庭湖平原、湘南南岭丘陵山地为主产区的重点栽培中药材中心（见表9-1）。靖州、慈利、隆回、湘潭、宁乡、平江、安仁等县市，逐渐发展成为中药材种植规模县市；邵东、隆回、慈利、桂阳、安化、祁东、平江、花垣、靖州、湘潭等20个县市被认定为中药材种植基地示范县①（见表9-2）。其中，慈利被授予"杜仲之乡"，隆回获"中国金银花之乡"，其产品均获"中国地理标志产品"。区域内主产中草药品种有：白术、白芷、枳壳、木瓜、玉竹、杜仲、金银花、乌药、栀子、玄参、郁金、香薷、薄荷、前胡、香附、白扁豆、天麻、石斛、黄连、延胡索、桔梗、杜衡、七叶一枝花、穿山甲、麝香、龟板、鳖甲、朱砂、雄黄等，都是湖南重要的中药材传统优势产品，以质优量大而闻名，畅销省内外，也是湖南出口量最大的中药材品类。

---

① 《"湖南省中药材种植基地示范县名单的公示"》，http://agri.hunan.gov.cn/。

表 9-1　　　　　　　　　湖南中药材地理分布情况

	主要产区	地理环境	主要产品
1	湘西北武陵山区	地处云贵高原向东南丘陵过渡地带，山峦连绵，地势起伏变化大，降水充沛，大多数县年降水量在1330毫米以上。	杜仲、木瓜、黄连、玄参、黄柏、云木香、桔梗、天麻、何首乌、龙胆、紫草、半夏、麦冬、前胡、南沙参、黄精、续断、天南星、乌头、雪胆、石韦、通草、常山、金果榄、虎耳草、淫羊藿、蕲蛇、乌梢蛇、穿山甲、麝香等；矿物药材有雄黄、朱砂、水银等
2	湘西南雪峰山地	群山环抱，沟谷众多，低温多湿，年温差较小，无霜期272—307天，年降水量1220—1690毫米。	茯苓、天麻、白术、川牛膝、玄参、三七、枳壳、陈皮、黄连、菊花、石菖蒲、射干、石斛、杜衡、千里光、翻白草、徐长卿、金银花、姜黄、半夏、吴茱萸、厚朴、黄精、玉竹、卷柏、贯众、扣子七、金盘七、乌金七、麝香、刺猬皮、朱砂等
3	湘中长衡岗地丘陵	三面环山，光热资源丰富，年平均气温16.5—17.5℃，无霜期260—281天，年降水量1300—1600毫米。	牡丹皮、玉竹、莲子、木瓜、白芍、山药、穿心莲、金银花、枳壳、白芷、泽泻、陈皮、栀子、薄荷、桔梗、益母草、乌药、石菖蒲、前胡、夏枯草、何首乌、香附、女贞子、车前子、白茅根、龟板、鳖甲、土鳖虫、地龙、乌梢蛇、鹿茸、石膏、滑石、自然铜、寒水石、石燕等

续表

	主要产区	地理环境	主要产品
4	湘东罗霄山地丘陵	地势东高西低，起伏较大，气候较温暖湿润，年降水1400—1600毫米。	白术、白芷、乌药、栀子、玄参、郁金、香薷、薄荷、前胡、香附、白扁豆、天麻、石斛、黄连、延胡索、桔梗、杜衡、七叶一枝花、穿山甲、麝香等
5	湘北洞庭湖平原	地势低平坦荡，土地肥沃，有机质含量高，利于水生和湿生植物中药材生长、繁衍。	枳壳、芦根、莲子、三棱、泽泻、车前子、鱼腥草、芡实、半枝莲、木芙蓉、紫花地丁、蔓荆子、蒲黄、益母草、龟板、鳖甲、珍珠等
6	湘南南岭丘陵山地	四周群山簇集，山体高大，中部盆地广布。年平均气温15.0—18.5℃，年降水量1300—1600毫米。	厚朴、黄柏、零陵香、藁本、山药、罗汉果、天冬、使君子、土茯苓、升麻、白扁豆、辛夷、黄连、石斛、龙胆、石松、狗脊、紫菀、钩藤、瓜蒌、马兜铃、前胡、苍术、续断、鹿茸、穿山甲等

资料来源：中国道地药材网，http://gsddyc.cn/。

表9-2　　　　湖南中药材种植基地示范县认定情况

批次	认定时间	示范县
第一批次	2016年	邵东县、隆回县、慈利县、桂阳县、安仁县、洪江市、新化县、龙山县
第二批次	2018年	安化县、祁东县、平江县、桑植县、新田县、花垣县、桂东县、双牌县
第三批次	2021年	靖州县、湘潭县、澧县津市、新邵县

资料来源：湖南工业和信息化厅网站，http://gxt.hunan.gov.cn/。

2017—2020年，湖南中药材种植面积逐年增加，产量稳步提升。根据统计，到2020年中草药材种植面积增加到142.8万亩，总产量达64.4万吨。与2017年相比，播种面积提高29.1%，总产量提高26%，单产稳定在450.87公斤/亩（见表9-3）。其中，大宗、道地药材种植面积近20万公顷，种植面积在10万亩以上的中药材有玉竹、湘莲、杜仲、百合、山银花等（见表9-4），玉竹、百合、山银花、茯苓等"湘九味"道地药材成为全国优势品种。现有中药材种植企业（包括种植专业合作社）372家，中药材初加工或饮片原料生产企业约115家，22家中药饮片企业已取得"药品GMP证书"。另外，长沙德中堂是欧洲唯一一家设在中国并在常德建立了有机中药材原料种植基地的企业，湖南补天药业的茯苓种植基地是湖南第一个通过国家食品药品监督管理总局（CFDA）认证的中药材GAP（良好农业规范）基地[①]。

从总体看，湘产大品种已逐渐形成"品牌引领，重点突出"的一先多举局面。中药材产业在湖南产业扶贫中表现突出，超过50万人的农户在从事中药材种植。同时，观赏园艺中药材作为中药材种植业的另一产品形态，正在快速兴起，如红豆杉、酸橙、铁皮石斛、灵芝、迷迭香等。

表9-3　2017—2020年湖南中草药材种植面积和产量情况统计

年份	种植面积（万亩）	单产（公斤/亩）	总产量（吨）
2017	110.6	462.47	511157
2018	121.5	460.20	557981
2019	131.7	459.47	604976
2020	142.8	450.87	643875

资料来源：历年《湖南农村统计年鉴》。

表9-4　2020年湖南"湘九味"种植面积和产量情况统计

品牌中药材	种植面积（万亩）	年产量（万吨）	主产地
湘莲	40	8（鲜货）	岳阳、常德、益阳、湘潭
百合	20	20（鲜货）	湘西、邵阳、长沙、永州
山银花	20	1.5（干花）	邵阳、益阳、怀化、娄底

---

① 湖南省人民政府发展研究中心调研组：《湖南中药材产业发展现状及对策研究》，《新愿景 新战略 新湖南》，社会科学文献出版社2017年版，第141—147页。

续表

品牌中药材	种植面积（万亩）	年产量（万吨）	主产地
杜仲	20	20（鲜货）	张家界、常德、益阳、株洲
玉竹	12	12（干货）	邵阳、衡阳、郴州、娄底
黄精	8	1.5（鲜货）	湘西、怀化、邵阳、张家界
湘枳	6	枳壳0.7，枳实0.2	常德、益阳、衡阳、娄底
博落回	4	0.8（干货）	邵阳、永州、湘西
茯苓	0.9	1（干货）	怀化、邵阳、张家界、郴州

资料来源：湖南省中药材产业协会。

（二）精深加工优势显现

湖南中药材初加工形成优势。湖南充分发挥国家中药材产业技术体系采收与产地初加工岗位科学家团队优势，结合湖南中药材产业技术体系，推动百合、玉竹、黄精、山银花、枳壳（实）、博落回、茯苓、杜仲、湘莲"湘九味"品牌药材的产地初加工基本实现全过程机械化与标准化。邵东玉竹、隆回龙牙百合、靖州茯苓、湘潭湘莲、龙山百合、隆回山银花等初加工产业走向标准化、规模化生产，涌现出湖南宝庆农产品进出口有限公司以及鸿利药业、喜乐百合、弘茂湘莲等以中药材加工为主的具有示范性的企业，其中多个企业年产值过亿元。怀化林泉药业承担了黄精国家标准化项目，采用"企业+标准化基地+中药材初加工"生产经营模式，建成了1.1万亩中药材种植示范基地、180亩育苗基地和加工基地，形成"山上种药材，山下初加工"生产经营格局。同时，在这些特色品种的产地初加工优势区域，中药材主产品集散地市场逐渐形成，湘潭湘莲、龙山百合、隆回山银花、隆回龙牙百合、靖州茯苓、邵东玉竹等中药材集散地在全国的影响力日益提升。例如，靖州茯苓产业已成为"中国茯苓菌种选育、繁殖中心""中国太空茯苓诱变育种、栽培试验基地""中国茯苓新品种、新技术推广中心""中国茯苓初级产品及精深产品研发、加工、出口基地"以及"全国干、鲜茯苓集散中心"（见表9-5）。

表9-5　　　　　　　湘产大宗品种部分相关加工企业

序号	品种	生产区域	加工企业
1	龙牙百合	邵阳市隆回县	湖南宝庆农产品进出口有限公司
2	山银花	邵阳市隆回县	湖南鸿利药业股份有限公司
3	黄精	怀化市洪江区	怀化林泉药业有限公司
4	黄精	娄底市新化县	新化县颐朴源黄精科技有限公司
5	黄精	衡阳市雁峰区	启迪古汉集团衡阳中药有限公司
6	茯苓	怀化市靖州县	湖南补天药业股份有限公司
7	枳壳	益阳市赫山区	湖南汉森制药股份有限公司
8	枳壳	长沙市高新区	湖南康麓生物科技有限公司
9	枳壳	张家界市	张家界继源科技有限公司
10	枳壳	常德市澧县	湖南湘枳生物科技有限责任公司
11	博落回	长沙市浏阳市	湖南美可达生物资源有限公司
12	杜仲	张家界市慈利县	张家界茶坤缘生物科技开发公司
13	湘莲	湘潭市湘潭县	湘潭弘茂湘莲产业发展有限责任公司
14	湘莲	岳阳市君山区	岳阳嘉联生态农业有限公司
15	湘莲	湘潭市湘潭县	湖南莲冠湘莲食品有限公司
16	黄花菜	衡阳市祁东县	祁东县农业发展有限公司
17	黄花菜	长沙市雨花区	湖南绿之韵生物工程有限公司
18	罗汉果	长沙市高新区	湖南华诚生物资源股份有限公司
19	罗汉果	郴州市桂东县	湖南盛源药业股份有限公司
20	虎杖	湘西州花垣县	花垣恒远植物生化有限责任公司
21	甜茶	长沙市高新区	湖南绿蔓生物科技股份有限公司
22	鱼腥草/青风藤	怀化市高新区	湖南正清制药集团股份有限公司

资料来源：湖南省卫生健康委员会、湖南省中医药管理局。

湖南中药材的精深加工成果丰硕。一是中成药制造和中药饮片加工业稳步发展。近年来，湖南培育形成了妇科、抗肝炎、抗肿瘤、抗风湿、消化类、补益类六大类中药品牌群，单品种年销售过亿元的有28个。湖南可生产传统饮片、超微饮片、精制饮片等多种中药饮片，产品种类超过800种。六味地黄丸、古汉养生精、活络消痛胶囊、康复新液等一批传统中药或新中药，已逐渐地走出国门，畅销东南亚。湖南方盛制药股份有限公司、湖南华纳大药厂股份有限公司、湖南正清制药集团股份有限公司、湖南康普制药股份有限公司、湖南天地恒一制药股份有限公司等一批中药现代化企业发展迅速，发展势头强劲。其中，株洲千金药业股份有限公司、启迪古汉集团衡阳中药有限公司、湖南汉森制药股份有限公司、湖南方盛制药股份有限公司、湖南九典制药股份有限公司等6家企业已融资上市，引领全省中药发展；九芝堂股份有限公司、株洲千金药业股份有限公司跻身全国中药工业百强，成为行业龙头。湖南春光九汇现代中药有限公司致力于推动传统中药的现代化和国际化，其核心技术"中药超微饮片项目"开创了中药行业的新纪元。二是积极推动中医药产业智能化制造新模式。在国家大力推进《中国制造2025》的背景下，湖南通过"中药固体制剂智能工厂集成应用新模式"专项项目建设，建立了九芝堂股份有限公司传统中药智能制造生产线，推进中药材加工生产智能化进程，逐步将传统中药智能制造推广到湖南其他各地。三是中药装备制造领域异军突起。楚天科技股份有限公司、湖南千山制药机械股份有限公司等制药装备上市企业，是主要从事制药机械、包装机械等系列产品研制、销售及进出口业务的国家级高新技术企业，其产业规模、产品种类、技术水平均处于全国领先地位，成为中国制药装备行业龙头企业。

（三）品牌建设成效明显

一是品牌建设稳步推进。近年来，湖南立足中药材生产区划，科学布局道地药材种植和生产，着力推进"湘九味"中药材省级公共品牌建设。发布"湘九味"湘产道地药材和特色药材目录〔湘莲、百合、玉竹、枳壳（实）、杜仲、黄精、茯苓、山银花、博落回〕，积极争取并获得以"湘九味"为重点的"靖州茯苓""安化黄精""龙山百合""新宁博落回""邵东玉竹""慈利杜仲""衡阳台源乌莲"以及"澧县石菖蒲"8

个农产品地理标志认定，打造了"邵东流泽玉竹""新邵县玉竹""通道黑老虎""隆回金银花"4个"一县一特"特色品牌。通过品牌带动，湖南中药材产业"二品一标"有效总数达70个，其中绿色食品33个、有机食品14个、地标产品25个（包括农产品地理标志8个、地理标志证明商标11个、地理标志产品6个），见表9-6。

表9-6　　　　　　湖南中药材地标产品情况统计

产品类别	个数	具体产品
农产品地理标志	8个	靖州茯苓、安化黄精、龙山百合、新宁博落回、邵东玉竹、慈利杜仲、衡阳台源乌莲、澧县石菖蒲
地理标志证明商标	11个	湘莲、隆回金银花、隆回龙牙百合、龙山百合（鲜百合）、龙山百合（干百合）、靖州茯苓、邵东流泽玉竹、辰溪金银花、安仁枳壳、新化黄精、安化黄精
地理标志产品	6个	邵东玉竹、隆回龙牙百合、隆回金银花、湘莲龙山百合、安仁枳壳

资料来源：湖南农业农村厅官网材料整理，http://agri.hunan.gov.cn/。

二是龙头企业快速成长。到2020年年底，湖南中药材工业规模以上企业有162家，营业收入达342.7亿元，年产值超亿元的中药材大品种有23个。其中，农业产业化国家重点龙头企业8家，国家林业重点龙头企业3家，农业产业化省级龙头企业57家，既为农业产业化省级龙头企业又为林业产业化省级龙头企业5家（见表10-7）。其中，湖南正清制药集团股份有限公司、张家界久瑞生物科技有限公司，均为聚天然中药材的种植、开发、深加工、营销为一体的高新技术企业，又是农业产业化国家重点龙头企业。湖南正清制药集团股份有限公司的"雪峰山鱼腥草"已入选为国家地理标志保护产品，"正清风痛宁"为公司重点品牌建设之一，公司正驶入国内外中药材产业高质量发展的快车道。张家界久瑞生物科技有限公司的五倍子加工能力居国内第一，"贸源牌"单宁酸商标为湖南著名商标。湖南省天宏药业有限公司，经过多年的转型改造，已发展成为集中药材收购、物流、加工、中药保健品研发为一体的集团公司，年产值超过10亿，逐渐成为湘中地区中药材生产加工的标杆企业。

表9-7　　　　　　　　湖南中药材龙头企业情况统计

龙头企业级别	数量（家）	企业名称
农业产业化国家重点龙头企业	8	湘西老爹生物有限公司、湖南正清制药集团股份有限公司、湘潭弘茂湘莲产业发展有限责任公司、株洲千金药业股份有限公司、湖南湘佳牧业股份有限公司、张家界久瑞生物科技有限公司、补天健康产业控股集团有限公司、湖南省天宏药业有限公司
国家林业重点龙头企业	3	永州市异蛇科技实业有限公司、湖南九九慢城杜仲产业集团有限公司、湖南恒伟药业股份有限公司
湖南农业标杆龙头企业	3	湖南正清制药集团股份有限公司、张家界久瑞生物科技有限公司、湖南省天宏药业有限公司
农业产业化省级重点龙头企业	57	略

资料来源：湖南农业农村厅官网，http://agri.hunan.gov.cn/。

（四）延伸产业持续壮大

一是湖南中药材流通服务业呈现"点面结合"发展态势。据调查，湖南目前拥有邵东廉桥、长沙高桥2个国家级中药材市场，药品批发和连锁企业总部500多家，药品零售企业多达两万余个，中药全产业链年产值超千亿元。其中，"南国药都"廉桥药材市场是中南地区最大的药材交易集散中心，有药商经营户800多家，交易品种1000多个，市场经营年销总额突破100亿元，药材远销30多个国家和地区。靖州茯苓、湘潭湘莲、隆回山银花、龙山百合、邵东玉竹等基本形成了在全国具有影响力的特色药材集散地。在药材零售业中，老百姓大药房、益丰大药房、千金大药房、养天和大药房等一批"药房湘军"快速发展。同时，全国中药材物流实验基地——怀化博世康中药材仓储物流中心已建成使用，广药集团、汉广集团、海药集团分别在湖南的安仁、龙山、邵东等县也投资兴建了药材仓储物流基地。湖南道地药材借助各种渠道远销欧美、东南亚国家及地区。

二是湖南中医药康养文旅业蓄势待发。据调查，截至2020年年底湖南中医药康养文旅总产值达280亿元①。湖南依托神农尝百草崩藏茶乡之尾、医圣张仲景长沙坐堂行医、马王堆出土医书、药王孙思邈涟源采药等中医药文化底蕴和旅游资源，打造了一批以中医药为核心的着重保健旅游示范基地，逐渐形成了中医药文化、中药特色旅游、中药园艺观光休闲、药食疗、养生保健、休闲养老等相结合的新兴服务产业链。例如，邵东廉桥镇是凭借独具特色的中药材产业，打造成集中药产业、旅游度假养生、区域联动发展为一体的全国中药特色小镇，并入选了全国第一批中国特色小镇。怀化市依托雪峰山脉和得天独厚的中药资源，正举力发展中药材产业，全域打造国际康养生态基地。神农养生保健旅游示范基地、龙山康养基地、颐而康养生基地、安化县辰山绿谷养生基地等一批养生基地正蓬勃发展，都初具规模和影响力。

三是中医药服务平台建设持续推进。截至目前，在湖南97.3%的中医医院建立了医院信息系统（HIS）的基础上，组建了湖南中医药数据中心，实施中医馆健康信息平台建设，"患者移动服务""互联网中医医院"等中医药服务新模式逐步兴起，极大助推湖南中药材产业的高质量发展②。同时，积极创建中医药国际合作平台，先后建立"中—卢中医药合作研究中心""中—巴民族医药研究中心""中—巴中医药中心"。湖南中医药大学第一附属医院迪拜分院正式运营，中国—津巴布韦中医针灸中心挂牌启用，中—塞友好医院开展中医标准化诊室建设，等等，不断扩大中医药国际交流，探索提供中医药诊疗国外服务。

（五）研发力量逐渐增强

目前，湖南拥有国家级生物产业基地1个，2所中医药专业高等院校、9所综合院校开设了中医药及中医药资源等相关专业，药物研究机构22个，国家与地方联合创新平台3家，省级工程研究中心（实验室）12个，国家级及省级企业技术中心16家，院士工作站2家，博士后科研工

---

① 湖南中医药大学课题组：《加快培育湖南中医药千亿级新兴产业链》，《新湘评论》2021年第7期。
② 湖南省卫生健康委员会：《湖南省"十四五"中医药发展规划》，湘卫发〔2021〕5号，2021年11月。

作站3个，博士后协同研发中心4个，高新技术企业47家，拥有一批国家级、省级医药重点研究室，新药研究开发数量、技术水平居全国第4位[①]。由湖南中医药大学牵头成立了湖南中医药产业技术创新联盟，先后与省内各地市签订产学研战略合作协议，开发新中药70余种，科技成果转让62项，科技开发和新药转让费达1.3亿元，直属附属医院院内制剂157个，近三年销售额达3.3亿余元[②]。由湖南中医药大学（湖南中医药研究院）研制或参与研发的古汉养生精、驴胶补血颗粒、妇科千金片、四磨汤、天麻首乌片、正清风痛宁、肝复乐等一批中药大品种和中华皇欢液、神农茶、生力神功口服液等保健品等，均在省内成功实现产业化。由湖南农业大学曾建国教授科研团队在国际上率先破译了新饲用抗生素替代产品来源植物博落回的基因组，使湖南农业大学成为"十三五"国家重点研发计划中唯一的中兽医药现代化研究项目牵头单位。

中医药传承创新发展不断推进。截至2021年年底，湖南已有5家单位入选首批国家中医药传承创新工程项目建设单位，建设中医中风病等10个重点研究室，3家中医医院获批国家基本中医药循证能力建设项目，中标国家科技部重大新药创制项目3项，立项省级中医药科研计划项目715项，获国家科技进步奖1项，省自然科学奖、省科技进步奖42项。建设国家级中医住院医师规范化培训基地13家。新增国家和省级名老中医药专家传承工作室76个、师承指导老师125人，相继培养继承人220名[③]。

中药材企业创新能力不断增强。近年来，湖南拥有中药材高新技术企业47家，成功培育了寸三莲1号、安黄姜1号、湘靖28等一批优良中药材品种，开发了"金英胶囊""紫贝止咳颗粒"等一批中药新药。新汇制药也突破了生物转化菌丝体产业化关键技术，时代阳光药业完成紫苏叶油的质量标准研究，正清制药"抗关节炎中药制剂质量控制与药效评价方法"、春光九汇"中药超微粉体关键技术"等获国家科技进步二等

---

① 秦裕辉：《加快推进湖南中医药产业发展》，《新湘评论》2018年第3期。
② 《湖南中医药大学简介》，https://www.hnucm.edu.cn/xxgk/xxjj.htm。
③ 湖南省卫生健康委员会：《湖南省"十四五"中医药发展规划》，湘卫发〔2021〕5号，2021年11月。

奖。湖南美可达自主创新生产的博落回系列产品占该品种全国市场的95%以上，公司开发的博落回提取物及其制剂博落回散、博普总碱及其制剂博普总碱散，分别获得二类新兽药注册证书（2011）新兽药证字33号&34号、（2019）新兽药证字61号&62号，在中药兽药领域取得新突破。

（六）产业环境提质优化

中药材产业政策环境不断优化。湖南省委、省政府历来高度重视中药材产业发展，把中药材产业作为湖南脱贫攻坚、乡村振兴的切入点，给予了政策倾斜、重点扶持。一是出台了指导意见。2014年，湖南省政府就出台了《关于加快中药材产业发展的意见》明确了"十三五"期间，湖南中药材产业的发展目标和重点任务。2020年，湖南省委、省政府又颁布了《关于促进中医药传承创新发展的实施意见》，立足湖南中药材资源优势，提出"推动湖南中医药产业高质量发展"要求，旨在促进湖湘中医药传承创新发展，加快中医药强省建设。二是出台了发展规划。先后出台了《湖南省中医药发展"十三五"规划》（2016年）、《湖南省中药材保护和发展规划（2016—2025年）》（2016年）和《湖南省"十四五"中医药发展规划》（2021年），对湖南中药材发展进行了统筹布局、提前谋划，在不同时期提出了切合湖南实际的中药材产业发展指导思想、基本原则、具体目标和重要任务。三是制定了实施方案。相关部门先后制定了"湖南省贯彻《中医药战略发展纲要（2016—2030年）》实施方案"和《关于促进湖南省中药产业高质量发展的若干措施》，进一步落实中央、省委省政府的相关文件精神，提出中药材产业发展的实施方案及具体举措，积极营造良好的政策环境。

湖南中药材社会化服务平台发展迅速。在湖南省工信厅、省中医药局、省民政厅、省科技厅等部门指导下成立了湖南省中药材产业（联盟）协会（以下简称"协会"），聘任了专业人员组成了专职秘书处，发展会员单位1000家，专家库成员300余名，覆盖湖南14个市（州），涵盖产学研用多领域，成为培育打造"湘九味"中药材产业的重要抓手。协会通过协助相关部门起草了有关湖南中药材的调研报告、产业培育方案、技术体系建设方案、品牌建设方案等，努力为湖南中药材产业发挥智库作用。同时，协会通过组建专家委员会和细分领域专业委员会、举办学术论坛、指导成立县级中药材产业协会、开展中药材种植技术培训等多措并举，极力推动全省中药材产业专业化信息平台建设、科技扶村助农、研学产融合对接合作。

二 湖南中药材产业发展存在的主要问题

湖南中药材产业发展不断地扩容、提质、增速，为中药材产业规模化、标准化奠定了基础。但是湖南中药材产业发展不充分的问题依然突出，与丰富的中药材资源、深厚的中医药文化底蕴、蓬勃发展的中医药事业不相匹配，还存在着许多亟待解决的现实问题。

（一）种质选育进展较慢

同湖南在水稻、果蔬茶等作物育种上具有全国领先优势相比，中药材种质等相关技术创新工作明显滞后，对道地种质资源缺乏保护，优良种质选育工作进展较慢。目前，全国从事中药材种子种苗繁育销售的规范企业只有61家，专门从事中药材种子经营的仅有18家，而湖南中药材种子种苗繁育基地缺乏优先布局，截至目前还没有一家专门从事中药材种子种苗经营的规范企业，不仅导致种子种苗不适宜外地品种引入的现象在湖南各地时有发生，种质不清、种苗繁殖技术原始，出现无序、无标的种子种苗供应，极大影响了中药材供应品质，挫伤了药农种植的积极性。在种质选育方面，湖南中药材种质选育缺乏有组织有计划地对本地中药材品种进行制标登记、研究繁育，中药材的"湘特种子"保护繁育比较滞后，部分中药材品种主要还是靠传统农耕习惯来留种、选种、育种，例如百合、黄精、玉竹等。全省只有个别地区申请注册了山银花3个国家级良种（"金翠蕾""银翠蕾""白云"）、樟树1个新品种（"洪桉樟"）、茯苓1个新品种（"湘靖28菌种"）、葛根4个新品种（"湘葛1号""湘葛2号""葛之星1号""安锦1号"）等少数几个中药材品种，而且还是在林业部门或农业农村部门的非中药材品种项之下。在种质标准化建设方面，个别企业承担了黄精、茯苓的国家标准化工作，但主要集中于地方标准、企业标准，种子"留、选、育、种"整体标准化推进较为缓慢，加上药材种植品种多、生产技术规程差异大，标准化制定及推广阻力重重，严重阻碍了湖南中药材规模化、产业化的发展步伐。

（二）产业布局亟待优化

湖南中药材产业布局主要依靠山区湖区分划，以小农分散化种植为主，呈现"散、小、乱"特点，药材道地性不明晰（或盲目引种），产业化水平低，尚未形成规模效应。有些地区道地药材区划不明，竞相种植同品种药材，忽视了中药材的生长环境和市场需求，大面积扩大种植带来的产品品质下降与市场风险。目前，无论是湖南拥有的50种大宗药材，还是"湘九味"品牌药材，种植规划和生产布局都缺乏统筹协调、优长互补。除黄柏、杜仲、厚朴等品种以外，其他本土品种药材种植面积较小、产量低，个别品种如平江白术、茶陵白芷出现了萎缩或退种现象，部分野生中药材资源陷入濒危。在加工生产方面，湖南能生产的中成药有30多种剂型1000多个品种，但年销售额过亿元的单品种仅有17个，过十亿元的品种仅有1个，中药材大品种与成药大品种匹配度不高，对中药材产业带动力不大。如株洲千金药业的"妇科千金片"成药大品种的药材供给主要在外省，种植主产区并不在湖南。另外，湖南中药材大品种药品或大健康产品创新开发度也不相匹配，中药材大品种和中药大品种比肩发展较少，在全国形成比较优势的中药材大品种不多，具有比较优势的相关种植龙头与精深加工企业更少，导致大多数中药材大品种和成药大品种发展主要依赖历史渊源，严重滞后于市场发展。

（三）企业规模整体偏小

目前，湖南中药材企业以中小企业为主，实力相对较弱，大部分企业没有形成独自的核心竞争力，导致湖南中药材产业链建设缺乏具有强劲市场竞争力的大企业、大品种、大品牌带动引领作用。同时，部分企业担心销售风险和市场价格波动，独家产品、专利产品和新中药都难于大规模投入生产，药企产值较低。到目前，湖南中药材产业链规模企业中，仅有九芝堂、千金药业等少数企业进入全国中药工业企业百强，缺乏像江西江中、天津天士、云南白药等级别的全国影响力、强劲带动力的龙头企业引领。湖南中药单品种年产值过亿元的只有28个,还没有年产值过10亿元的单品种,缺乏像复方丹参滴丸、片仔癀、云南白药那样单品种年产值达几十亿元甚至百亿元以上的大品种带动,湘产大品种在全国范围内影响不大。"湘九味"公共品牌药材虽历经近6年培育,但还未纳入省级区域公用品牌建设支持序列,主要依靠行业协会进行,推广力量有限。片区特色品牌、"一县一特"品牌、企业品牌,受规模、投入、科技、地域以及观念等因素限制,品牌带动还未形成湖南一盘棋的整体统筹之势,湘产品牌效应或辐射范围极为有限。

(四)产销供应链服务不畅

湖南中医药产业链上下游脱节、服务不畅,向上(品种培育、产品研发)、向下(贸易、物流、产业延伸与融合、品牌发展等)扩展能力不强,多个中间链接环节出现断层或服务不到位,造成中药材供应链与市场需求衔接不畅,供求信息不对称,"湘人不用湘药""湘企业不用湘药材"的现象较突出。据不完全统计,湖南中成药企业使用湘产药材比例仅为30%,近70%是从外省采购。在邵阳廉桥中药材市场中,本地药材销售量仅占销售总量的17%左右[1]。中药材交易服务平台不健全,流通贸易服务业比较薄弱。湖南最大的邵阳廉桥中药材市场年交易额仅70亿元,长沙高桥的中药材年成交额仅2亿元左右,而甘肃陇西中药材市场年交易额高达200多亿元,相比差距较大[2];其他一些中药材集散地,主要考虑的是历史传承和特色资源,而没有考虑周边药材资源的富集度,具有明显的时节性、临时性,不仅布局不合理、管理服务不完善,而且距离中心交易市场较远,资源整合度不足,交易成本倍增。中药材信息化服务平台不强,中药材品种多、业态多、地域特征强、市场不稳定,而湖南的中药材市场信息化等各类配套服务设施及功能还处于初建阶段,严重制约着政府部门的决策和指导、市场主体

---

[1] 湖南中医药大学课题组:《加快培育湖南中医药千亿级新兴产业链》,《新湘评论》2021年第7期。

[2] 中药材小镇调研组:《探访湖南省邵东市廉桥中药材小镇致富密码》,《探访乡村》2021年8月31日。

的预警和选择，针对性强的中药材大数据信息化服务平台亟待建设。湖南中药材产业链延伸不长，中医药文旅产业尚不健全，中医保健产品研发生产水平起步较慢，缺乏有影响力和吸引力的中医药康养文旅示范基地，尚未形成以中药材为主体，以旅游、观光、休闲、药饮、保健、养生等产业链融合发展的湖湘中医文旅品牌、文化地标、宣教基地、文化精品。

（五）科技引领作用有待加强

目前，湖南部分中药材特别是道地药材的产地初加工存在一定程度上的规模小设备单一、条件简陋、标准缺失、技术落后，难以得到深度科技开发和保护，利用率极低，严重影响药材质量和产业化发展。在湖南中医药产业链中，各市场主体科技创新能力薄弱，真正从事中药材产地加工、炮制加工、深加工的企业，受科技人才匮乏、科研经费不足、研发时间过长、产权保护力度不足、产出成本过高等因素的影响，开发中药新品种动力不足。湖南"湘九味"中药品牌，尚处于打造阶段，产业内外对中药材深加工能力及药性保护的意识不足，地理标志产品保护意识不强，技术含量高和高附加值的延伸产品不够丰富，高科技下的大品牌培育和国内外影响力不强，缺乏类似"浙八味""四大怀药"等知名品牌阵营。目前，尽管湖南拥有一批国家级、省级医药重点研究基地或研究中心，但是政产学研对接不充分，高校及科研院所围绕产业链布局创新链不够，企业承接高科技成果的能力不强，科技成果转化度不高，导致许多企业科技含量高、竞争力强的中药材品种少，大品种的科技投入与产出较少，凸显大品种的临床价值、科学价值能力不强，中药大品种总科技竞争力排在全国第 16 位，总科技因子不及江苏、广东、四川、山东、天津、贵州等省市的一半，科技引领湖南中药材产业发展的道路遥远、任务艰巨①。

---

① 湖南中医药大学课题组：《加快培育湖南中医药千亿级新兴产业链》，《新湘评论》2021年第 7 期。

三 促进湖南中药材产业高质量发展的对策建议

随着《湖南省实施〈中华人民共和国中医药法〉办法》和《关于促进中医药传承创新发展的实施意见》的发布，省委、省政府切实加强对中医药工作的组织领导，出台了《湖南省"十四五"中医药发展规划》，为湖南着力发展中医药千亿级新兴产业链擘画了发展蓝图。与此同时，全球疫情常态化、经济下行压力增大导致发展形势更为严峻，国外严格质量检测形成的"绿色壁垒"，使湖南中药材产业发展面临的机遇与挑战并行。为此，应加强规划布局、政策引导，着力激活市场要素，促进中药材产业高质量发展，加快走出一条由中药材大省向中医药强省的跨越式发展路径。

（一）推进道地药材规范化种植

一是强化中药材种质种源规范化。基于湖南中药材优势资源，强化湘产道地药材种质资源和原产地保护，加强珍稀濒危野生药用动植物保护，深度挖掘道地药材及特色药材的品质性状关键基因，重视遗传、生境、人为干预三因素的品质形成机制研究，开展优良品质与高产的种质定向培育。构建中药材种质保护、良种扩繁、品种提纯复壮等种子种苗生产基地，培育抗逆性强、品质优良、质量稳定的优质药材品种，保障中药材有序开发、永续利用。围绕"湘九味"品牌药材种质种源的标准体系建设，逐步完善大宗药材种质种源标准体系，积极推动制定中药材种子种苗标准和品种认定工作，利用好基层单位及社会组织力量极力推广特色中药材优良品种及其繁育技术。

二是加强中药材种植基地的规划布局。基于现有的中药材种植基地示范县以及传统地形地貌区划，以"湘九味"品牌药材品种为重点，以县域为主体，以龙头企业为载体，依据气候资源、立地条件等区域特点，定品种、定产地，在武陵山、雪峰山、南岭、罗霄山片区以及环洞庭湖区建设种苗优质化、繁育标准化、种植规范化的"湘九味"及湘产特色中药材基地，发挥优质药材的品质特性及区域聚集特征，加快形成布局合理、特色鲜明、质优量足、供给有力、差异化协调发展的湘产道地药材生产格局。

三是着力打造中药材规范化种植基地。加强政策引导和财政扶持，鼓励中成药、饮片及植物提取物生产企业向中药材主产区延伸产业链，采用"公司牵头建基地＋协会搭桥连农户＋技术部门抓指导＋乡镇配合抓面积＋县上适当拿补贴"的运作模式，大力发展"企业＋基地/合作社＋农户"、订单农业、定制药园的产业经营模式，加强对道地药材的地理标志保护，支持湖南现有的"国家地理标志"中药材种植基地实现规模化、标准化建设。同时，兼顾特色药材规模与市场优势，并要综合区域发展特点，将特色鲜明的本地中药材纳入规范化生产基地建设规划范畴。

（二）加强"湘中药"产业化集群建设

一是扶强扶大龙头企业。支持一批初加工基地和产地交易市场的标准化与智能化建设，重点强化九芝堂、千金药业、启迪古汉、汉森制药、方盛制药龙头企业的产品研发、技术创新、品牌运营，促进中药材向深加工发展。加大对湘中药龙头企业上市融资、股权融资、技术改造、装备升级等的支持力度，推进中药装备数字化、网络化、智能化建设，培育一批"专精特新"企业、单项冠军企业和独角兽企业，形成一批年销售额过 50 亿元或 100 亿元的龙头企业和特大型中医药企业集团。进一步推进湘中药国企改革，加大中药国企资源整合，推进中药生产企业装备升级、技术集成和工艺创新，提升湖南国有中医药企业竞争力，强化国有企业在中医药产业链中的引领作用。

二是打造知名湘产品牌。坚持湖南中药材以"湘九味"公共品牌为引领，实行地方道地与特色品牌打造并举，既注重道地药材品牌的培育，又加大对地方特色药材品种挖掘，扶持一批"湘九味"大品种，推动中药材优势品种建设，培育、保护、推广湖南道地中药材，构建区域公用品牌、县域特色品牌交相辉映的品牌体系。坚持"一县一品""一县一特"思路，以县域为主体，以龙头企业为载体，以行业协会为依托，打造区域特色品牌创新发展模式。大力培育湘潭湘莲、龙山百合、安化黄精、邵东玉竹、隆回山银花、靖州茯苓、新宁博落回等片区品牌，实现中药材生产品牌化发展。坚持湖南中医药品牌统筹发展战略，整合中药材种植基地示范县、中药企业、种植企业及专业合作社、高校院所和商贸服务业的力量，集中培育中药材大品牌，重点培育并壮大全产业链的中药大品种，提升单品种药材的年产销量在全国的优势地位。坚持以市场为导向，以企业为主体，发挥政府引导和推动作用，借力博览会、研讨会、电视、广播、报纸、杂志、新媒体、自媒体等方式，大力开展湖南中药材区域公用品牌舆论宣传，推进湖南中药材产业农产品地理标志达到"湘九味"品牌药材品种全覆盖，推动"二品一标"认定工作全面展开，塑造湘产中医药品牌形象，提升湘产中药材品牌影响力。

三是发展中药材园区经济。基于不同的区位优势、生态资源、产业基础和人才结构，对湖南的中医药园区建设进行科学布局，明确产业定位、产品定位和服务定位，依托国家、省级重点建设项目，坚持政府主导、省（市、区）合力，以市场化方式破解园区发展难题，建设一批集中药材、中药系列深加工和大健康产品于一体的中药科技园，推进中药材产业园经济高质量发展，创造产业园区市场化改革的湖南新模式。按照"规划引领、产业先行、企业主体、产城融合"的总体思路，以创建国家中医药综合改革示范区为总抓手，以体制机制改革、医疗服务、科技创新、人才培养、产业发展、文化传播为重点，继续引进一批有实力的中医药健康养生企业及优质科研、医疗机构，完善配套服务，实现创新成果就地研发、就地转化、就地孵化，推动全区中医药产业集群发展。鼓励湖南国家中医药综合改革示范区先导区和试点县先行先试，加强政策引领，吸引资金、项目、人才、技术、产品等生产要素向中药产业园区、道地药材生产区域汇集，促进中药产业加速聚集。

四是发展中药材特色业态。充分发挥各地优越的生态资源优势，将中药材种植、鲜药观赏、中医药文化体验、药膳食疗、养生保健、休闲旅游等融入城镇发展，带动形成"中医药+旅游+休闲+养生"等产业链式的中医药服务品牌，打造中医药特色小镇，促进中医药市场与城镇观光的融合发展。依托湖南现有的养生保健企业，研发推广药膳、药妆、药浴、药食同源等中医药大健康产品，建设一批医养型、观光型、养生休闲型的中医药康养示范基地，发展"大健康产品—大健康机构或企业—大健康基地"全链条的新业态。依托湖南深厚的中医药文化底蕴，加快建设湖南省中医药博物馆，建设好长沙马王堆、株洲炎帝陵、长沙仲景祠、娄底药王殿、郴州橘井泉、湘西老司城等一批中医药文化地标，创建一批国家级中医药文化宣传教育基地，申报一批中医药国家级非物质文化遗产名录，推出一批中医药文化影视精品，打造"湘中医"文化名片，逐步形成中医药文化产品—文化基地—文化旅游——文化活动等新型产业链。

（三）建立中药材现代物流体系

一是建立健全中药材质量标准体系和物流行业规范。加快建立由政府引导、企业为主体，科研机构为技术支撑的中药质量标准体系。积极参与或承担国际标准、国家标准的起草制定工作，研究制定中药材质量、考核评价、从业准入等各类标准。建立湖南道地中药材种子种苗、种植技术、产地加工、质量检验等关键环节的技术标准体系和评价制度，标准化养分环节生产技术规范。制定特色湘产中药材商品等级、规格等标准，推动形成中药材种植（养殖）、采收、产地加工、包装、仓储、养护和运输一体化的中药材现代物流体系，推动流通环节规范化集中仓储，推动中药材物流基地的规划建设、标准执行和技术应用。

二是提质改造中药材集散中心。以邵东廉桥、长沙高桥 2 个国家级中药材市场为核心，以靖州茯苓市场、龙山百合市场、新邵玉竹市场为样板，合理布局，加快提质改造有湘产药材特色、国内有影响的中药材集散中心，打造能辐射湖南及周边省市的中药材商贸集散地。支持邵东廉桥、长沙高桥等药材市场建设中药材仓储物流中心，集中药材初加工、包装、仓储、质量检验、追溯管理、电子商务、现代物流配送于一体，引导湘产中药材产销无缝对接。

三是建设中药材流通追溯体系。推进中药材产业信息技术运用，以湖南省中药材流通追溯监管系统为平台，以邵东廉桥、长沙高桥两大市场为主体，构建从中药材种植到流通全产业链的产品质量追溯体系，重点涵盖中药材种植（养殖）、饮片生产（经营）企业、医疗机构（药店）等节点，着实提升中药材种养殖、中药饮片生产、经营、医疗机构等节点的信息化管理水平，形成"来源可溯、去向可追、质量可查、责任可究"的溯源机制，着力压实中药材生产安全主体责任和流通经营主体责任，着实保障中药材质量安全。

（四）提升中医药科技创新能力

一是推动中医药协同创新。整合资源，大力支持湖南中医药大学、湖南省中医药研究院以及中南大学、湖南大学、湖南师范大学中医药科研基地和平台建设，建立健全产学研医政联合攻关和中医药产业发展联盟机制，围绕国家战略需求及中医药重大科学问题，加快国家中医药临床研究基地和国家中医药传承创新工程建设，推进中医药循证医学研究，在中医药重点领域创建一批国家级、省级中医药重点研究室（实验室）、工程研究中心和技术创新中心。

二是推进企业主体积极开展中药及中药衍生产品研究开发。鼓励企业开展中药大品种临床综合评价，促进中药临床应用。支持中药生产企业开展装备升级、技术集成和工艺创新，鼓励企业使用新技术、新方法、新设备、新成果改进和优化生产工艺处方，结合药学经济学研究，促进中成药二次开发。鼓励研发、推广以湘产道地和特色中药材为基础原料的食品、保健品、药膳、药饮、药妆、药浴、日化、消毒产品、植物提取物、农业投入品等中药衍生产品。

三是加强中医药重点研究。依托国家中医药科技研发专项，开展中医药防治重大、疑难、罕见疾病和新发突发传染病及残疾人康复等临床研究，加快中药新药创制研究，推进中医器械、中药制药设备研发。支持鼓励儿童用中成药创新研发。围绕单方验方、经典名方、名医名方，开展医院制剂研究。在针灸、康复、中药等领域建成一批科技创新基地。大力开展中药材种质栽培创新研究，挖掘品质性状关键基因，重视遗传、生境、人为干预三因素的品质形成机制，开展优良品质与高产的种质定向培育；提升中药材栽培技术水平，支撑中药材种植效益并为实施乡村振兴提供相关技术保障。

四是加强中医药人才培养。依托国家中医药人才培养项目，充分利用湖南中医药教育资源优势，拓展人才培养渠道，加快培养高水平中医药临床领军人才和多学科交叉的创新型中医药领军人才。推动省部局共建湖南中医药大学，推进中医药国内一流学科建设，着力培养高层次中医药人才。支持湖南中医药高等专科学校"卓越校"建设，大力培养基层适用型中医药人才。探索院校教育与师承教育相结合的人才培养模式，鼓励国医大师、名老中医"进课堂"传授学术思想和实践经验，鼓励中药企业和医疗机构建立中药炮制、鉴定技术师承制度，探索建立湖南中药传统技能特长传承项目和传承人遴选制度。加强名老中医药专家传承工作室和中医学术流派传承工作室建设，加强学术经验继承，发挥师承教育优势和作用，培养一批高水平中医药特色人才。推动建设中药传统技能实训基地和教学实验培训基地，大力开展中药材种植、中药炮制、中药制剂、中药鉴定等技能竞赛，不断强化技能人才培训。细化职称申报评价办法，将中药传统技能特长作为中药学专业（非临床单位）职称优先评定的内容，不断强化中药行业高素质技能人才、能工巧匠、大国工匠的培养力度。

（五）建立中医药公共服务体系

一是推进中医药信息化建设。加强"智慧湘中药"建设，充分利用互联网、大数据等现代信息技术，建设中医药信息化基地、数字化车间、智能化工厂、网络化物流。鼓励企业生产赋码包装的中药饮片，逐步实现药品注册、检查、检验、稽查、不良反应监测等信息互通互享。实施"互联网＋中医药健康服务"行动，积极建设省中医药健康信息平台，建立以中医药资源、服务、管理和科研数据等为重点的基础数据库，建设好省级中医药综合统计信息平台、中医药数据中心和中药制剂不良反应和真实性数据采集系统，完善省级中医药综合统计体系。依托各级各类医疗机构发展互联网中医医院，开发中医智能辅助诊疗系统，推动开展线上线下一体化服务和远程医疗服务。

二是加强中药质量安全监管。修订《湖南省中药材标准》《湖南省中药饮片炮制规范》等标准、规范，完善中药质量标准体系，强化中药炮制、中药鉴定、中药制剂等及道地药材的标准制定与质量管理，建立健全符合中医药特点的中药安全、疗效评价方法和技术标准。推进中药监管科学研究，支持以产业链、服务链布局创新链，积极推动湖南省药品检验检测研究院、湖南中医药大学、湖南省中医药研究院等药物研究机构及企业创建"中药监管科学研究基地和重点实验室"。强化中药质量管理新工具、新标准、新方法的研究探索和科学利用。推进中药企业诚信体系建设，并纳入信用信息共享平台和企业信用信息公示系统，加大失信联合惩戒力度。

　　三是充分发挥行业组织纽带作用。进一步健全中药材行业组织，强化行业组织的服务管理职能，提高行业服务水平。充分发挥湖南省中药材产业协会、湖南省中药材产业技术创新战略联盟、湖南省医药行业协会及湖南省医药流通协会等行业组织协调作用，搭建中药材网络交流平台，宣传贯彻国家法律法规、政策、规划和标准，发布行业信息，做好中药材产业的相关评价工作。充分发挥行业协会自律作用，规范中药材市场竞争行为。

湖南竹产业高质量发展报告

中国竹文化底蕴深厚,竹产业历史悠久,当前竹林面积、竹材蓄积、产品质量、生产效益和出口创汇均居世界前列。[①] 在当今全球气候变暖、木材短缺、生态环境恶化的时代背景下,竹产业迎来重大的发展机遇。湖南是中国传统产竹大省,充分挖掘竹产业绿色环保产业的发展潜力,推进湖南竹产业高质量发展,是因地制宜发展特色优势产业的现实需要,也是全面推进乡村振兴的重要举措。

一 湖南竹产业发展现状

湖南省委、省政府把南竹产业与粮食、蔬菜、茶叶等产业一起,列为湖南十大农业优势特色千亿产业来打造,在各方面的共同推动下,湖南竹产业获得了蓬勃发展,成为建设美丽湖南的生态产业、促进人与自然和谐共生的绿色产业、助力乡村振兴的富民产业。

(一)竹林资源丰富,产业原材料优势突出

1. 竹林在全省分布广泛

因各地气候、土壤、地形等的变化和竹子生物学特性的差异,中国竹子分布呈现明显的地带性和区域性,主要可划分为黄河—长江竹区、长江—南岭竹区、华南竹区、西南高山竹区。湖南位于长江—南岭竹区,

---

① 黄正秋:《我国竹林面积超过1亿亩》,http://www.gov.cn/xinwen/2021-10/12/content_5642076.htm。

这是我国竹林面积最大、竹林资源最丰富的地区。湖南理所当然成为全国竹类资源的主要分布区。优越的自然地理和适宜的气候条件造就了湖南竹资源大省的独特地位。湖南竹类品种约占全国1/3，共有19个属136种和44个变种。竹类植物的自然分布区很广，全省14个市（州）均有竹林分布，形成了湘北、湘中、湘东散生竹区，湘西、湘西南混合竹区，湘南、湘东南丛生竹区以及南岭山系高山竹区。

2. 竹林面积稳居全国前列

2009年全省竹林总面积仅1269万亩，10年后的2019年增至1639万亩，增速达29%。截至目前，湖南竹林面积1635万亩，南竹总株数32.96亿株[1]，均居全国前列。[2] 近几年湖南竹林面积变化不大，资源总量基本保持稳定。

从市（州）层级竹林面积看，邵阳、益阳两市是湖南主要产竹区，为全省竹资源最丰富的地区。2020年，邵阳、益阳两市竹林面积均超过200万亩，其中邵阳市资源最为丰富，以南竹林面积252万亩、立竹5.62亿株名列全省第一。[3] 益阳紧追其后，竹林面积236万亩，立竹量4.83亿株，分别占全省的18%、19%。从县级层面看，全省10万亩以上的竹资源县有53个，竹林面积40万亩以上的竹资源重点县有10个。[4] 其中桃江、绥宁、安化、桃源四县被国家林业和草原局授予"中国竹子之乡"，炎陵县、耒阳市被评为"中国特色竹子之乡"。[5] 竹产业强县桃江县2021南竹面积达到115万亩，居全国县级第三位、湖南省第一位；[6] 立竹数达2.56亿株[7]，同为湖南省第一位。充足的原材料资源，为湖南

---

[1] 李志勇：《在全省楠竹千亿产业高质量发展现场推进会上的讲话》，http://hunan.gov.cn/lyj/xxgk_71167/ldjh/202112/t20211203_21228130.html。

[2] 曹云、张慧：《生态惠民增强湖南百姓绿色获得感》，《中国绿色时报》2022年9月16日。

[3] 《湖南竹林面积达1639万亩 居全国第二位》，《湖南日报》2020年10月28日。

[4] 李志勇：《在全省楠竹千亿产业高质量发展现场推进会上的讲话》，http://hunan.gov.cn/lyj/xxgk_71167/ldjh/202112/t20211203_21228130.html。

[5] 《湖南竹林面积达1639万亩 居全国第二位》，《湖南日报》2020年10月28日。

[6] 《湖南桃江：竹业小镇喜迎"丰收的春天"》，http://lyj.hunan.gov.cn。

[7] 薛竹怡、傅金和：《碳中和背景下湖南桃江竹产业发展现状与路径分析》，《世界竹藤通讯》2022年第2期。

竹产业发展提供了可靠的保障，也赋予了竹产业发展的无限潜力。

（二）产值稳步增长，重点产区领先优势明显

1. 产值呈明显增长态势

湖南具有鲜明的竹资源特色与产业优势，近年来，湖南省竹产业实现较快发展，加工品类不断丰富，竹产业产值增长迅速，竹业经济持续增长，对全省经济发展作出了贡献。2021年，湖南竹产业产值为526亿元①，相较于10年前的109亿元的产值来说，增幅达到38.1%。在"十三五"期间，年平均增速达到12.06%。②从图10-1看，近年湖南竹产业产值增长十分明显，保持着年均两位数的增速。竹产业在湖南多点分布，全省有34个县竹产业产值超过1亿元，其中产值最高的桃江县达133亿元。省林业厅调查显示，全省每实现1000万元竹加工产值，可以带动楠竹一二三产业实现综合收入3000万元，其中农民售卖原料竹获得

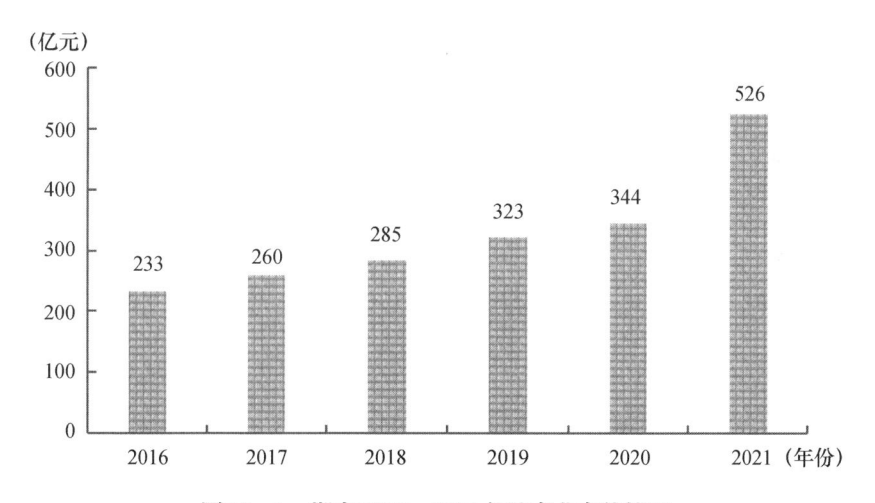

图10-1　湖南2016—2021年竹产业产值情况

资料来源：根据《中国林业统计年鉴》（2013—2017）和《中国林业和草原统计年鉴》（2018—2020）有关数据统计分析得出。

---

① 经视新闻：《"数说"湘味：增值生"金"的竹子》，湖南经视，2021年6月22日。
② 李志勇：《在全省楠竹千亿产业高质量发展现场推进会上的讲话》，http：//hunan. gov. cn/lyj/xxgk_ 71167/ldjh/202112/t20211203_ 21228130. html。

收益在 400 万元左右，可直接带动就业 26 人，带动原料基地 5000 亩以上。① 湖南竹产业已经产生了较强的带动能力，对农民增收产生了较明显的作用，是一项真正的富民产业。

2. 重点产区引领效应明显

为更好地推进竹产业发展，2018 年湖南省林业局组织编制了《湖南省竹木千亿产业发展规划（2018—2025）》，进一步明确竹业发展目标任务，强调重点优化产业布局、打造产品品牌、加强政策引导，针对湖南竹产业发展现实确定了"强二促一带三"发展模式。2021 年益阳、邵阳、岳阳三市竹产业产值之和占全省竹产业产值 67% 以上。湖南竹产业第一强县桃江是湖南打造千亿竹产业核心基地，该县近年不断将竹资源优势转化为产业优势，2021 年，桃江县实现竹产业值 133 亿元，年产竹材达到 3700 万根，相关从业人员超过 15 万人。② 竹产业产值占全县总产值的 4/5，竹产业已经成为该县的支柱产业和富民强省支柱产业。邵阳市绥宁县同为竹产业强县，是全省 4 个竹产业建设示范县之一，近年该县大力发展竹加工业，2021 年南竹产业总产值 30 亿余元，从业人员 12 万余人，已初步形成了以竹木复合利用为特色、出口型南竹产品为主打、科技创新为依托的南竹产业发展格局。③

3. 示范基地建设成效明显

近年来，湖南立足竹资源优势，从南竹资源培育入手，整合相关的项目资金，不断壮大资源总量、优化资源质量，推进南竹资源的可持续开发。2018—2021 年，全省实际下达楠竹产业发展专项、楠竹特色产业园、竹林道建设等扶持资金 5063 万元支持培育千亿竹产业。目前，全省已支持建设的楠竹丰产示范基地达 52 个，全省亩均立竹株数已从 20 世纪 90 年代的 105 根提升到 204 根。④ "三湘林业第一县"竹乡绥宁着力做强

---

① 李志勇：《在全省楠竹千亿产业高质量发展现场推进会上的讲话》，http://hunan.gov.cn/lyj/xxgk_71167/ldjh/202112/t20211203_21228130.html。
② 薛竹怡、傅金和：《碳中和背景下湖南桃江竹产业发展现状与路径分析》，《世界竹藤通讯》2022 年第 2 期。
③ 陈志强、海书山、杨立新：《万顷竹海涌"金浪"——绥宁县大力发展南竹产业纪实》，《湖南日报》2022 年 5 月 24 日。
④ 湖南省林业局：《对省十三届人大四次会议第 0410 号建议的答复》（林字建〔2021〕47 号），http://lyj.hunan.gov.cn。

做优南竹产业，通过政策引导，加强楠竹丰产示范基地建设，大力推进丰产培育工程，着力提升竹资源数量和质量，近年来，每年实施南竹低产林改造与丰产培育 2 万亩以上；示范带动，集中资金建设丰产基地，先后投入 1500 万元，集中连片建成万亩示范林 1 个、千亩示范基地 6 个、五百亩示范点 22 个、百亩示范户 65 户，形成 3 条百里高产示范竹带。鼓励支持南竹加工企业与竹农合作共建原材料基地，近年来，先后有 13 家企业投入 1600 万元，建成南竹原材料基地 3.9 万亩，形成了"企业＋基地＋农户"的竹产业发展新模式。实施了"国家南竹丰产培育推广计划"等项目，取得了"南竹笋材两用林实验推广技术""南竹低产林改造技术"等多项省部技术成果。近 4 年来，共投入资金 6000 余万元，培育丰产南竹 15.32 万亩，亩均新增立竹 120 株，亩均年产值提高到 1500 元。①

（三）融合发展态势形成，产业链优势逐步显现

1. 融合发展的载体不断壮大

经过多年发展，湖南竹加工体系已基本形成，全省竹加工企业 4000 余家，年产值 5000 万元至 1 亿元 66 家，年产值 1 亿元以上 11 家。已形成包含竹集装箱底板、户外竹地板、竹西餐具、竹筷、竹笋、竹滑板、竹日用品等 20 个系列 870 多个品种的竹加工体系。② 部分产品引领全国市场。竹凉席全国市场占有率约 45%，重组竹材全国市场占有率约 30%，竹滑板全国市场占有率达 40%。从加工产品出口情况看，湖南的一次性竹筷、竹西餐具、竹工艺品等远销东南亚和欧美地区，年出口额约 4 亿美元。③ 湖南已经形成了桃江县、绥宁县、临湘市三大竹加工产业带。④ 其中，2021 年桃江县涉竹加工企业共有 245 家（其中竹笋加工企

---

① 陈志强、海书山、杨立新：《万顷竹海涌"金浪"——绥宁县大力发展南竹产业纪实》，《湖南日报》2022 年 5 月 24 日。
② 李志勇：《在全省楠竹千亿产业高质量发展现场推进会上的讲话》，http://hunan.gov.cn/lyj/xxgk_71167/ldjh/202112/t20211203_21228130.html。
③ 《湖南竹林面积达 1639 万亩 居全国第二位》，《湖南日报》2020 年 10 月 28 日。
④ 《湖南竹产业谋划千亿大计 全省竹林面积达 1639 万亩》，人民网，2018 年 12 月 17 日，www.hn.chinanews.com.cn，2022 年 7 月 16 日。

业30家)①,主要从事竹集成材、重组材、户外防腐竹材、竹地板、竹胶板、竹凉席、竹筷、竹签、竹新型燃料、竹炭、笋干等的生产,形成了良好的产业融合发展态势。②南竹加工重点县绥宁2021年拥有年产值1000万元以上的南竹加工企业54家,年产值5000万元以上的13家。位于绥宁县袁家团工业园区的湖南中集竹木业发展有限公司成长为邵阳市唯一一家南竹加工上市企业,年销售额达3亿元。③

2. 融合发展的领域不断延伸

随着竹产业规模化、组织化程度逐步提高,在第一、第二产业发展的基础上,竹产业链从竹种植、竹加工延伸到生态旅游等第三产业,已经成为竹产业的新的经济增长点。以竹元素为主题的生态旅游得以发展,"竹 + 文旅"不断融合,"森林公园 + 竹旅""景区 + 竹旅""竹海"等模式在各地不断涌现,新产业新业态快速崛起。全省7个市(州)18个森林公园依托竹林资源发展森林旅游,桃花江竹海、赫山区百竹园、蔡伦竹海、南岳竹海等已颇具名气,一批竹海成为居民出游的主选目的地之一,年接待游客130多万人次。④为进一步融合竹产业"三产",延伸产业链,各地市不断创新思路,在打造特色专业村、田园综合体、培育宜居宜业特色村镇、产业融合发展示范园区等方面进行了积极尝试与探索。2021年"益阳市桃江县竹业小镇"入选湖南省新增的10个省级特色产业小镇。⑤马迹塘镇竹业小镇研学基地正在推动"研"与"游"深度融合,融合发展的深度与层次不断深化。

---

① 薛竹怡、傅金和:《碳中和背景下湖南桃江竹产业发展现状与路径分析》,《世界竹藤通讯》2022年第2期。

② 薛竹怡、傅金和:《碳中和背景下湖南桃江竹产业发展现状与路径分析》,《世界竹藤通讯》2022年第2期。

③ 陈志强、海书山、杨立新:《万顷竹海涌"金浪"——绥宁县大力发展南竹产业纪实》,《湖南日报》2022年5月24日。

④ 经视新闻:《"数说"湘味:增值生"金"的竹子》,湖南经视,2021年6月22日。

⑤ 袁静、胡卫红、罗中华:《桃江:竹业小镇喜迎"丰收的春天"》,http://www.yiyang.gov.cn/yysfpw/7038/7049/content_1550365.html。

（四）龙头企业迅速崛起，集聚优势不断强化

1. 涌现一批龙头企业和知名品牌

竹产业快速发展带动起一批龙头企业和特色品牌，全省竹加工企业 4000 余家，其中国家林业重点龙头企业 9 家、省级林业产业龙头企业 87 家。① 一批实力强劲的企业先后入选国家林业重点龙头企业，包括湖南桃花江竹材科技股份有限公司、湖南凤河竹木科技股份有限公司、湖南恒信新型建材有限公司等。全省先后获批建设国家林业标准化示范企业 17 家，其中有湖南中集竹木发展有限公司、益阳桃花江竹业发展有限公司等木竹藤及其制品类企业 11 家。知名的湖南桃花江竹材科技股份有限公司成立于 2001 年，是目前湖南省最大的专业生产环保竹材的高新技术企业，其生产的"桃花江"牌系列竹材是湖南省名牌产品。为促进竹产业品牌建设，湖南 2019 年起启动建设"潇湘竹品"公共品牌，全省已创建桃江、绥宁、双牌 3 个"一县一特"竹产业品牌，4 个中国驰名商标等。② 通过品牌建设和扩大品牌影响，部分加工产品已领先全国，显示出了较强的市场竞争力。

2. 形成一定规模的产业集群

湖南重点扶持一批竹产业重点县和加工园区，包括扶持 10 个竹林面积 40 万亩以上的竹产业重点县；按照园区带动、集约经营的思路，全省共创建国家竹产业示范园区 2 个，省级特色产业园 32 个，园区年综合产值已超过 60 亿元，带动 8 万余名农民就业，年增收约 10.1 亿元，在"降成本、促协作、带民富"方面起到了示范带动作用。③ 出台相关的税收优惠政策，吸引加工企业、资源资本、人才科技向园区集聚，引导农产品加工业与旅游、文化、教育、科普等产业深度融合，推动技术研发和成果转化，打造产业集聚区，逐步形成了湘中、湘北、湘南、湘东北、湘

---

① 李志勇：《在全省楠竹千亿产业高质量发展现场推进会上的讲话》，http://hunan.gov.cn/lyj/xxgk_71167/ldjh/202112/t20211203_21228130.html。
② 李志勇：《在全省楠竹千亿产业高质量发展现场推进会上的讲话》，http://hunan.gov.cn/lyj/xxgk_71167/ldjh/202112/t20211203_21228130.html。
③ 李志勇：《在全省楠竹千亿产业高质量发展现场推进会上的讲话》，http://hunan.gov.cn/lyj/xxgk_71167/ldjh/202112/t20211203_21228130.html。

西南 5 个竹产业集群。

益阳市、邵阳市、岳阳市竹产业集聚发展态势凸显，三市 2020 年、2021 年竹产业产值均占全省竹产业产值 2/3 强。① 在湘北桃江县竹产业特色园区内，集聚了上中下游规模以上关联企业 47 家，已经形成了一定规模的产业集群。依托省级园区桃江经济开发区，以"国家（桃江）楠竹产业示范园区"为核心，构建了"一园五区"的发展布局。② 位于湘西南绥宁县袁家团省级工业园已开发面积 274 公顷，入园规模企业已达 32 家。银山竹业等公司牵头将县内 10 家小型竹制品生产企业整合在一起，形成了拥有生产线 25 条、年产竹西餐具达 2 亿套，占国内市场份额达 40%的集团。③

二 湖南竹产业发展中存在的问题

湖南竹产业近年来获得了较快的发展，行业竞争力不断增强，但同时也存在着粗放经营、资源利用不充分、产业链条不完整等与湖南竹资源大省地位不匹配的现实问题。

（一）粗放经营占比较多，竹林整体质量偏低

1. 竹林培育和管理水平不高

竹产业发展的基础是竹资源质量，湖南近年来在竹产业发展上投入了大量人力、物力、财力支持竹资源培育，"十三五"期间建设了 14 家丰产林培育示范基地共计 5.05 万亩④，但相对全省 1635 万亩竹林的总规模来说，这一数目还远远不足。目前全省大部分竹林长期以来粗放经营，没有进行科学养护，没有建设配套基础设施，基本处在自发生长状态。

---

① 李志勇：《在全省楠竹千亿产业高质量发展现场推进会上的讲话》，http：//hunan.gov.cn/lyj/xxgk_ 71167/ldjh/202112/t20211203_ 21228130.html。
② 薛竹怡、傅金和：《碳中和背景下湖南桃江竹产业发展现状与路径分析》，《世界竹藤通讯》2022 年第 2 期。
③ 陈志强、海书山、杨立新：《万顷竹海涌"金浪"——绥宁县大力发展南竹产业纪实》，《湖南日报》2022 年 5 月 24 日。
④ 李志勇：《在全省楠竹千亿产业高质量发展现场推进会上的讲话》，http：//hunan.gov.cn/lyj/xxgk_ 71167/ldjh/202112/t20211203_ 21228130.html。

以竹产业最发达的益阳市为例,据不完全统计,益阳市竹林面积中,可用竹林面积仅为30%左右,高产竹林、笋材两用林更为稀少。全市共236万亩竹林,其中真正精细化培育实现丰产高效益的笋材两用林面积不到3万亩,占比仅约为1.3%。以处于竹产业发展核心区域、经营较为精细的桃江为例,全县竹林面积115万亩,但高产笋材两用林仅7.3万亩,不到6.4%。[①] 客观地看,由于竹林生长的特性,粗放经营并不罕见,但是同竹产业强省福建、浙江等地相比,湖南竹林粗放经营的比例过高,培育和管理水平是明显比较落后的。

2. 竹林产量和产业结构相对落后

由于竹林培育经营不良,竹林整体质量连续下降,竹材和竹笋产量始终不高,从单位产值看,益阳市粗放经营的竹林每亩每年仅可生产竹材1500斤、春笋200斤、冬笋10斤左右;较成熟的笋材两用林每亩可年产竹材2000斤、春笋2000斤、冬笋200斤左右。而目前福建三明、浙江安吉等地区培育成熟的笋材两用林,年亩产可达竹材2000斤、春笋5000斤、冬笋500斤左右。由此可见,湖南竹林产量和产出结构与先进地区相比均有差距。

(二)资源综合利用率低,原材料优势发挥不足

1. 竹林基础设施薄弱,竹资源利用难

作为全国竹资源大省,湖南竹材和竹笋储量丰富,但全省大部分竹林因竹林道等基础设施建设落后而导致经营难、采伐运输难,大量的竹子因砍伐成本过高而被弃用。[②] 以有"全省林业大县""全国竹子之乡"之誉的安化县为例,全县竹林面积为92.3万亩,立竹总蓄积1.59亿株(亩均172株),年出产竹笋36万吨以上,笋、竹年产值可达13.4亿元。然而,据统计,因林道等基础设施不足导致开发成本高,目前县内加工企业年消耗楠竹不足800吨,仅占全县年原竹产量5.5万吨的1.45%,

---

① 李志勇:《在全省楠竹千亿产业高质量发展现场推进会上的讲话》,http://hunan.gov.cn/lyj/xxgk_ 71167/ldjh/202112/t20211203_ 21228130.html。

② 李志勇:《在全省楠竹千亿产业高质量发展现场推进会上的讲话》,http://hunan.gov.cn/lyj/xxgk_ 71167/ldjh/202112/t20211203_ 21228130.html。

很多超过采伐期或受灾的竹子枯烂深山,造成资源浪费,年损失1亿元以上。湖南竹资源虽然优势明显,但资源优势和潜力没有得到发挥,丰富的资源却未得到有效利用。同时,除了竹林本身的资源荒废,竹原料在加工过程中的利用率也不高,"整竹利用"水平较低,拿竹筷生产来说,竹材利用率平均只有27%左右。由于科技创新水平有限,竹子利用空间虽然广阔,在实际开发利用程度相对有限,原材料综合利用率相对较低。

2. 竹产业产值与竹资源大省的地位不匹配

比较国内几大竹产业大省的竹林面积和竹产业产值发现(见表10-1),湖南省的竹林面积和立竹株数虽位于全国前列,但竹产业产值却远不如福建、四川、浙江三大产竹省份。从2020年各省产值数据看,可以大体划分为三个发展梯队,福建、四川遥遥领先,两省产值均为700亿元以上,属于第一梯队,尤其值得一提的是四川后来居上,到2021年首度超越福建,排在全国首位;浙江省以532亿元位列第二梯队;湖南和江西在300亿元左右,属于第三梯队;每个梯队之间的差距约为200亿元。可以看出,湖南的产值明显与湖南丰富的竹资源是不匹配的。

表10-1　　　2016—2021年主要产竹省份竹产业产值比较　　　(单位:亿元)

	2016年	2017年	2018年	2019年	2020年	2021年
福建	549	606	666	717	785	831
四川	198	251	462	607	722	887
浙江	470	486	402	442	532	—
湖南	233	260	285	323	344	526
江西	345	407	299	294	291	528

资料来源:2016—2020年数据来源于历年《中国林业和草原统计年鉴》,其中2021年数据来源于各省公开发布。

(三)加工业整体层次不高,产业转型不够充分

1. 机械化、自动化水平不高

在生态环保等政策要求下,湖南竹产业已经经历了一次阵痛,淘汰了一批高污染、高消耗、低产出的产业项目,以生态环境治理为契机,加快转型发展。但是,从整体来看全省多数宜竹区缺乏竹资源加工骨干企业，竹材、竹笋加工转化能力不足。竹加工企业多属于依赖资源的劳动密集型企业，部分企业还停留于家庭作坊式生产，无论是原料端还是加工环节，竹产业的机械化、自动化水平都不高，劳动生产率偏低。

2. 竹产品精深加工技术创新不足

竹产业自主研发和科技创新能力较弱，企业拥有自主知识产权的产品不多，初级产品较多、新产品较少，传统竹制品尚占据主要地位。如桃江县 2019 年笋、竹产业总产值 102.85 亿元，其中竹凉席、竹胶板、竹筷、竹帘、竹碳等传统竹制品产值为 57.23 亿元，占比达 55.6%。赫山区、安化县等地竹筷、竹凉席、竹材初加工产品更是占到笋竹产业产值 80% 以上。传统竹制品品类单一，科技含量不高，同质化现象突出，经济效益和产品附加值偏低，高附加值、高科技含量的加工产品仍然稀缺，多形式、多档次的产品体系还未形成，竹加工制造业仍面临着进一步转型升级的重任。

（四）企业核心竞争力不强，品牌影响力有限

1. 龙头企业综合实力不强

从企业的规模和竞争力来看，湖南龙头企业综合实力不强，全省年产销售收入过亿元的竹企业只有 11 家，最高仅 6 亿元[1]，而福建 2021 年竹产业产值超过 10 亿元的企业就达到了 5 家[2]。相比竹产业强省，湖南龙头企业数量少且实力差距较大，对产业的引领带动作用有限。湖南竹加工企业多为中小企业，2020 年共有竹加工企业 4000 余家[3]，福建省仅为 2300 多家[4]，鉴于当年福建竹产业产值比湖南高出 2 倍多，可以推算出湖南竹加工企业平均体量只有福建的 1/4 左右。又如益阳共有竹类加工、经营企业 500 多家，其中产值 1000 万元以上的规模企业仅有 72 家。企业规模不大，核心竞争力不强，必然导致市场主导能力偏弱。

---

[1] 李志勇：《在全省楠竹千亿产业高质量发展现场推进会上的讲话》，http://hunan.gov.cn/lyj/xxgk_71167/ldjh/202112/t20211203_21228130.html。

[2] 《关于加快推进竹产业高质量发展的通知》（闽林文〔2022〕21 号），http://lyj.fujian.gov.cn/zfxxgk/zfxxgkml/zcfg_12418/zhengcwj/202204/t20220406_5875705.htm。

[3] 李志勇：《在全省楠竹千亿产业高质量发展现场推进会上的讲话》，http://hunan.gov.cn/lyj/xxgk_71167/ldjh/202112/t20211203_21228130.html。

[4] 《关于加快推进竹产业高质量发展的通知》（闽林文〔2022〕21 号），http://lyj.fujian.gov.cn/zfxxgk/zfxxgkml/zcfg_12418/zhengcwj/202204/t20220406_5875705.htm。

2. 竹产业品牌影响力不足

当前，竹企业多为松散型，没有形成紧密的产业联盟，难以集中力量进行市场开拓和品牌宣传，甚至还存在相互压价、恶性竞争等情况，没有形成对外推介的整体合力。"湘"字号知名品牌不多，国家级知名品牌缺乏：竹公用品牌建设尚在起步阶段，县域特色品牌名气不大，企业贴牌产品多，自主品牌少，未能形成品牌影响力。[①]像占据市场份额较大的竹筷长期贴牌销售，只能赚取廉价的原料和加工费用，产品利润大部分为终端销售获取。"桃江竹笋""桃江竹凉席"等国家地理标志证明商标，以及"小郁竹艺"国家非物质文化遗产的品牌优势未能充分发挥，竹家居等新型产业产品对外销售市场没有彻底打开。大多数企业始终缺乏核心的竞争能力，没有形成产业发展爆发点。

（五）产业结构不均衡，三产融合有待加强

1. 竹加工业一枝独大，产业整体结构不优

当前对于竹资源的经济价值的开发受到了重视，但对于生态价值的开发还远远不足，重经济价值、忽视生态价值，竹产业存在一定的结构性问题，表现在作为二产的竹加工业一枝独大，竹林培育、竹林休闲旅游、竹文创等产业所占比例较小。还是以桃江县为例，2021年全县实现竹产业产值133.15亿元，其中，竹资源培育产值9.04亿元、竹加工业收入106.55亿元、竹林旅游及其他收入17.56亿元。一二三产业产值占比分别为6.79%、80.02%、13.19%。[②]事实上，桃江拥有桃花江竹海，拥有省级竹业小镇，是湖南竹产业融合发展基础较好的地区，但其无论一产还是三产的占比均较小。从可获得的数据进行比较，2019年四川竹旅游康养、竹产品储运及销售、技术咨询服务等三产业产值就已经达到38.06%[③]，在更早的2015年，浙江安吉县第三产业产值也已经达到了

---

① 李志勇：《在全省楠竹千亿产业高质量发展现场推进会上的讲话》，http://hunan.gov.cn/lyj/xxgk_71167/ldjh/202112/t20211203_21228130.html。

② 薛竹怡、傅金和：《碳中和背景下湖南桃江竹产业发展现状与路径分析》，《世界竹藤通讯》2022年第2期。

③ 根据《下"竹"功夫 四川竹产业产值超600亿》（https://new.qq.com/rain/a/20210526A05R9I00）测算。

27.4%。可以看出，湖南竹产业中的三产占比过小，还有很大的提升空间。总体来看，当前湖南竹产业一二三产业衔接不够紧凑，三产整合、跨界融通创新不足，融合程度亟须提升。

2. 竹旅游在国内知名度不高，竹资源生态价值开发不足

竹产业是兼具生态和经济价值的绿色产品，竹旅游康养潜力巨大。湖南有14个市（州）均开展了竹林生态旅游，但竹旅游在国内知名度并不大，与国内竹林生态旅游发展成熟的景点，如四川的蜀南竹海和浙江的安吉大竹海等相比相差甚远。湖南竹资源丰富，拥有深厚的竹文化底蕴，但对竹景观、竹文化的开发利用尚处在比较初级、松散的阶段，像"小郁竹艺"国家非物质文化遗产以及宝庆竹雕等功能价值并未得到应有的体现。竹制品市场认知与认可度不足，竹产品消费氛围不浓，竹资源巨大的生态功能还未发挥出来。

三 促进湖南竹产业高质量发展的对策建议

为促进湖南竹产业高质量发展，亟须针对竹产业发展中的问题与短板，全面落实国家林草局等十部委《关于加快推进竹产业创新发展的意见》，不断挖掘和释放竹产业发展潜能，全力推进湖南从竹资源大省向竹产业强省转变。

（一）提升竹林培育经营水平

1. 着力建设丰产竹林基地

加大笋竹林资源培育力度，支持选育优质专用竹品种、研发高效栽培技术，推广笋竹培育新技术、新工艺、新设备。加大低产低效竹林复壮改造，强化退化竹林修复更新。鼓励竹林流转，支持组建笋竹专业合作社、股份合作林场、家庭林场等新型竹林经营主体。支持各地开展竹林资源培育贷款、贴息贷款、政策性保险等金融创新，简化贷款手续。将符合条件的竹林培育，按规定纳入森林抚育补助等范围。鼓励竹精深加工企业以"企业+基地+农户""企业+合作社+农户"方式带动竹林经营培育，建立紧密利益联结机制，促进规模集约经营。

2. 加快配套设施工程建设

强化涉农资金统筹整合，完善竹林基础设施建设，加大林道作业道等配套工程建设力度，着力破解竹材运输难的瓶颈问题。结合通村通乡公路建设，优先实施竹林区公路建设，并探索将竹林区道路纳入地方债券、涉农有关工程项目支持范围，因地制宜支持竹林区林道和作业道建设力度。大力推进竹山竹林生产机械化设备的研发、推广及数字化智能化提升，对符合农机购置补贴政策要求的，列入农机购置补贴产品。

3. 支持推广复合经营模式

深入开展竹林资源排查摸底，对现有竹林按照高效丰产基地竹林、笋材两用丰产竹林、生态公益竹林等进行分类统计，推动分类集约经营模式。支持竹林经营从追求竹材、竹笋等单一的竹林产品逐步转向多元化竹林产品产出，鼓励探索科学有效的竹林种养殖、竹林康养等复合经营模式，提高竹林土地和空间资源利用率，实现经济效益与生态功能协同发展。

（二）提升自主创新能力

1. 鼓励多形式联合研发攻关

加强与国际竹藤组织、中国林科院等科研院所的协作，创建笋竹产业科技创新孵化基地和中试基地，搭建竹产业政、产、学、研一体化平台，吸引更多资本、人才投入。支持科研院所、科创团队到竹企、竹产业园开设科研工作站、研发中心、实验室，结合现实需求，强化笋、竹加工废弃物利用研发和产业化，有针对性地组织开展竹产业关键核心技术联合攻关，推进种植培育、加工利用等循环链接，实现优材优用、全竹利用、循环利用。

2. 鼓励支持企业开展创新研发

支持企业与科研院所合作研发高科技含量的竹类产品，提高科研成果转化率，推动竹资源大规模工业化利用与竹产业转型升级和提质增效。落实好企业研发费用加计扣除、高新技术企业所得税优惠、小微企业普惠性税收减免等政策。将竹笋、竹饮、竹材制品的功能性产品研发与产业化示范纳入有关科技计划支持范围。

3. **积极推动科研成果转化推广**

支持竹业重点县、竹企加强与高校、科研单位合作，建立科技服务、成果转化等多模式利益共享机制。鼓励自主知识产权的产品申请专利，支持开展竹产品设计评选。加强竹农实用技术培训，尊重竹林合作社、竹农等经营主体的首创精神，推广应用一批竹资源创新利用、加工剩余物循环利用创新成果。支持引进国内外先进技术、装备，推进"机器换人"，提升资源培育、采运、加工环节的机械化、自动化水平。

（三）提升龙头企业的引领力

1. **支持企业科技升级**

高质量实施竹加工升级示范项目，加强项目储备和动态化管理，加大对重点龙头企业技术创新、设备升级、产品研发等方面的支持力度，提高产品附加值和企业竞争力。实施成长型、创新型中小竹企培育项目，在资金、研发等方面给予重点扶持，培育更多"专精特新"企业。

2. **支持企业集群发展**

支持采取强强联合、兼并重组、参股控股、改制上市等形式，打造一批产业关联度高、功能互补性强、发展潜力大的龙头企业。对于重大产业项目或产业延链、补链带动作用强的企业，给予"一企一策"支持。鼓励龙头企业通过联合、重组、兼并组建大型企业集团，支持符合条件的龙头企业上市或在新三板、湖南股权交易所挂牌。围绕主导产业链加强纵向分工、横向协作，形成一批风险共担、互利共赢、集约高效的企业集群。培育壮大龙头企业，不断提升竹产业在全国的产业地位和核心竞争力。

3. **加大竹产业招商力度**

对于竹产业龙头企业，在招商引资时实施"一企一策"招商，为企业在政策、项目、信贷等方面予以全方位支持，对在新上市的企业，给予上市后税收贡献奖励、金融政策扶持等。鼓励有条件的地方建设竹产业园区，加快建设一批百亿产值的笋竹加工产业集群。

4. **提升管理服务水平**

加强对企业调研服务，进一步了解竹企实际需求，着力为企业打造好融资信贷、展销贸易、寻求合作、信息交流、科技服务等普惠平台，为企业壮大发展创造良好条件。进一步拓展直接融资渠道，支持符合条件的竹产品企业在境内外上市和发行债券。鼓励各类创业投资、私募基金投资竹产业。盘活土地存量，鼓励利用收储农村"四荒"地及闲置建设用地发展竹产业，保障重大竹产业项目、竹林生产经营配套设施建设等用地需要。探索推进竹林碳汇开发管理机制创新、技术研发和市场建设，鼓励开展碳汇交易试点。充分发挥竹产业协会作用，加强行业自律和企业共御市场风险体系建设，确保行业有序竞争和良性发展。

（四）提升品牌的影响力

1. 大力推进品牌体系建设

建立品牌共创、标准共立、信息共享、技术共研的有效机制，实现成员间互助合作，形成强大的对外合力，共同打造"潇湘竹品"区域公用品牌及区域特色品牌。继续培育桃江、绥宁、双牌3个县域特色竹产业品牌，坚持省级做区域品牌，地方做特色品牌，企业做名优产品品牌，各品牌联动发展、相得益彰，推动形成有影响、有特色、有品质的"公用品牌＋特色品牌＋名优品牌"的湖南竹产业品牌体系。

2. 强化品牌宣传引导

加大竹产业和竹产品的宣传力度，提高品牌意识，增强商标注册运用、管理和保护的能力。指导符合条件的产品及时注册地理标志商标或申报地理标志产品保护，支持、指导政府主导的相关主体申请、注册集体商标。支持竹企参加国际知名专业展会。鼓励在省内外开展竹产品展销活动，宣传推广湖南竹产品，扩散品牌影响，并逐步规范发展建设辐射华中市场的笋竹产品交易集散中心，打响笋竹产业流通品牌。积极开展竹产业标准制修订，尽快制定"湖南竹材""桃江竹笋""泥江口竹筷"等产品地方标准，形成规范发展的标准体系，在市场中抢先占据最有利的位置。

3. 支持打造出口自主品牌

鼓励企业抢抓国内外限塑商机，充分吸收国内外创意设计元素，加强研发设计、品牌培育、自有销售渠道建设，支持打造竹产品出口自主品牌，培育海外市场龙头外贸企业。积极参与国际标准制（修）订，开展竹绿色产品认证国际互认合作。进一步加强出口品牌企业知识产权保护，鼓励企业做好国际商标注册等工作，促进企业从贴牌生产向自主品牌创建转型。支持企业引进先进技术和装备，鼓励外资投资发展竹产业。

（五）提升三产融合的深度

1. 壮大县域竹产业融合发展经济体

依托湖南竹资源分布及产业基础，推进打造以桃江县、绥宁县、双牌县、临湘市、双峰县、茶陵县、赫山区、洪江区、耒阳市为核心的竹产业重点县，整合县域资源及要素，创建国家林业重点示范园区、省级现代林业特色产业园，延长产业链，完善供应链，提升价值链，提升竹产业集聚发展度。充分挖掘、传承发展县域特色竹文化资源，结合乡村振兴、文旅康养等，打造一批以竹林为特色的绿色通道、绿竹长廊、竹林特色小镇、特色村、竹文化主题公园、主题博物馆，推动县域竹产业一二三产业深度融合发展，构建具有较强综合竞争力的县域竹产业融合发展经济体。

2. 构建多层次的竹旅融合新格局

支持开发竹观光、竹康养、笋美食等产业，推动竹种植与竹文化、竹编工艺与竹创意设计深度融合，积极做好竹文化旅游产品、竹工艺品、纪念品等周边产业研发。深度挖掘竹文化潜在价值，活化小郁竹艺、大郁竹艺、竹根雕技艺等文化遗产，做大做强益阳百竹园、桃花江竹海、安宁竹谷、罗溪竹屋等竹旅项目。打造一批竹文化馆、竹创意园、竹工艺品特色街、竹文化主题公园、竹主题景区（点）、竹生活康养基地等文化旅游产品。鼓励建设竹文创基地和竹产业特色村，支持举办竹文化高峰论坛、竹创意产品设计大赛、竹博览会展等活动。鼓励城乡建设中应用原竹建筑、竹装配式建筑、竹空间装饰装修，提高社会认同度。鼓励竹企业"走出去""引进来"，在推进"一带一路"等方面发挥竹文化价值作用。

湖南民宿产业高质量发展报告

旅游民宿在国内发展不过十余年，但遇上了国内文旅产业特别是大众休闲旅游高速发展的重要机遇期，刮起了文旅产业的一股强劲旋风，为整个文旅产业注入了强大活力，为乡村产业和文化振兴提供了重要支撑。2022年中央一号文件明确要求"支持农民直接经营或参与经营的乡村民宿发展"，《中华人民共和国国民经济和社会发展第十四个五年规划和2035年远景目标纲要》明确提出要"壮大休闲农业、乡村旅游、民宿经济等特色产业"。新冠疫情前湖南民宿产业一直呈现指数级高速增长势头，2020年新冠疫情发生以来，湖南民宿产业遭遇重大挫折，疫情也暴露出了湖南民宿产业过去因高速增长而被忽略的一些深层次问题。民宿产业发展实践表明，小民宿中有大产业，民宿产业已经从旅游住宿配套成长为与文旅景区相辅相成乃至并驾齐驱的重要分支。要继续支持做大做强民宿产业，为湖南建设文旅强省和实现乡村振兴作出贡献。

一 湖南民宿产业发展的主要态势

近年来，湖南民宿产业推动乡村振兴和旅游经济发展的贡献日益显著。面对新冠疫情的持续冲击，民宿产业发展态势相对放缓，困境之下产业重新洗牌，市场主体加速分化，进入转型提质的发展阶段。

（一）依托品牌景区资源形成了初步的民宿产业集聚发展格局

作为非标准住宿，民宿即旅游民宿，按照文旅部颁布实施的旅游行业标准《旅游民宿基本要求与评价》（LB/T 065—2019）的定义，是指利用当地民居等相关闲置资源，经营用客房不超过 4 层、建筑面积不超过 800 平方米，主人参与接待，为游客提供体验当地自然、文化与生产生活方式的小型住宿设施。显然，不同于酒店等标准化的大众住宿行业，民宿必然以小规模为根本特征，国内最小民宿仅一间客房。伴随大众休闲旅游的迅速崛起，乡村旅游发展加快，特别是追求乡村原真生活状态的旅游市场需求的迅速膨胀，以个性化、诗意栖居为特征的民宿由于契合当下游客的休闲度假需求而迅速火爆。

从湖南民宿发展来看，2015 年起，湖南民宿数量每年约以 18% 的速度快速增长，据有关研究，截至 2020 年上半年，全省共有 4800 余家民宿，其中乡村民宿约占七成，床位合计约 110000 个，民宿年综合营业额约 60 亿元，年客房营业额超 10 亿元，直接带动 1.8 万多人就业，并通过出租闲置房屋、提供农产品、开发土特产、就地务工等方式间接带动旅游扶贫数千人[①]。2021 年，全省包含民宿在内的住宿和餐饮业增加值 913.5 亿元，增长 13.3%[②]。从湖南民宿整体分布来看，民宿数量排名前三的地区分别为张家界、湘西州、郴州，三市（州）的民宿数量约占湖南民宿总数的 63%。其中，张家界逐步形成武陵源民宿圈、天门山民宿圈、大峡谷民宿圈、西线民宿线"三圈一线"的民宿产业格局；湘西州初步形成凤凰古城和芙蓉镇两大古镇型民宿聚集区；郴州市初步形成"一核多点"民宿空间布局，即以环东江湖为核心，以莽山、飞天山、仰天湖、桂东高山等 12 个区域为重点[③]。2020 年以来的疫情"危"中含"机"，因为疫情的超强传染性，游客对于私密性、安全卫生的需求明显增强，而民宿恰好以规模小、住客少的特性而相对更适应这一需求。得益于此，在各类型住宿产品中，民宿是 2021 热度最高的两种旅游产品之一，疫情防控期间的周末和旺季时期，精品乡村民宿往往一房难求。

---

① 何良安：《湖南民宿产业的高质量发展：现状、问题与对策》，《湖南行政学院学报》2021 年第 3 期。

② 湖南省统计局、国家统计局湖南调查总队：《湖南省 2021 年国民经济和社会发展统计公报》，http：//www.hunan.gov.cn/hnszf/zfsj/tjgb/202203/t20220329_22724930.html。

③ 湖南省文化和旅游厅：《对省十三届人大五次会议 0454 号建议的答复》，http：//whhlyt.hunan.gov.cn/whhlyt/rdjy/202208/t20220810_27580337.html。

（二）民宿产业逐步朝品质化、品牌化方向升级

《2021 民宿行业数据报告》显示，从已售客房平均价格来看，2021年，国内 800 元/日以上的高端客房数量占比提升至 8.5%，高于 2020年。表明民宿行业整体品质化发展趋势十分明显，疫情并没有阻挡住民宿消费结构升级的趋势。从营业规模来看，54.8% 的民宿年销售额低于 50 万元，20.6% 的民宿年销售额介于 50 万—100 万元之间，即 75.4% 的民宿年销售额低于 100 万元，15.1% 的民宿年销售额介于 100 万—200 万元之间，年销售额超过 500 万元的民宿占比仅为 1.6%[①]。可见民宿产业呈现强者愈强的两极分化趋势。

从湖南省来看，目前已经形成四大产业集群，即以张家界武陵源区、郴州资兴市为代表的景区依托型民宿集群、以湘西州凤凰县为代表的古镇依托型民宿集群、以长沙市长沙县为代表的乡村旅游依托型民宿集群，其中五号山谷、东江湖一号院、慧润、那一年、自在平江、土王行宫等一批高品质头部民宿品牌，具有很强的市场号召力，在旅游市场的地位不断提升，甚至已经从过去的景区住宿配套跃升为当地旅游资源的重要组成部分，成为当地重要的旅游名片，引发不少游客"为一张床，赴一座城"。

正因如此，打造高品质民宿、创建和引入头部民宿品牌已经成为各地旅游品牌打造的重要组成部分。以郴州为例，当前全市 80% 以上的旅游精品民宿主要依托东江湖 5A 级景区"一核"和莽山、飞天山、仰天湖、桂东高山养生、大热水温泉等"多点"进行"景区+民宿"开发模式。郴州市在省内率先成立以市长任组长的"郴州市精品民宿经济发展和建设协调推进小组"，多个县（市、区）政府成立民宿经济发展领导小组，强化顶层设计，出台扶持民宿发展与管理的相关政策性文件和规划，确立了发展湘南特色的"郴州民宿"品牌发展思路，通过系列创新营销推介"郴州民宿"品牌，为整体推进郴州民宿产业集群，设计了"郴州民宿"品牌标识，推出了 4 条辐射 6 个县（市、区）的"郴州民宿精品

---

① 云掌柜：《2021 民宿行业数据报告》，https：//www.163.com/dy/article/H44GGG1605526SET.html。

旅居线路",开展了星级民宿等级评定及颁奖盛典、"美在郴州山水,乐在郴州民宿"网络大V民宿采风活动、"民宿,下一站郴州"主题考察等大型宣传营销活动,借助传统和新媒体平台,对郴州民宿进行全方位多角度的宣传报道,举办"郴州民宿"主题歌曲征集、制作民宿专题宣传片和宣传手册等系列活动,全面发力提升"郴州民宿"的知名度和影响力[①]。

(三)民宿产业规范化治理力度日益加大

近年来,为引导民宿产业规范和高质量发展,从国家到地方各个层级的民宿顶层制度设计密集出台实施。2020年,文化和旅游部正式发布《旅游民宿基本要求与评价》并在全国实施,以规范和指导全国旅游民宿发展。2021年11月,文旅部为促进高端旅游民宿健康发展,组织各省文化旅游行政管理部门开展首批甲级、乙级旅游民宿评审工作,经旅游民宿自愿申报、省级等级旅游民宿评定机构初审,全国旅游标准化技术委员会最终评定后,全国共计31家民宿评定为甲级旅游民宿,27家民宿评定为乙级旅游民宿。湖南生庐洋谭里民宿酒店被评定为甲级旅游民宿,湘西州凤凰城老四合院被评定为乙级旅游民宿。2021年4月,国务院办公厅印发《关于服务"六稳""六保"进一步做好"放管服"改革有关工作的意见》提出"鼓励各地区适当放宽旅游民宿市场准入,推进实施旅游民宿行业标准"的建议。

从湖南省来看,民宿从业规范日益明确。2021年4月,为提升全省民宿管理水平和服务质量,湖南省文化和旅游厅编制了《湖南省旅游等级民宿评分细则》,成立了省、市两级旅游民宿等级评定机构,开展全省旅游民宿等级评定工作。湖南省地方标准《旅游民宿等级划分与评定》也于2022年4月由湖南省市场监督局发布,涵盖规范经营、安全卫生、环境建筑、设施设备、服务接待、特色等主要内容。民宿行业自律日益完善。2021年12月,湖南省旅游民宿协会成立,旨在通过协会强化行业自律,规范民宿行业市场,搭建民宿宣传推广、金融服务、人才培养等

---

① 郴州市统计局:《郴州民宿业发展现状、问题和对策建议》,http://tjj.czs.gov.cn/xwsd/52570/content_3374335.html。

综合性服务平台,引领和促进民宿产业的规范发展。民宿建设规范指导逐步加强。2021年1月,省住房和城乡建设厅出台《湖南省住房和城乡建设厅关于规范和推进乡村民宿建设的指导意见》(湘建设〔2020〕195号)文件,主要从规范民宿建设的范围、营造民宿的风貌特色、保护民宿的生态环境、完善民宿的基础设施配套、提高民宿的建筑设计水平、确保民宿的结构和设施安全、强化民宿的消防能力、落实民宿的建设监管等八个方面对全省的乡村民宿发展提出了指导性意见。2021年3月,《湖南省民宿建筑设计技术导则》(湘建科〔2021〕42号)印发实施,对湖南民宿的建筑设计、结构设计、给排水设计、电气设计、消防安全以及资源利用、环境保护等方面明确了基本要求。同时编制了《湖南省民宿建筑设计标准图集》,选定湖南有代表性的张家界市武陵源区的山野品质民宿等四大典型民宿,通过标准化设计展现典型民宿建筑的风貌特色、地域特色、民族特色和历史文化特色,引导各地提高民宿设计水平和建设品质。民宿安全监管日臻强化。2021年12月,省政府办公厅出台了《关于进一步加强农村住房质量安全监管的通知》(湘政办发〔2021〕78号)文件,规定农村住房拟用作生产经营的,应按规定办理营业执照;有关经营项目需经许可的,应按规定办理许可审批。用作生产经营或出租的住房应进行质量安全鉴定。

(四)新冠疫情倒逼并加速民宿产业洗牌和演化升级

相较于新冠疫情前民宿的爆发式增长态势,新冠疫情后民宿产业增长平缓。面对新冠疫情的冲击,湖南民宿行业几乎重新洗牌,产业格局几乎被重塑。相对而言,租赁房屋的民宿经营者往往抗风险能力最弱,行业经营效益大幅降低,投资回报率达不到预期,甚至出现亏损和倒闭,导致资金和专业人才流出;而利用自有物业和品牌连锁经营的市场主体抗风险能力更强,疫情防控期间甚至开启了业务扩张。以张家界的网红民宿五号山谷为例,2021年春节,五号山谷品牌的第三家民宿落户长沙望城区,凭借品牌的影响力,依托良好的区位优势和自然人文条件,该民宿迅速打开长株潭市场,周末经常一房难求。以知名品牌慧润民宿为例,因创新"农户+企业+村集体"合作模式被作为全国民宿发展典型重点推介,疫情防控期间也在不断复制推广慧润模式。2020年以来,长沙县引进慧润模式,按照"农户+企业+村集体"的"631"模式(按农户60%、企业30%、村集体10%进行收益分成),发展高端民宿产业,打造慧润·杨祠盈商小镇。慧润·杨祠盈商小镇自开业以来运营良好,带动了周边农庄、集体经济发展和村民就业增收。

二 湖南民宿产业面临的主要问题

与沿海地区相比,湖南民宿产业仍处于初级阶段,产业内部错综复杂,发展水平参差不齐,疫情冲击又造成了严重困境。

(一)新冠疫情造成民宿经营"过山车"式大幅波动

全国疫情的多点散发以及集中的区域性疫情对民宿经营造成不小的冲击,比起抗风险能力更强的少量头部高端民宿,疫情对数量更多的一般性民宿影响更大。据《2021民宿行业数据报告》显示,2021年1月至2月、8月、国庆后的三波区域性的疫情造成消费旺季变淡季、淡季更淡的现象,民宿产业不得不以价换量,以客房降价获取维持经营的客房入住率,2019年民宿行业客房平均价格为348元,2020年至317元,2021年则进一步下降至新低294.6元,客房降价后,客房入住率维持在39%上下。单房收益从2020年的122元下降至114元,更远低于2019年的135.7元。不少经营者不得不转行放弃,但与此同时,一旦疫情好转,旅游消费很快出现报复性增长,民宿客房往往一房难求,以2021年为例,国内在经历了1—2月的区域性疫情后,从3月份起,报复性消费迅速出现,民宿客房入住率从2月份的33.7%迅速增长至3月的47%,此后继续小幅增长,在6月小幅波动后继续升高,直至7月的54.1%。与此同时,单房收益也同样水涨船高,以2021年5月为例,单房收益达159元,大幅高于2020年的103.4元和2019年的132.3元[1]。数据表明,疫情是造成民宿困境的首要因素,疫情发展的不确定性造成了民宿经营的风险难以预测和管控。

---

[1] 云掌柜:《2021民宿行业数据报告》,https://www.163.com/dy/article/H44GGG1605526SET.html。

以郴州为例，郴州相关部门于 2021 年 7 月、8 月份对该市 49 家民宿上半年经营情况开展了相关调查，调查发现，49 家民宿当年上半年平均客房出租率仅 37.6%，49 家民宿开业以来也仅有 25 家实现收支平衡，占比 51.0%①。从张家界来看，2021 年 7 月、8 月区域性新冠疫情的突袭造成客流的突然"断流"，断送了景区的大好旅游旺季，给包括民宿在内的旅游经济带来沉重打击，据有关方面统计，张家界民宿协会登记在册的 1200 多家民宿客栈中，有 30% 的民宿经营者受疫情影响改行，2021 年整体营业收入较 2020 年下降 60%，接待人次从 2019 年的 300 余万人次下降到 2021 年不足百万人次②，影响之大可见一斑。

（二）民宿休闲度假功能不强

同样是以居住为基本功能，民宿很大程度上不同于传统意义上的住宿业，作为承担回归田园、诗意栖居等休闲度假职能的旅游民宿，其基本的居住功能是为休闲度假等深度旅游服务的，民宿强调周边良好的自然、人文环境、独特的美学设计、完善的配套设施以及特色服务等。以民宿业内闻名的黑松露奖的七大评比尺度来看，除交通区位外，评比标准处处突出休闲度假特性，如资源禀赋方面强调天然的自然环境资源，同时周边有丰富的休闲体验资源，具备成为微型度假目的地的自身条件；设施配套上强调将个性化的生活方式理念融入民宿产品，营造家生活以外的另一种生活，以缓解和治愈游客精神的焦虑和不良情绪等。以张家界 5 号山谷为例，其核心竞争力就在于民宿提供了一种在地化的生活方式和各种体验场景，使游客获得充分的休闲度假体验，游客前来住宿可能并非为了游览周边景区，而是停留在民宿并获得完全沉浸式的休闲度假体验，即民宿本身成为了度假目的地。

从湖南来看，湖南民宿普遍与周边的景区联袂共生，有良好的外部自然条件和环境，但除少数高品质民宿外，大多数民宿在配套设施上难

---

① 郴州市统计局：《郴州民宿业发展现状、问题和对策建议》，http://tjj.czs.gov.cn/xwsd/52570/content_3374335.html。

② 红网：《湖南文旅突围》，https://baijiahao.baidu.com/s?id=1722461103501142336&wfr=spider&for=pc。

以满足出行与度假的个性化需求，设施配套品质较差，未能融入周边社区和本土特色文化，难以整合原汁原味的地方特色饮食、艺术、民俗、文化、体育等资源，以及转化为各类体验项目，难以满足游客深入当地获取沉浸式体验的需求。据调研，不少游客反映大部分民宿可体验内容乏善可陈，入住后很快就感觉无聊，部分民宿仍停留在农家乐和家庭旅馆的层面，部分新建民宿与酒店等传统住宿业态基本雷同，甚至更接近中小型主题酒店。

（三）民宿业内部分化严重，发展水平参差不齐

一是部分市场主体经营能力有待提升。湖南各地民宿经营者中，当地人占比较高，以湘西州为例，湘西州民宿主要集中在凤凰古城和芙蓉古镇，占据了湘西州90%以上的民宿。其中芙蓉古镇约80%以上的民宿都是当地人在经营[①]。这些民宿经营者使用的大都是自有物业，但经营水平往往还停留在传统农家乐发展思路上。虽然有成本上的优势，但往往专业化经营能力偏弱，民宿专业品质不高，造成大量普通民宿高度同质化而难以满足游客需求，收入结构单一，基本只能获取房源单一收入，营销能力弱，对OTA运营平台和社交媒体利用技能不足，难以获得线上订单；抗风险能力弱，发展资金不足，盈利能力差，前景堪忧。

民宿运营能力和经营水准参差不齐。据相关调查发现，民宿职工普遍缺乏专业培训，民宿的卫生和服务工作流程往往缺乏严格的操作标准和规范要求，甚至由民宿经营者根据个人偏好来制定，个性化沦为随意化，难以满足顾客的休闲度假需求，部分民宿道路及路标、环境卫生、停车场地、用水用电、通信网络等公共设施建设滞后，消费投诉多。与之形成反差的是，部分中高端民宿选择加盟国内品牌酒店连锁，服务品质和营销推广、内部管理得到提高，市场好评度高，客源有保障，年入住率大幅提升。

民宿合规经营问题突出。以郴州市为例，从郴州市2021年对当地49家民宿六类证照办理情况的调研来看，一是在六类营业证照办理上均存

---

① 张正跃：《关于发展民宿经济助推我州全域旅游的建议》，http://jyta.xxz.gov.cn/zhengxieweiyuantian/10879.html。

在不同程度的欠缺问题，调研结果显示，营业执照未办理的有 7 家，占比 14.3%；特种行业许可证未办理的有 34 家，占比 69.4%；食品经营许可证未办理的有 17 家，占比 34.7%；卫生许可证未办理的有 15 家，占比 30.6%；公安部门身份证认证系统未接入的有 17 家，占比 34.7%；消防许可证未办理的有 31 家，占比 63.3%。二是从六类证照持证总量来看合规经营问题比较突出，仅 5 家民宿办好全部六类证照，占比 10.2%，基本上均为精品民宿；有 17 家办好其中五类证照，占比 34.7%，有 5 家办好其中四类证照，占比 10.2%，有 6 家办好其中三类证照，占比 12.2%，有 8 家办好其中两类证照，占比 16.3%，有 2 家仅办好其中一类证照，占比 4.1%；有 6 家未办理任何证件，占比 12.2%①。显然，当前民宿发展秩序比较混乱，隐藏了较大的安全、环保、卫生等风险隐患，极不利于民宿产业的可持续健康发展。尤其是存在不少无证经营等严重违法现象，依法已经属于市场监管部门应当取缔并没收违法所得的范围。

三　促进湖南民宿产业高质量发展的对策建议

随着大众旅游时代的到来，作为农业大省，湖南民宿产业乃至乡村旅游产业发展空间巨大，发展前景看好。但无疑首先要在疫情常态化防控中寻找转机乃至良机，同时面对民宿市场的日益饱和，要促进民宿产业朝专业化、品质化和品牌化方向升级发展。

（一）促进民宿合规经营和提升运营专业化水准

作为非标准化住宿，民宿不同于传统住宿业，难以提供星级酒店的一些标准化服务，但对于安全、卫生、健康等保障服务供给两者是一致的，不会因为是民宿，游客会降低和住宿直接关联的基本服务保障标准，因此民宿基本住宿运营管理和服务供给应该要遵守住宿行业的通行标准。不能把这种服务的标准化、规范化与民宿的服务差异化对立起来。疫情后的民宿行业，应当从粗放发展向精细运营发展转变，大力提升民宿合

---

① 郴州市统计局：《郴州民宿业发展现状、问题和对策建议》，http://tjj.czs.gov.cn/xwsd/52570/content_3374335.html。

规化经营能力和专业化水准。

一是加强监管。加强对民宿安全、消防、食品卫生、文明诚信等方面的监管，守牢安全底线，确保合法合规经营。以安全为例，民宿基本都是以城乡闲置民居改造而来用作商业经营，已经涉及公共安全，据调研，一些乡村民宿的房源为年代久远的旧宅，因年久失修而隐患重重，不少乡村自住房在设计、施工、材料等方面存在先天不足，一些民宿为实现改善采光通风以及美化等目的，会对房屋结构有所改动甚至修建违章建筑，上述情况都可能造成安全隐患，近年来城乡自住房改做商业经营用房发生过不少安全事故。为此要加强对农村自建房的监管，特别要加大对民宿、农家乐等具有经营用途的农村自建房监管。此外，要针对当前民宿经营相关证照办证率较低的问题，要进一步健全民宿综合协调和监管机制，对标民宿消防、治安、卫生、食品等明确相关要求，加强民宿执法检查、协同监管，规范市场秩序。要严把民宿入口，完善民宿开办流程，重点推进民宿消防检查验收意见书和特种行业许可等手续办理，从根本上解决民宿合规性发展问题，特别是消除安全隐患。同时适时开展民宿评比活动，鼓励民宿按照文旅部《旅游民宿基本要求与等级划分》要求创建和申报甲级、乙级旅游民宿。

二是提升专业水准。一方面要强化民宿经营管理人员的培训力度，着重开展民宿与民俗文化、民宿投融资、民宿营销与推广、民宿政策与法规、民宿财务核算与管理等相关培训，要加强民宿行业协会建设，促进各地民宿业主的经验交流和互帮互助、共同提高。另一方面引入外部专业团队。比如目前较常见的民宿托管模式，目前民宿平台的托管主要有途家、揽租公社以及有家民宿等托管主体和模式。通过托管，更快捷高效地形成线上运营、营销推广、客户服务、线下物料配送、房间保洁、员工培训等的完整专业化经营管理闭环。此外，依托专业化酒店主导的连锁管理模式，借助专业化酒店成熟的管理经验和平台，并通过其庞大的会员系统、营销系统、管理系统、品牌影响力、渠道先发优势，有利于通过促进民宿经营连锁化而提升专业化水准。

（二）推动民宿产业集群发展

对景区的高度依赖形成了民宿在初始发展阶段自发抱团聚集的原始

动力，民宿从诞生之日起就以周边独特的景区资源为依赖，依靠景区的品牌效应获取客源，形成了景区周边民宿"丛生"的独特景象。但与国内有影响力的民宿产业聚集地如莫干山民宿集群对比，单位空间内的民宿分布密度仍然差距较大，即在空间分布上仍然过于"松散"，除少量民宿村外，大都由于单打独斗而未能获得更高的产业集群效益，单一业态也难以形成多元有机的民宿产业体系。

　　培育更高空间集聚度的民宿产业集群需要发挥产业规划、支持政策、平台建设以及大项目等多重综合带动作用。一是加强民宿集群发展规划，在现有民宿产业基础上根据资源禀赋、区位环境等条件进一步优化民宿空间布局和结构，提升产业聚集度，以个性化定位促进错位发展；并促进民宿产业内部结构的优化和全产业链发展。二是强化政策支撑，加大对民宿发展集聚区的基础设施建设支持力度，改善民宿聚集区交通条件，促进集聚区水、电、气等基础设施优先改善和升级，加大对民宿聚集区的金融支持力度，加大集聚区对外引资招商力度，促进集聚区产业升级和业态多元化。从而提升集聚区核心竞争力。三是加强民宿集聚区服务平台建设，加强民宿集聚区创业创新孵化平台、建设合作交流平台、共性技术服务平台、中介服务平台等平台建设，促进民宿产业集聚效益的充分释放。四是实施大项目带动加速发展，借鉴国内特别是东部沿海地区民宿集聚区的发展经验，引进大型文化、艺术、户外体育、休闲、养生等大项目，发挥大项目的带动效应，促进更多民宿产业集群的形成和经济社会效益产出。

（三）以民宿为"圆心"打造高品质小微度假目的地

　　一是推进"民宿+"与本土自然人文资源深度融合。旅游民宿已经远远超越单纯的住宿功能，作为休闲度假的产物，民宿产业必然要提供差异化的服务和开发民宿周边衍生品，延伸产业链条和深度融合周边休闲度假资源，让休闲度假体验获得充足高品质内容的支撑，这也正是近年来不少民宿无边际泳池广受欢迎并几乎成为标配的原因。当前民宿提供差异化服务和开发民宿周边衍生品的主要路径是"民宿+"休闲度假体验，旅游的重要吸引力来源在于猎奇，休闲度假则更甚，旨在以舒适的方式获取更加深度的目的地本土特色自然和人文体验。因此，要引导民宿与本土民间艺术、美食、民俗、节庆乃至生活方式、养生理念等深度有机融合，充分结合周边观光农业、生态加工业与手工业、文创产业、研学、户外体育等产业资源，促进"民宿+"与乡村一二三产业联动，将民宿的体验活动、场景消费、特色购物中嵌入相关资源要素，推动民宿产业与乡村多业态深度融合，延伸以民宿为核心的乡村旅游产业链条。构建起以民宿和民宿集群为"圆心"、以周边自然和人文资源的统筹开发为"圆环"的小微休闲度假体验区和生态系统。

二是推动民宿产业延伸与乡村文化振兴有机结合。市场正日益成为文化繁荣的重要驱动力，文旅市场已经成为传统濒危文化传承创新的重要驱动力，借力乡村文化振兴的历史机遇，关键是要抓住民宿产业与乡村文化振兴的耦合点。其一是内容耦合，促进乡村民宿在环境、设计、服务、产品、活动等多方面体现地方传统文化符号及内涵，体现地方性和乡土性。其二是政策耦合，把促进民宿产业发展嵌入到乡村文化振兴的框架中去，成为乡村文化振兴的重要抓手，发挥乡村文化振兴战略对民宿产业发展的导向引航作用。其三是方式耦合，促进民宿产业成为地方传统文化传承创新的重要路径和重要载体，把完善民宿基础设施建设与文化振兴项目实施有机结合起来，把民宿经营活动与乡村传统文化展示展览结合起来。

（四）增强民宿线上营销能力，依靠私域流量增强获客能力

应引导民宿业应主动出击，加强线上营销能力，从被动等客到主动引客。一是引导民宿积极解决当下的困境，通过抖音、拍短视频、开直播，展示优质内容，图文并茂和灵活的形式增强产品的吸引力，从而增加客流获取能力。二是引导民宿培育潜在客户。加强民宿口碑塑造和品牌培育，通过新媒体吸引客户关注，形成私域流量，从而为今后一个时期打造稳定、持续的客流闭环。

后 记

党的十八大以来,党中央把解决好"三农"问题作为全党工作的重中之重,坚持农业农村优先发展,深入推进农业供给侧结构性,启动并大力实施乡村振兴战略,一体推进农业现代化与农村现代化,推动农业农村取得历史性成就、发生历史性变革,不仅端牢、端稳了中国人的饭碗,而且实现了农业发展质量与效益的不断提升。进入全面建设社会主义现代化国家新征程,党的二十大作出"加快建设农业强国"的重大战略部署,指明了新时代新征程农业农村现代化的主攻方向,标志着中国农业发展进入高质量发展的新进程。农业现代化是建设农业强国的内在要求,以高质量发展为主题,以农业供给侧结构性改革为主线,以保障粮食安全为底线,强化科技和改革的双轮驱动,加快推进农业现代化,促进农业高质高效,将是未来一段时期"三农"工作的重要任务。

湖南素有"鱼米之乡"之称,粮食、生猪、油料、柑橘、淡水产品等农产品产量居全国前列。近年来,湖南贯彻落实习近平总书记对湖南重要讲话重要指示批示精神,以精细农业为总定位,以"一县一特"为布局,把发展壮大特色优势千亿产业作为推进农业现代化的重要抓手,"三农"工作取得了明显成就,逐步形成了新的农业布局和区位特点,推动了农村经济较快发展与农民稳定增收,为全面推进乡村振兴奠定了坚实基础。但湖南作为中部农业大省,推进农业现代化面临的困难与挑战仍然较多,农业产业链条不长、产品竞争力不强、科技装备支撑力度不足等问题仍然存在,呈现"大而不强"的特征,需要进一步加大改革创新力度,加快补短板、强弱项,健全现代农业产业体系、生产体系、经营体系,推动农业大省向农业强省跨越。

湖南省社会科学院(湖南省人民政府发展研究中心)乡村振兴与农

业农村现代化研究团队致力于实施乡村振兴战略的专业化、前沿性、战略性理论与实践问题研究，围绕热点难点，突出对策研究特色，服务省委省政府"三农"工作决策。本书是湖南省社会科学院（湖南省人民政府发展研究中心）2022年智库研究重大课题成果，由乡村振兴与农业农村现代化研究团队共同完成。全书立足湖南实际，在深入调研的基础上，对当前湖南农业现代化发展总体态势及各特色优势产业发展的状况进行了全面分析，并提出相关对策建议。其中，总报告总结了湖南农业现代化发展取得的进展，构建了湖南省农业现代化水平评价指标体系进行综合测评，分析了面临的挑战和基本趋势，提出了有针对性的对策建议。基于近年来全省锚定农业特色优势十大千亿产业作为主攻方向，本书在分领域报告中选取粮食、生猪、蔬菜、茶叶、油茶、水产养殖、水果、中药材、竹和民宿等湖南特色优势产业进行探究和分析，形成10个产业高质量发展报告，以此形成涵盖湖南农业现代化发展核心产业的内容框架，力求能为农业现代化研究、实践、决策提供借鉴与启示。

本书是湖南省社会科学院（湖南省人民政府发展研究中心）乡村振兴与农业农村现代化研究团队集体智慧和共同劳动的结晶，主要研究者为王文强、张其贵、丁爱群、张黎、张小乙、赵旭、何友。全书主要分工为：《湖南2022年农业现代化发展报告》由张黎、丁爱群、张小乙、何友共同执笔完成；《湖南粮食产业高质量发展报告》《湖南生猪产业高质量发展报告》由丁爱群执笔完成；《湖南蔬菜产业高质量发展报告》由赵旭执笔完成；《湖南茶叶产业高质量发展报告》由张其贵执笔完成；《湖南油茶产业高质量发展报告》由张黎执笔完成；《湖南水产养殖业高质量发展报告》由张小乙执笔完成；《湖南水果产业高质量发展报告》由赵旭执笔完成；《湖南中药材产业高质量发展报告》由张其贵执笔完成；《湖南竹产业高质量发展报告》由张黎执笔完成；《湖南民宿产业高质量发展报告》由张小乙执笔完成。全书由王文强策划和统稿、修订、定稿。

本书在研究过程中得到了湖南省社会科学院（湖南省人民政府发展研究中心）领导的悉心指导，得到湖南省农业农村厅、湖南省乡村振兴局、湖南省统计局等相关部门的帮助，提供了宝贵的资料和数据，得到了相关市（州）、县（市、区）大力支持，提供了调研上的帮助，也得到了中国社会科学出版社编辑的悉心指导与支持，在此一并表示衷心的

后　　记

感谢。

　　本书引用了大量数据、案例，如除作特别说明外，均来自调研中各地方部门或相关单位提供的资料、研究团队在实地调查与问卷调查中了解到的信息，以及省、市《统计年鉴》《国民经济与社会发展统计公报》和政府门户网站所发布的资讯，在此作特别说明并表达诚挚的谢意。由于研究者的水平有限，书中的内容难免有不妥之处，敬请读者批评指正。

王文强

2023 年 1 月